環太平洋摂理

世界基督教統一神霊協会世界宣教本部

はじめに

真《まこと》の御父母様は、早くから二十一世紀は海洋の時代、海の世紀になるということを見通されていました。また、二十一世紀は、海洋で人類の生活を開拓する時代になり、今日の人類の難題である飢餓問題や資源の枯渇問題も、海を開拓することによって解決することができるとおっしゃいました。海は、食糧資源と鉱物質エネルギーなど、無限な資源の根源地であり、人類の未来に残された最後の宝庫です。

真の御父母様は、地球の七三パーセントを海が占めているので、今後の世界は必ず海洋を中心とした新しい文明の時代になるということを予見されながら「先生が海で精誠を尽くすのは、大洋の時代に対して準備しているからです」とおっしゃいました。

また、人類の未来は、海上と海底に海洋都市が建設される水中生活時代となり、未曽有《みぞう》の水中時代文化が開花し、海から水素エネルギーが無限に開発されれば、北極や南極に氷中都市が建設され、シベリアのツンドラ地域や砂漠にまでも大文化都市が建設されて地球の至る所が楽園化されるというのが真の御父母様の摂理的見解です。

このために、誰よりも精誠を積まれながら「私が霊界に行く前にみ言《ことば》をたくさん話しておかなければなりません。話しておいてから霊界に行けば、後世にそのすべてが成就されるはずです」と語られています。真《まこと》の御父母様は、このように復帰摂理のことを考えられ、未来世界を先導する牽引役をしていらっしゃいます。アラスカで水産基地をつくられ、アラバマに造船所を建設され、また南米においては、エデン大建設の役事と神様の創造のみ手が残されているパンタナールを中心として、人類愛と万物愛の思想を展開されながら海洋摂理を開拓していらっしゃいます。

今や、本格的な海洋時代、太平洋時代を迎えました。神様の摂理の成就として太平洋文化が花開くためには、私たちが大覚醒《かくせい》をして希望のみ旨を支え従っていかなければなりません。それがこの時代における私たちの役割だと思います。

この本は、真の御父母様がなしてこられた摂理の中で、海洋摂理に関する部分のみ言《ことば》を抜粋して一冊の本にまとめたものです。真の御父母様の摂理の全般を理解するためには、この本が必ず必要なものになると思います。

真の神様の摂理の方向を理解するにおいて、この本が大きな助けとなることを切に望みます。

二〇〇一年三月

世界基督教統一神霊協会世界宣教本部

もくじ

＊本文中、各文章の末尾にある（ ）内の小さな数字は、基本的に原典『文鮮明先生み言選集』の巻数とそのページを表します。場合によってはほかの書籍からの抽出を示したり、み言《ことば》の日付と場所を示している場合もあります。

例：（一二三―四五六）＝第一二三巻―四五六ページ

：（九八・七・一、中央修練院）＝一九九八年七月一日、韓国の中央修練院で語られたみ言

：（『御旨と世界』一七二）＝韓国版『御旨と世界』一七二ページ

第一章　二十一世紀は海洋の時代

一　海は未来の人類の宝庫

1．海は人類の食糧難の解決策

今後、私たちは世界的な基盤を築いていかなければなりません。私は、地球の七三パーセントが海だということについて考えています。三分の二は海です。将来、地上から食べ物がすべてなくなってしまえばどうしますか。海から何かを獲って食べなければなりません。海を中心として生きる道を模索しなければなりません。ゆえに、今からは海域を多くもった国ほど水産事業に有利で、それが少ない国ほど不利になるという結論が出てきます。(八八一一七九)

＊

今後、世界の大洋の資源を産業的に開発する必要があります。私は、大型漁船の製造から漁場の建設に至るまで、漁業のあらゆる方面で様々な事業体をつくってきました。未来の海は、世界の数多くの民族に食糧を供給することでしょう。ゆえに、海の開拓こそ世界人類の飢餓を終息させる望ましい方法となるはずです。(一九二一二三四)

＊

未来の資源は、すべて海底に埋まっています。地上の資源は、既にほとんど掘り尽くされていて長くはもちません。何年ももちません。ですから、海底に埋もれている資源を発掘することが重要です。

今後はツンドラ平原に関心をもって、それを研究していかなければなりません。今私が関心をもっているのは、そのような未来の世界です。今後五十年ももちません。何十年後には、そのような現実が目の前に迫ってきます。ゆえに、それに対して準備しなければなりません。ですから、アラスカを重要視しているのです。（二三六―一二）

＊

アメリカ人は、海の食べ物がどれほど多いかを知りません。新鮮なもの、ぴちぴちと跳ねるものがどれほど多いかを知らないのです。人々は牛の肉を好んで食べますが、「死にたくない」と言っている牛を殺せば、血が結集して凝固した肉を食べることになるのです。ですから、その肉の中には悪性の要素がたくさんしみ込んでいるのです。（二六一―一二三）

＊

陸地の原資材には限界がありますが、海の原資材は無限です。一匹の魚が何百万個の卵を産みます。ゆえに、海の原資材は無限です。これを人工的に孵化《ふか》すれば、百パーセント孵化することができます。餌《えさ》や飼料などをしっかり調節さえすれば、無限の原資材を補給することができます。そのような所は海しかないので、統一教会の文《ムン》先生は海洋問題について考えているのです。（二〇七―一二八）

＊

一年に二千万の人が飢えて死んでいます。一日で六万名です。このことにアメリカの大統領が責任をもちますか。ソ連のゴルバチョフが責任をもちますか。誰が責任をもちますか。世界の誰が責任をもつのでしょうか。真《まこと》の父母と、真の父母の兄弟が責任をもたなければなりません。ゆえに、海に関するものは二十年間計画して、すべて準備したのです。(一二七―二一四)

＊

海には原資材が無限にあります。魚一匹が何百万個の卵を産むのです。これらの魚を世界中から獲って食べているのですが、これを人工的に保護すれば、原資材は常に無制限です。今は、山頂までパイプで海水を連結させ、また都市でも高層ビルにタンクを造って、いくらでも養殖をすることができる時代です。人類が食糧問題を解決し得る道はこれしかないと思っているので、先生は二十年間、お金を投入してこのようなことをしてきているのです。(一二八―一二八)

＊

今、水産事業をするのもそのためです。海には資源が無限にあります。小魚が海にいれば、すべて大きな魚に捕まって食べられますが、養殖をすれば九〇パーセントは育てることができます。それは無限の資源になります。今後、食糧問題を解決する方法は養殖しかありません。(一二九―一五六)

＊

鮭《さけ》は海で暮らしていますが、淡水に上がってきて子を産むでしょう？　養殖場をつくって淡水魚を海水で育て、海水魚を淡水で育てることが必要です。なぜでしょうか。寄生虫のようなものをいちいち取ることはできないからです。寄生虫を殺そうと思えば、海水に暮らしていたものを淡水に移して一カ月間そのままにしておけば、すべて死んでしまうのです。それは簡単なことです。二週間で取り替えれば、いくらでもできます。その調整は可能です。淡水魚と海水魚を取り替える方式で行うのです。ですから、陸地を中心とした牧場から得る収入とは比較になりません。ゆえに、これからの私たちの版図は無尽蔵です。（二六―三四二）

＊

今後、養殖は海岸においてのみするのではなく、海から海水をパイプで引いてきてするのです。アラスカから本土まで油を引いてきているでしょう？　何千里でもパイプで引いてきて海水の池を造れば、いくらでも魚を養殖することができます。卵は無尽蔵です。魚をたくさん育てれば、食糧が増えるのです。一つの町に大きな池を一つ造れば、その町の人がすべてそれを食べて生活することができるのです。（一九四―一七五）

＊

太平洋の水を何百マイルでも引いてきて養殖することができる時代が来ました。そのようにして、生きた魚を移していくのです。人はそれほど必要ありません。全自動システムの魚のビルを造り、ボタン一つ押せば、自動的に餌《えさ》も与え、また魚が大きくなれば自動的に選別してトラックに積んで輸送できるようにするのです。そのようにして食べれば、良い時代が来るのです。（一七―三四）

＊

養殖をすれば、数十万坪の牧場で牛を育てて売ったり、あるいは牛乳を搾って売ったりするよりも、何十倍の利益を残すことができます。今は良い時代になったので、海水をどこへでも引いていくことができます。何百里、何千里でも引いていくことができる時代が来ました。ＰＶＣ（ポリ塩化ビニール）パイプさえ敷けば、水はどこにでも引いていくことができるのです。お金も多くはかかりません。太平洋の水を引いていけば、大陸の奥地に養殖ビルを造って、どんな魚でも養殖することができるのです。

数十階のビルを造って養殖をしたとしても、人はそこを上がっていく必要はありません。座ったままですべてを見えるようにするのです。そして、ボタン一つ押せば自動的に餌《えさ》も与え、大きくなったものは自動的に選別されて降りてくるようにするのです。何でもすることができるようになりました。（一〇六―二四八）

＊

ツナ（tuna：まぐろ）、ストライプト・バス（striped bass：しまのあるすずき）、サーモン（salmon：鮭《さけ》）、クロウカー（croaker：にべ）、フラウンダー（flounder：かれい）などの高価な魚の品目を季節別に知っておけば、海の魚が西から南に、また南から北へと行ったり来たりする、その季節に合わせてそれらの魚を一年十二カ月獲って、生計を立てていくことができます。今回、ひらめとにべを五十四匹釣りましたが、先生がその半分を釣り、残りの半分は十数人の人で釣りました。ですから、どのように釣るのか、その秘訣《ひけつ》を教えてあげるのです。

今後、栄えるか滅びるかという運命を左右する世界の経済基盤は水産事業にある、と思っているのです。ゆえに、趣味や遊びでこのことをするのではありません。私がそれを教えてあげると、みなおもしろがってするのです。「先生のおっしゃったとおりだ」と言っているのです。そのように言わざるを得ません。（二八―二六）

＊

陸地で暮らす生き物と、海で暮らす生き物を比較した場合、その数はどちらが多いでしょうか。地球には約四十億の人類が暮らしていますが、海には数百億の生き物が暮らしているのです。また、海はどのようなものでしょうか。東洋の太平洋の水が大西洋へ行き、大西洋の水がまた北海へ行くのです。五大洋が互いに連結しています。そのように見れば、私たちが暮らしているこの陸地も連結しています。陸地は平面的に連結していますが、海は円形的に連結しているのです。太平洋の水が大西洋にも行き、地中海にも行き、どこにでも行きます。このように躍動しながら、一つの動きによって全体が連結しているという結論が出てくるのです。（一二八―一四六）

＊

私はアメリカで世界的な水産事業をしていますが、漁船を造る工場としては、私たちの工場がアメリカで最も有名です。

今後、陸地の資源が必要な時代は過ぎ去っていきます。今からは、水中資源を誰が世界的に管理するか、そのような技術を誰がもつか、この海洋世界を主管する者が世界を主管していく新しい時代が来ます。海は無限の原料の根源地です。今後、海の魚を獲って食べる時代は過ぎ去ります。海の農業、海の牧場、海の養殖をしなければなりません。（一二六―一〇一）

＊

文《ムン》総裁は七十歳を越えましたが、アラスカに行ってキング・サーモン（king salmon）について研究しています。キング・サーモンは鮭《さけ》科ですが、五つの種類があります。魚の中の最高の魚です。

ところで、これは卵を産めばそのまま死にます。もちろん子孫のために神様がそのようにしたのでしょうが、今は人工的に餌《えさ》を与えて、その稚魚が死なないようにすることができる時代になりました。これが死なずに、毎年海に行って戻ってきてから卵を産むようになれば、鮭《さけ》が人類を生かすことができる食糧の中の食糧になるはずです。このように便利な食糧はありません。ツナ（tuna：まぐろ）の刺身など問題になりません。それほどキング・サーモンはおいしいのです。（一三三―五〇）

＊

先生はツナに着眼し、今後人類の食糧問題に対処しようとしています。ツナを大量に育てて海に送り返すのです。二カ月だけ育てて放せば、ツナは速いので絶対に捕まえられて食べられることはありません。普通、ツナの平均速度は三十五マイルです。速く泳ぐ場合は百二十マイルで泳ぎます。海で最も速い魚です。これがいかに格好がいいかというと、泳いでいく時には背びれをぐっとたたみます。腹びれをさっとやれば、ほかの魚がぱっと引っ掛かります。魚雷のようになっています。爆弾のようになっています。

ツナは、五大洋を舞台にして生きている魚です。これを無尽蔵に産卵させて海に送り返せば、人類の食糧問題が解決し、公害問題が解決すると考えています。それで、私はこれを開発しているのです。（二六―二〇二）

＊

地球の三分の一は陸地で、三分の二は海だということを知っているでしょう？　人間は、海に生息するすべてのものを食べることができます。草も、海の草（海草）は大概のものが食べられます。

しかし陸地の草や木は、すべてを食べることはできません。海には陸地にいるものがすべています。海の牛もいるし、海の馬もいます。また、海のライオンや、海の虎や、海の蛇など、あらゆるものがいます。また、魚の種類はどれほど多いでしょうか。白人は陸地の肉を食べ、海の魚は「臭《にお》いがする」と言って食べようとはしません。

最近になってアメリカ人は「いやあ、フィッシュ（fish：魚）が良いそうだ。魚はすべての蛋白質《たんぱく》をもっているので肉より良いそうだ」と言っているのです。「自然食品が良い。長生きしよう」と言っているのです。また、海はいかに豊かでしょうか。いかに富にあふれた所でしょうか。女性がツナを一匹釣れば、一年食べて暮らしても余ることでしょう。（一〇八－一二四）

*

魚を養殖すれば、一つの家庭の暮らしは簡単です。二百坪あれば、一つの家庭が食べて暮らすことができます。魚をたくさん育てれば食糧になります。また、魚にはどれくらい多くの栄養があるでしょうか。蛋白質が優れているのです。ですから、すべての食糧問題を解決することができるのです。海でぴちぴち跳ねていた魚が私たちの工場に入れば、十分以内でパウダーになります。十分を越えると温度差によって腐ってしまいます。バクテリアによって腐っていくのです。ですから、短時間のうちに処理できるようにするのが技術です。

これ（フィッシュ・パウダー）は上質の蛋白質です。八六パーセントから九四パーセントが蛋白質です。完全な上質蛋白質です。また、そのパーセントを加減すれば、飼料のようなものをいくらでもつくることができます。魚を飼料として無尽蔵に育て上げることができるのです。（二九四－一七五）

＊

海は、原料市場の中で三分の二を占める世界の宝庫です。間違いないでしょう？　海の中にはダイヤモンドの鉱山があるでしょうか、ないでしょうか。陸地の二倍以上はあります。神様のみ旨の中で、私が神様の復帰摂理をしているので、二倍以上はあると思っています。

それから、海には海草があり、魚がいます。これらがすべて食糧になります。海草が生えている面積は、この陸地面積の二倍ほどになります。そこにまた無数の魚がいます。このようなことを考えている人が、そこに関心をもたないでしょうか。陸地よりももっと多くの関心をもつはずです。魚を獲って売るでしょうし、原料をすべて運搬しなければなりません。ですから、陸・海・空の運搬路を掌握するつもりです。(八九―一一八)

2. 海底開発、無限な資源がそこにある

海は本当に神秘的で、無限の宝庫の内容をもっているということを知らなければなりません。(一二八―一五四)

＊

海を好きにならなければなりません。開拓しなければなりません。陸地の三倍もある海を無視することはできません。今後、誰が海底に眠っている水産資源を開発するのでしょうか。地上には金銀、石油があるといいますが、海は陸地の三倍なので、その三倍が埋まっているのです。今からそ

の開発に着手しなければなりません。ゆえに、統一教会員は家を売ろうと何をしようと、どのようなことをしてでも水域を確保しなさいというのです。海岸の土地は安いのです。島のような、そのまま主人として振る舞うことができる所がいくらでもあるのです。そこに水産事業の基地をつくれば、その基地に数百隻の船が来るのです。国の検問所をつくれば、魚にも税金をかけることができるし、いくらでも生きていく方法を見つけることができます。そのような希望があるのです。(一九四―一七二)

＊

地球の金銀財宝の多くは海底にあります。海の中にたくさんあるのです。先生はそこに関心があります。ほかの人が手をつけたものは欲しくありません。海底のすべての金銀財宝をいくらでも掘り出すことができるのです。最近は科学が発達したので、島から海の底に何十里もの穴を開けて、どのようなことでもすることができます。ゆえに、海を誰がつかむのか、これが問題です。(二六三―一一八)

＊

「海洋鉱山を掘らなくてはならない」。私はそのようなことを考えています。皆さんができなければ、私が先頭に立ってしようと思っています。私が連れていって掘るのです。(一二九―一五八)

＊

海に行ってみると、海は単調です。しかし、その内容はどれほど複雑か分かりません。また、資源的に見ても、陸地よりも多くの資源をもっています。そこには無尽蔵の宝があります。そこには人間の好きなあらゆる宝物が沈んでいます。このような海を所有しようとすれば何が必要でしょうか。アメリカの開拓時代に、西部の鉱山を見つけるために危険を顧みずに冒険したことを考えてみてください。その時、冒険的で勇猛だった人にそれを所有することができる特権があったように、冒険の山を何度も越えていかなくては宝物を手に入れることはできません。今までは、船が行ったり来たりするための航路を手に入れる争いをしてきました。海の中のものを所有するための闘争はしなかったのです。(二二八―一四六)

＊

今後、海の主人になる人は誰でしょうか。地球に大変動が発生すれば、海の中に陸地が発生し、陸地が海になるかもしれません。太平洋の真ん中にアメリカよりも大きな陸地が生まれれば、その土地は誰の土地になるのでしょうか。そのようにならないとは言い切れません。いつそのようになるかは誰も知りません。海の底だからといって火山脈がないわけではありません。それで「世界の二百海里以内はどこも私のものだ」と主張する人がいればいいのですが、そのような人はいません。しかし、間違いなくその時が来るはずです。海を中心として闘う時代が来るのです。その時に海を所有することができる人は、勇猛であり開拓精神がなければなりません。そうでなくては海の主人になることはできません。(二二八―一四六)

＊

既に陸地は人でいっぱいなので、船を造って海に出ていくのです。将来、遠からず海で暮らす時代がやって来ます。では、私たちは海で何をしなければならないのでしょうか。世界の海洋基地で統一教会の男性ムーニーたちが暮らすのです。これさえつかめば、現在の世界のすべての文化を思いどおりにすることができます。男性ムーニーたちが海岸に集まって、世界の海岸をすべて買うの

です。私たちが所有するのです。（二一六―三三八）

＊

これからの世界を指導することができる人は、海を守ることができる人です。人類が海底の宝物に対して、自分たちのあらゆる権力と文化的背景、そして伝統と国力を投入して開発をしていく時代が来ます。それを開発するためには、誰が先に海洋地域を占領するのかという問題が鍵《かぎ》となります。このような問題に直面する中で、統一教会の教主として、あるいは真《まこと》の父母の名をもった歴史的な責任者として、今後統一教会がとどまることができる基地として、どのような場所を残してあげるのでしょうか。それは都心地ではなくて海岸です。海岸において、あえて誰も考えもしないようなことをするのです。

アメリカは、すべての水産事業から手を引きました。しかし私は、今後世界がどのように展開していくのかということを知っているので、困難であってもそのことを続けていくのです。歴史が進んでいく方向の始めから終わりまで、広く大きな高速道路を築くことはできなくても、小道だけでも築いておかなければならないと思っているので、一人、海でその訓練をしているのです。（二三〇―一二）

＊

一つ学び、二つ学び、三つ学び、四つ学び、五つ学び、六つ学んだとしても、もっと学ぼうとしなければなりません。それが公式です。一つのことは一つの公式を中心として編成されているので、多くの公式を知っている人は、闘いにおいて勝利するのです。海に行って釣りをしても、ほかの人よりもたくさん釣りますが、それは魚がどこにいるのかを知っているからです。多くの経験があるからです。ゆえに、経験を積んだ人には負けます。経験のある人には負けるのです。

今、先生は一人でどこへ行ったとしても心配がありません。釣りの道具がなければ、釣りの道具も作ることができます。そのような自信をもとうとすれば経験が必要です。今後、海に関心をもつようになる舞台において、海に対する関心をもっている人と、もっていない人を見れば、もっていない人は必ず後退します。完全に負けるのです。(一四六―一五一)

3. 未来は水中時代、海の空間を開拓する

先生は未来世界を準備しています。私は海が好きでそのようにするのではありません。海にいるのは大変です。最初は一週間も行ってくれれば、ひざの後ろがいつもずきずき痛んで大変でした。それでも、胸の内では「すべきことがたくさんあるので、年のことを嘆かずに行かなければならない。ヒマラヤを越えていく子馬のようにならなければならない」と思いました。そうであるのに、どうして休むことができますか。私がなぜ海に関心をもっているのかが分かりますか。将来、私たち人類が行くべき平和の道を開くための鍵《かぎ》がそこにあるのです。幸せに暮らそうというのです。

何をして幸せに暮らすのでしょうか。どのようにすることが幸せに暮らすことでしょうか。一日に三食、御飯をおいしく食べれば、それが幸せに暮らすことでしょうか。何が幸せに暮らすことですか。健康な食事をして、健康な生活をして、健康な一生を送ることが幸せに暮らすことです。そ

して、世界を舞台にして自分の望むとおりに暮らすことです。そのような基盤をすべて先生が築いたのではありませんか。(一八九―一九五)

＊

今後、誰が海洋世界を所有するのかが問題です。これからは宇宙時代です。空中の世界も海の世界も同じです。そのような海を所有し、冒険することができる人は、宇宙時代に入って大移動を起こすのです。もうそのような時代に入ってきました。さっと服だけ着て、酸素だけで一カ月間生活することができる時代に入っていきます。そのようになれば、そこで食事を作って食べますか。生活が便利になるので、おいしい魚を用意して荷物一つを持っていけば、半年は暮らすことができます。そこに何の水を持っていきますか、唐辛子みそを持っていきますか、キムチの瓶《かめ》を持っていきますか。将来、そのような時代が来ます。(一八九―一九一)

＊

すべてのことを機械がします。人がするのではありません。ボタン一つ押せば自動的にどこへでも進んでいくので、何の問題もありません。飛行機と全く同じです。コンピューターだけ作動しておけば、以前航海したコースに従ってそのまま進んでいくのです。ですから、昼寝をしてもいいし、夜に寝てもいいし、妻を抱いて、何か騒いでもかまいません。船は、人がするよりも正確に目的地に向かっていきます。ですから、操縦する人は必要ありません。電子装置がすべて手落ちなくしてくれるのです。美しい海の底を見ながら「いやあ、魚がいる！　これはさめだ。さめが通り過ぎる」と言いながら、写真で見る以上に大小すべてのものを、はっきり観察しながら航海するのです。(一九一―一五〇)

皆さんはどのように思っていますか。海の底にも行きたいし、高い山にも行きたいし、宇宙にも自由に往来したいと思っているでしょう？　境界線がありません。皆さん、統一教会員の中には「霊界はない」と信じている人はいないでしょう？　信じているのでしょうか、知っているのでしょうか。知って体験までしているのです。ですから、否定することはできません。(二十五―一三八)

＊

今後、海に入っていって生活することもできます。それで、五人乗りの潜水艦について研究をさせています。便利でしょう？　風が吹かない穏やかな時の波は、何と表現すればいいでしょうか。そこでは億万長者の主人になることができます。どれほど神秘的で気分がいいか分かりません。風が吹かない時、ガラス玉のような海で、大洋に夢をのせた夫婦が座り、昔の夢、あるいは未来の夢を語り合いながら愛の巣をつくっていくことを想像してみてください。それも問題ありません。もし台風が吹いても、三十メートル以上、下に入っていけばいいのです。水中で思いのままに暮らせる時代が来ます。ですから、大韓民国の国土が狭いといって心配をしなくてもいいのです。(一三三―五二)

＊

人間は、どこでも自由です。国境もなく自由に、どこへでも行くことができます。海に行こうとすれば海に行き、山に行こうとすれば山に行き、また水中で暮らすこともできるのです。潜水艇を造って深度を調節すれば、いくらでも海中で暮らすことができる時代になります。そのようにしなければ人類の生き場所がありません。タンクに水を入れて、沈む重さになれば沈むのです。ボタンで操作して水を抜いたり満たしたりすれば、浮かんだり沈んだりするので、水中で暮らすことができるのです。

海面から十メートル下の世界ほど良い場所は、ほかにありません。三十メートル下りていけば、風が何でしょうか。とても静かな世界が現れるのです。海底王国です。海の上に上がっていけば風も多く、変化が多いので騒ぎが起きるのです。気流が変わり、空気が変わり、雨が降って大変ですから、海に行って暮らすのが理想的な生活だと考えるのです。（六二・一・七）

＊

みな良い所で暮らしたいと思うので、今先生は、潜水艦を研究しているのです。どこが最もすてきな場所でしょうか。アパートが良いのではないでしょう？　海の真ん中の奥深く、そこでどのように暮らすのでしょうか。その時に必要なものが潜水艦です。ボタン一つ押せば涼しい所に下りていくのです。エアコンは必要ありません。そこには、ありとあらゆる魚が多彩な踊りをしていて、数限りない色の美しい光景があります。そこは遮るものがありません。昼だろうと夜だろうと、どこへでも行くことができます。

そのようにしながら暮らすことがどれほど気楽でしょうか。霊界に行く前に、そのような所で一度暮らしてみたいですか。すてきでしょう？　皆さんのためにするのであって、私一人のためにするのではありません。全体のためにしているのです。それで、様々な研究をしているのです。海においても、私は誰の世話にもならないようにしています。（二七・一二）

＊

海で遊べば、陸地で遊ぶよりももっと楽しいことがいくらでも起きます。ですから、私は潜水艦を造ろうとしたのです。今後、そのような時代が来ます。誰もがみなヨットをもって、海の中を往来するのです。水中を見学しながら回るのです。それはどれほど楽しいことでしょうか。海の中を行き来しながら魚の群れ、さめの群れ、鯨の群れと共に生活する時代へ発展していくのです。その準備をすれば、世界的な経済圏を掌握することができると思っています。(九五―一二五)

*

人々はどこへ行くのでしょうか。山岳地帯へ自然を訪ねて行きます。しかし、山岳地帯にだけいれば生活に飽きてしまいます。ゆえに、海に行くのです。今後は海を中心として、水中に入っていって生活をしなければなりません。今、私は学者たちを通してそのような潜水艦を研究させています。既に、ほとんどできあがってきています。

これを研究して水中三十メートルの中に入っていくのです。そのようにすれば台風が吹いても静かです。風が吹こうと、どれほど波風が立とうと、三十メートル以下に入っていけば波風はありません。三十メートル以下には波風がないのです。ですから、三十メートル以下、百メートル以下というボタンだけ押せば、自動的に入っていって反射器で海の風景を見ながら暮らせるようにするのです。(二三六―二〇九)

*

将来、どのような時代になるのでしょうか。何をしに飛行機に乗って何時間も行くのですか。太平洋の真ん中に鉄の柱を打ち込んでホテルも造るのです。ヘリコプターがどれほど多様な機能をもっていますか。ピッとボタン一つ押せば、思いのままに飛び回ることができるのです。三時間くらい飛べば退屈してしまいます。大体二時間ぐらいずつ飛んでいけば、海上ホテルに行って、そこで寝たりするのです。そのようになれば、どれほどいいでしょうか！　太平洋上にホテルを建てるのです。そのようになれば、二時間か三時間くらい行けば、そこで昼食を食べ、家族と船に乗って釣りもするのです。どれほどすてきなことでしょうか！（二〇三―五七）

＊

海に膨大な資源があると見ているので、今後、海洋事業場を全世界的に準備するのです。フランスにもつくり、ドイツにもつくり、命令一下で数十カ国につくることができる準備をしなければなりません。そのようにしてこそ、世界的な時代に必要とされる船や潜水遊覧船などを造ることができ、その分野の経済圏を主管することができると思っているのです。数十カ国に準備すれば、私たちがその分野において全世界的に力をもつようになるのです。その想像がつきますか。可能性があると思いますか。ですから、統一教会の教会員はみな学んでおきなさいというのです。（九五―一二五）

＊

私は、船も設計して、世界で一番のものを造りました。潜水艦においても、どこの海に行っても暮らせるような五人乗りのものを造ろうと思っています。今後は海の中に入っていって生活をしなければなりません。ですから、それを開発しています。一度、統一教会の者たちに、良い暮らしができるようにしてあげなければなりません。（二一〇―三九）

＊

きれいな水は、どこにありますか。海水は、すべて公害で汚染されています。北極には八百メートルの雪が積もっています。それはきれいな水です。千年前に積もった清らかな水です。公害がありません。その水は、一万年後にも美しい水です。南極も同じです。そして、その氷の下に氷の文化都市、ニューヨークのような都市を人工的につくったとすれば、多くの人々は観光に行くでしょうか、行かないでしょうか。それを建てることは問題ありません。考えただけでも気分がいいでしょう？　トンネルを一度造っておけば、万年トンネルとなって崩れることはありません。一年に一度、冷水をまいておけば、こちこちに凍るのでますます頑丈になります。ますます強くなるのです。(二〇二一九九)

＊

氷の下で農業をすることができる時代が来ました。何の話か分かりますか。花が咲くのです。アラスカのような所に行くと、高い山中には万年雪があり、その中間には草が生えていて、その下には花が咲き、その下では釣りをしているのです。それは、どれほど美しい仙境か分かりません。水は澄んで美しく、空気はきれいで、すべての生態的条件をくまなく備えた環境です。一度、趣味だと思って行って味を占めてしまうと、そこで暮らしたくなるのです。そのようになれば、そこから出てきたくなくなります。今、私がこのようなすべてのものを投入して努力するのも、そのようなものがあるからです。(二二〇一一三)

＊

今後、水素を開発すれば、電力のようなものは問題ありません。あの寒いシベリアのような所に

も地下都市をつくり、いくらでも良い都市で暮らすことができる時代が来るのです。(一九四—九五)

＊

今後、シベリアのツンドラ地域やアメリカの平原地帯を開発するためには、アラスカを開発しなければなりません。北極の氷で覆われた世界を先に所有する者が世界を主管することができます。海を所有する者が世界を主管するのです。ゆえに、水産事業を始め、北極に関心をもつのです。(二二九—一九六)

＊

太平洋にはヒマラヤ山脈が連結しています。大小様々な山脈が果てしなく連結しています。太平洋には怖いシャーク（shark）、それを日本語では「さめ」と言いますが、そのようなものがいくらでもいます。そのような所を泳いで渡らなければなりません。危険が幾重にもあるのです。人類歴史において、誰も行くことができなかった道です。そのような路程をたどって越えていかなければなりません。そのように越えて向こうの世界にまで行くのです。そのようなものが人生路程です。(二〇五—八六)

＊

深い所が中心であり、高い所が中心です。深い所は見えません。海の底が見えますか。最も深い所が海の底ではありませんか。エベレストは、万物が見たくなくても、朝になるたびに見て、夕方にも見るようになっています。雨が降るか降らないか、天気が良いか悪いかといって見るのです。雲がかかったり、暗くなったりすればそこを見るし、今年が豊作になるかならないかを知ろうとしても高い所を眺めて測定をするのです。深い所は見えません。深い所を見てはいけません。ですから、海水で覆ってあるのです。しかし、深いからといって悪いのではありません。そこには神秘があります。女性にも神秘的な何かがあるので、男性が関心をもつのです。男性が神秘を感じて訪ね求めていくのです。(二〇五―一三六)

4. エネルギー補給源は海にしかない

海の資源がどれほど膨大かといえば、この陸地は問題になりません。今後の燃料問題を考えるとき、油類燃料や石炭燃料、電気燃料を中心とした時代は過ぎ去ります。電気も限界があります。今やエネルギーの補給源は海にしかありません。水素を開発する道しかないのです。(九四―一三〇)

＊

今後、食糧は科学的に無尽蔵につくることができます。今はなぜそれをつくることができないかというと、原価が多くかかるからです。燃料費が多くかかります。

今後、水素エネルギーを解決すれば、エネルギーは無尽蔵です。エネルギーがあまりにも多くて処理しきれないほどになります。ですから、食べ物も、いくらでも、食べきれないほどつくることができるようになるのです。そのようになれば、独りで食べるのはつまらないので、通りがかりの人に「ちょっと食べていきなさい。そして、ちょっと話をしましょう」と言う時が来るかもしれません。ですから、今から準備しようというのです。その時まで私たちは、そうなるようにつくりあげなければなりません。私たちの後孫が豊かに暮らせるようにするのです。(二四一―一三)

海の管理を誤れば戦争が起きます。戦争をすれば、しまいには水素爆弾が炸裂《さくれつ》するようになります。この水素爆弾は地球を破壊しかねないのです。ですから、統一教会は水域の二十キロを中心として、二十数を中心として世界中のすべての場所を占領しようというのです。そのようにすれば、世界はその懐に抱かれるのです。(二〇三―一五五)

＊

ある人が「今後、水素原料が解決すれば、世界はすぐに暮らしやすい文化世界になるはずだ。しかし、独裁者がこのような膨大な原料をもてば世界をすべて滅ぼしてしまうだろう。世界をそのようにさせない人は文先生《ムン》しかいないので、文先生にそのことを任せなければならない」と言ったのです。(一八四―一三三)

5. 海洋強国が世界を支配する

未来において、私たちは海を主管しなければなりません。海にあるすべての金銀財宝を私の手で開発するつもりです。そのようなことを考えていると、トンネルをたくさん掘らなければならないという結論になったので、ハイウェイ・プロジェクトも出てきたのです。海の底に道を通し、そこに門を造っておけば、その門を開けて出ていって魚を獲ることもできるので、それはどれほど楽しいことでしょうか。海にある油も、船にパイプで直接供給すれば、それはどれほど素晴らしいことでしょうか。

海底にはどれほど多くの石油があるでしょうか。ボタン一つ押せば、パイプがさっと出ていって油が出てくるならばどれほど素晴らしいでしょうか。皆さんが指導者であるならば、未来においてそのように暮らすことができる計画を立てなければならないのではありませんか。

それでは、海の中でどのようにして酸素を供給するのでしょうか。水中にはどれほど多くの酸素があるでしょうか。ですから、水中で酸素をつくって自動的に供給するのです。海水中の酸素の比率はどれくらいでしょうか。それをどのように活用するのですか。それは問題ありません。したがって、近い将来、海の世界を主管することができる時代がやって来るのです。(一一六―一二六)

＊

今まで、先生の生涯における一次の四十年の生活は、北半球にある先進国家を中心とした、すなわち陸地を中心とした受難時代でした。それで、二十年前から南米における海洋文明圏を準備してきたのです。熱帯地方圏内にあるすべての国を救うために海洋時代を築いてきたのです。そこで受難の道を経てきたのが先生の二十年路程です。(二七七―二三二)

＊

今後は海、水を主管しなければなりません。そのような思想をもてば世界を主管するようになるのです。水が一番重要です。ですから、私が霊界に行く前に、大きな地域を中心として水を主管する事業に着手しておかなければなりません。それで、せっせと多くのみ言《ことば》も語っているのです。私

が話しておけば、後孫たちが成し遂げるだろうと思っているのです。(二七六―一九六)

*

海の世界は誰のものですか。今後、海洋の世界はとても高価になることでしょう。明洞《ミョンドン》よりも高くなるのです。早いうちに海洋地域をすべてつかまなければなりません。ここから三キロ以内の水のある所を握る人が、世界をリードするだろうと思っています。そのような時代が来ると思っています。(二〇〇―一九二)

*

海を占領しなければなりません。海は誰のものですか。神様のものです。その次には真《まこと》の御父母様のものです。その次には私のものです。すべてが私のものです。「自分のものだ」と言ってこそ、よりうれしいのではありませんか。海と川の水がこの世界の生命圏を左右しています。海は、雲を生成して陸地に雨を降らせるので、生命を左右しているのです。(二八九―一八一)

*

若い人たちは海に関心をもたなければなりません。ここにいる皆さんの中から、海で事業をすることができる責任者も出てこなければなりません。先生が大西洋に行って二十四時間そのことをするのも、海を愛したという伝統を立てるためです。船乗りは海に出ていくと、六カ月から一年は帰ってこないので、女性たちはみなマドロス（船乗り）を嫌います。そのために、マドロスが次第に少なくなっていくのが世界的な傾向です。ですから、これを私たちが引き継がなければなりません。統一教会の女性は、夫が海に行って半年間帰ってこなくても不平は言わないでしょう？　ゆえに、今後の世界の海上権を私たちが掌握しなければなりません。今後、陸地よりも海に力を注ぐ時代が来るということを皆さんは知らなければなりません。それゆえに、先生は海に関心をもっているのです。そのような目的で先生が海に関心をもつのだということを知り、皆さんも海に関心をもたなければなりません。(七三—一四二)

＊

先生は海の中を進む潜水艦を研究しています。また、宇宙への関心も高いのです。現代の宗教指導者であり、現代の世界的な思想家として、そして、あらゆる世界に驚くべき基盤をもっている国のない代表者として、国家以上の力をもっているレバレンド・ムーンが、どうして海洋に関心をもつのでしょうか。今後、人類の食糧問題や飢餓問題のようなものを解決できる所は海しかないと思っているからです。(二七—二九)

＊

多くの人は、海水魚は淡水で生きることができず、淡水魚は海水で生きることができないと思っていますが、そうではありません。鮭《さけ》のような魚は、海で暮らしてから淡水に上がってきて卵を産むのです。ですから、三週間で完全に変わるのは問題ありません。三週間、十日間で変わります。これは空想的な話ですか、それとも実質性のある話ですか。コンピューターがポケットに入れられるくらいに小さくなるでしょうか、ならないでしょうか。その世界へ行くのです。ですから、海の主人になるのですか、陸地の主人になるのですか。どちらに、よりなりたいですか。(二七—二七)

＊

北極に行って鉱山を掘り、南極の海の深い所でダイヤモンド鉱を掘り、黄金鉱を掘るのです。水中のダイヤモンド・ラインに行って掘るのです。男性だけが掘るのではなく、女性も掘るのです。その中に入っていって真《まこと》の愛をなすことができるならば、素晴らしい愛になるのではありませんか。千尋の海底に入っていって愛する時は、行く道が険しいがゆえに、その愛も素晴らしい愛になるのではありませんか。

衝撃を受け、苦痛も受けるのですが、それ以上の愛を求めてそこまで来るからです。そこで愛する場合は、すてきな愛になるでしょうか、不完全な愛になるでしょうか。海の底に入っていって愛し合いたくはありませんか。老いれば誰もがみな死にますが、海の底で二人で愛し合いながら暮らしたのちに死ねば、それは幸福です。（一九九―一八六）

＊

先生は海への関心を生涯もち続けてきました。大洋的運勢が来るからです。ですから、皆さんも海に関心をもたなければなりません。その次に大陸に関心をもたなければなりません。（二一―一一七）

＊

海洋事業は有望性があります。私には明確な概念が定立しています。ゆえに、私は「人類のために海へ行きなさい」と宣言するのです。（二八―一二二）

二　真《まこと》の御父母様がなされた海洋摂理

1．北米を中心とした海洋摂理

①アメリカの水産業

アメリカが豊かに暮らそうとすれば、若者は海へ行くべきだという風潮をつくらなければなりません。そのようになれば、国家の新しい未来像が開拓されます。その時は、皆さんが責任者になって、陸地にあるすべての工場を逆に引き継ぐのです。陸地にある生産工場は、門に錠が掛かるようになっています。個人の利益を追求してきた工場は滅びるのです。私たちは、国家の利益を追求する工場を営むので、国と協力して世界のために進んでいくのです。国家の支援のもとで、いくらでも発展することができるのです。(二八一・三〇)

＊

今、海洋都市がすべて廃虚になっています。若者が海に出ていって何カ月も戻ってこなければ、彼らの妻はあちらこちらを踊り回って、そのうち浮気をして荷物をまとめて逃げていってしまうのです。ですから、若者は船で出ていかなくなるのです。このようにして完全に廃虚になりました。私にお金が少しあれば、東部から南部を経て、西部までの埠頭《ふとう》を完全に買ってしまわなければなりません。それは良いですか。(二二—二三)

＊

現在、アメリカにおける産業分野はすべて軌道に乗っています。すべて定着しています。唯一アメリカに残っているものは、陸地のすべての資源よりももっと膨大な基盤である海洋分野、すなわち水産業の分野です。それがアメリカでは完全に没落状態に入っています。それがどれほど膨大な資源か考えてみてください。海洋事業をする人は、大洋の中に隠されたすべての資源を掌握することができる後継者です。三分の一は陸地で、三分の二は海洋なので、三分の二の資源が海洋に埋もれているのです。ですから、このようなことを計画し、将来これを管理して主管することができる運動とは、どのような運動でしょうか。それは、海洋事業を行って世界的組織をもった基盤と、思想的に世界的組織をもった基盤、この二つしかないと思うのです。(二九—三〇)

＊

海洋都市が疲弊すれば、その国の経済も疲弊するようになっています。アメリカは、資源をもってその海洋都市を世界と連結させることができる基盤をもっているにもかかわらず、それをなすことができなかったので、アメリカ政府は緊急措置を取らなければならない段階に入ってきているのです。海洋都市の責任者も若い人を探しているのですが、若い人がいないので、私たちがこれに責任をもつのです。また、妻が逃げていくことはないという、そのような思想をもった若い夫婦が必要です。それはムーニーしかいません。

このようにして、その都市にしっかり定着すれば、海洋都市は復興し始めるのです。三年から五年以内であれば、政府から支援を受けて五十人が船を造ることができます。五十人ずつ三十箇所ならば千五百隻です。そうでしょう？　千五百隻ほどの船を造ることができます。アメリカの港をすべて合計すると三千数箇所あると認識しています。ですから、三千数箇所の港に五十名ずつ行けば十五万人でしょう？　そのようになれば、アメリカの海域を完全に消化することができるはずです。(一九―三五)

＊

海に関心のある優秀な人々を中心として、フィッシング・ボートをもつように組織します。ですから、一つのセンターでは、五十名の青年男女を集めて海洋へ行く基地運動、教育運動をするのです。そのようにして募集をするのです。現在、アメリカの海岸都市がどのような傾向になっているのかというと、海洋都市が疲弊しているので、みな引っ越ししたりして解体してきているのです。ゆえに、有力者やあらゆる所の責任者は、これを防いで海洋都市が復興することを願っています。

それで、私は行くや否や、すぐにこのような計画を立てて、地方の有力者を中心とした後援会を組織しました。そのようにしたので問題はありません。そのようにして、私たちの責任者が一日に四百ドル分の魚を獲る方法を教えてあげれば、永遠に持続するのです。(一〇八―一二九)

＊

「ニュー・ホープ」という私たちの船の名前は、アメリカの東部ではツナ釣りで有名であり、南米にまでうわさが立ちました。私がそのようなことをするのも、水産事業を開発する要員を養成するためでした。私が二十四時間船に乗って回りながら、私たちの若者に「船に乗りなさい」と言うと、逃げていって話も聞きませんでした。ところが、私が時間さえあれば話をして四年、五年が過ぎ、七年もすると、女性までもが「私がキャプテンになる」と言うようになったのです。そのように言うことができる雰囲気をつくりあげました。

そのようにしながら造船所を造り、その次には加工工場を造って販売することができる訓練をさせました。商店を造り、移動バン（**van**：大型トラック）を中心とした販売訓練をさせたのです。一年の間で船を造り、網を編んで魚を獲り、その次には魚を販売する仕事までしました。シー・フード・レストランまで造り、そのようなことを中心として七年間基盤を築き、今では水産業界に問題を起こすことができる段階にまで入ってきました。これが軌道に乗れば、相当な資本が動くようになります。（二一〇-一〇二）

＊

皆さんの中で、船に乗るのが好きな人は手を挙げてみてください。皆さんがいなければ、これからのアメリカ世界は海で成功することはできません。海での成功はありません。アメリカで海上、海底における成功はないのです。そのようになれば、アメリカはいくら大きなことを言っても後退しなければなりません。そのようにならざるを得ません。どれほど大変でも、皆さんは海に出ていかなければなりません。海を突き抜けていくのです。そのようにしてこそ、海に希望が連結するという事実を知らなければなりません。（二三-二〇四）

＊

海に出ていけば、二カ月から六カ月の間は船に乗っているので、最近の妻は、「ディスコだ、ツイストだ」と言って踊りでも踊って浮気をして回り、彼らが帰ってくるころには荷物をまとめて逃げていってしまっているのです。子供は孤児院に入れてしまい、一家四散するケースが八〇パーセントにもなるので、誰があえて海に出ていこうとするでしょうか。また、海に行って魚を獲ったとしても、その販路がありません。アメリカ人は魚を食べません。ですから、この水産事業に手をつければ、莫大《ばくだい》な力の消耗が伴うのです。けれども、仕方がありません。水産事業に手をつけて成功できる基盤をつくらなければ、今後世界に対する作戦を経済的に支援することはできないと思っているのです。（二一〇―二〇〇）

＊

アメリカで有望な事業は、水産運輸事業と漁業です。水産運輸事業と漁業しかないという結論を出したのです。それで、私は「三年後にはこの事業を始めなければならない」と思い、三年前に船を購入し、今年からその事業を始めているのです。「ここニューヨークの海はどのようになっていて、魚はどこにいるか」などといった東部海岸地域に関する大抵のことは、この三年間ですべて調査を済ませておきました。今後、私は国家と交渉して養魚場をつくることを考えています。

海水魚の養魚場、淡水魚の養魚場など、どのような養魚場でもつくることができます。何でもすることができるというのです。ニューヨークのすぐ前にある干潟地でも、かにからどんな魚も、すべて養殖することができます。それを研究しなければなりません。その事業がどれほど膨大なものでしょうか、どれほど膨大な事業になるかを考えてみてください。（八八―一七九）

女性は船乗りを好まないでしょう？　私がどうしてこの水産業をしようとするのかというと、今アメリカではこの水産業が完全に全滅状態にあるからです。なぜそうなのでしょうか。男性が船に乗って出ていき、一カ月も二カ月も帰ってこなければ、女性たちはみな浮気をして離婚して逃げてしまうのです。また、近ごろのアメリカの若者は、何回か大きな波に出遭って苦労すれば、それでもう海に出ていくのが嫌になるのです。そして、金持ちも、全くここに投資をしようとはしません。ですから、アメリカを生かすためには仕方なく、統一教会の青年がこの事業を引き継ぐしかないのです。統一教会の青年や統一教会の女性は、離婚をすることができますか。絶対に離婚できません。離婚して逃げようとは考えないで、一緒に船に乗って出ていく訓練をしなければなりません。先生が命令さえすれば、船乗りたちはどこからでも集まってきます。そのようにして訓練されて出ていくのです。（八八・一二・五〇）

＊

私が手をつけなければ、アメリカの水産業は復興させることができません。絶対に復興させることはできません。そのような意味で「アメリカに私は多大な貢献をなすだろう」と思っています。それで現在、約四千トンの船を買うために交渉しています。そのような種類の船は世界に一つしかありません。（八八・一三・二六）

＊

一昨日ベリータウンに行って、こいを数千匹獲りました。また、池をすくうと亀が六匹出てきました。それで、これくらいの大きな亀をハドソン川に放してあげ、また、最初に獲ったこいを放してあげました。そして、「お前は愛を通して生まれ、愛のために死ぬのが道理なので、愛する人々のために生きることはうれしいか、死ぬことはうれしいか」という、このような問題を中心として考えてみました。

「このように見れば、お前は犠牲になるのだが、将来のアメリカの水産業を発展させ、今後統一教会の人たちがお前たちを通して神様の前にもっと忠誠を尽くし、人類をもっと愛することができるようになるだろう。そのような愛の力になり、エネルギーになり、肉になると思っている。お前たちは魚に生まれたが、私の息子、娘のごとくに思ってあげよう。そして、アメリカのどの国民よりも愛し、アメリカ国民以上に思ってあげよう。そのような肉となり、心となり得る一部分として愛してあげるが、それでも嫌か」とこいに向かって言いました。「こいよ、お前たちは愛する息子の血となり肉となり、息子、娘の身代わりとなって、愛するアメリカ国民の肉となるのだ」と言いました。(九二―一八九)

＊

「宗教指導者であるレバレンド・ムーンが、どうしてあのような漁夫になって水産業をするのか。それは卑しい者のすることだろう」と、人は言うことでしょう。私はそれを知っています。しかし、私たちは小さな目的をもってしているのではありません。皆さんがそのような訓練をして、アフリカなどの重要な港を一つずつ受け持っていけば、そこでは世界的な基盤が一遍に築かれるのです。五十カ国に基盤が築かれるのです。(九四―一〇七)

今まで、漁夫たちは一日に八時間仕事をしましたが、これからは「八時間以上は仕事をしない」という話は出てこなくなります。完全にひっくり返るのです。アメリカ水産業界の生きる道ができるでしょうか、できないでしょうか。これは、黄金の門が開くのと同じです。黄金の鍵《かぎ》をもって黄金の倉庫の門を開けるのと一緒だということを知らなければなりません。ですから、統一神学校を出た女性はみな、この次に嫁に行く時は、船長のところに嫁に行くのだと思ったらいいでしょう。（九六―三―三）

＊

アメリカの水産業界は、私たちでなければできない段階に入ってきました。膨大で無限な資源が私たちを呼んでいます。ゆえに今後、世界を主管するための経済基盤として、これを活用しようと思っています。（一〇五―三―八）

＊

アフリカ人が食堂のような所に行って食べる場合、自分が食べていた魚、自分が食べ慣れている魚を探します。しかし、その魚が食堂になければ、そのお客さんは帰ってしまうのです。ですから、五大洋で獲った魚を食堂に補給する運動をしようというのです。アメリカ人は、一日に八時間以上仕事をしないので、五時になれば店を閉めてしまいますが、私たちは二十四時間店を開けておくのです。また、私たちと関係している食堂が品切れになれば、私たちと関係しているほかの食堂から補給してあげるのです。ですから、誰もダメージを受けることはありません。それで、今水産業界においては、「レバレンド・ムーン」と言えば知らない人がいません。このようになっていることを

知らなければなりません。（一四六―一五二）

食口《シック》はこのオーシャン・チャーチ（ocean church：海洋教会）が好きではありません。「水産業をしなさい」と言うと逃げていってしまうのです。それで、今先生は、早く全米に一千軒の日本食堂をつくることを計画しています。それが今の計画です。そして、五百三十五箇所の海洋教会をつくるのが次の計画です。今、二つの準備をしなければなりません。（一四七―一二五）

＊

今後、各州に私たちの水産業基地ができれば、そこにコンドミニアムを一つずつ造ろうと思います。これを造って日本人、韓国人、アメリカ人、そしてドイツ人を中心としたヨーロッパ人、これらの四カ国の人を一緒に住まわせるのです。出勤は別々にしても、帰ってくれば一緒に食事をして、そのほかのことも共にするのです。このようにして、一つの家族生活の形態を整えて訓練をしなければなりません。ここをパスできない人は、今後地上天国の理想圏に入っていくことはできません。天国に入る資格をもてないのです。それで、今私は、その生活基盤を築く仕事をするためにこの事業をしているのです。（一四七―一二七）

＊

なぜ水産業をするのでしょうか。今後、人類の食糧問題を解決する方策は、養殖以外にはありません。皆さん、将来は海岸に数十階、数百階のビルを造り、ボタン一つですべての養殖ができるようになるのです。百坪もあれば、一つの世帯が子供たちを大学で勉強させながら暮らすことができるのです。今の時代は科学が非常に発達しているので、何十里、何百里、何千里も離れた所から海水を引いてくることができます。山の中に養殖ビルをいくらでも建てることができるのです。そのようにしなくては人類の食糧問題を解決することはできません。ですから、私は深刻なのです。(一九一―八一)

＊

統一教会の若い勇士は、いつかは遠洋漁船に乗ってみる経験をしなければなりません。先生は、水産業の経験が素晴らしい訓練になると思っています。先生がさせることなので、皆さんはしなければなりません。いくら東大出身だからといっても、それを逃れることはできません。(一九一―一五九)

＊

レバレンド・ムーンには、食糧問題のゆえに死んでいく人々を生かすために、今まで二十年間活動した実績があります。水産業の世界には、原料が無尽蔵にあります。今では、アメリカでもレバレンド・ムーンのことを信じるようになっています。今まで私は、網を編んだり船を造ったり、様々なことをしながら世界における基盤を築いてきました。そのようにして築かれた基盤は、誰も無視することができない段階に入ってきています。それは水産事業界において、すべての人が知っていることです。(二六六―一二〇)

＊

テキサスの農場に行ったことがある人は、手を挙げてみてください。アメリカ人は全員行ってみたことがあると思います。皆さんも一度招待しましょうか。ここで、今、うずらやきじ、また鹿のようなものをハンティングしようと思っています。そこには、自然の生きた七面鳥がたくさんいます。それから生きた猪《いのしし》やおおかみ、そして虎のような姿をした獣までいるのです。あらゆる獣がいます。今からここに関心をもち、自分たちで農場をつくり、ハンティングや釣りなど、すべてのことが管理できるように開拓しなければなりません。（二五二―一二四）

＊

今後、第三次産業が発展することができる基地ができてきます。それで私たちは、三十箇所に船を十隻ずつ浮かべて訓練をしているのです。それを三百箇所まで拡大しようと思っています。どこの町に行っても、釣りができるようにしようと思っているのです。今後、世界にルートをつくろうと思っています。フランスからヨーロッパ、ここをすべて観光コースにするのです。そのようなことができる、釣りに関する専門家を育成しなければなりません。船の運転をしながら観光案内役までするのです。これは大きなビジネスです。このようにすれば、その貴重なお客さんを中心として、今後私たちは世界的な大事業をすることができるのです。世界的な国際会社をつくり、膨大な資源を採取することができる基盤が自然に築かれるのです。（二二三―八二）

②セイロ流通組織

先生がアメリカで計画したことは二大事業です。水産事業とセイロ販売組織です。先日「ムーニーが水産事業分野を完全に占領する」と言って、水産業界でとても問題になりました。その事実を皆さんは知らないでいます。このことは知らないといけません。（二三二―一五〇）

経済活動の組織面において、いかにして全国の販売市場を掌握するかという闘いが最後に残された障壁です。セイロという世界的な機械販売組織を通じてアメリカで力をもち、また水産事業でも力をもち、これらが一つになって動くようになれば、アメリカや自由世界に対する影響圏は自動的にできてきます。ここで経済基盤を築くと同時に、もう一つ準備することは、言論界における世界基盤を確保するための「ワシントン・タイムズ」と、「インサイト」という週刊誌です。現在、これらを通じて世界に影響を及ぼすことができる版図をつくっています。

＊

有り難いのは、水産事業において、アメリカは膨大な資源をもっているにもかかわらず、そこには主人がいないということです。既に、「レバレンド・ムーンと統一教会が主体にならざるを得ない」という評価を受けるまでに上がってきたということは驚くべき事実です。科学技術を中心とした製品の販売市場において、レバレンド・ムーンがアメリカで力をもったといえる基盤を築くために「セイロ組織を五十州に編成しなさい」と指示しました。セイロ・システム自体が国境を超越したのです。今まで、国境を超越した展示場、販売市場はありませんでした。(一三五―九七)

＊

今、皆さんがなすべきことは、アメリカにおいて経済基盤を築くことです。それが先生の選択した、セイロ組織の全国化運動と、水産事業の販路の世界的基盤を築く運動です。これをどのように成し遂げるのかということが現実的な問題として登場しました。それが結論です。現在、機械工業が西欧文明の中心だとすれば、その一方で水産事業には主人がいません。ですから私は、損害を被りながらも水産事業に投資しているのです。そして、セイロの発展のために投資しているのです。そのような結論が出てきます。

ここに投資をして基盤をつくる努力をしなければなりません。このように見ればセイロは、世界の販売組織とアメリカ水産事業に力をもつための基盤です。ですから、「ここに拍車をかけなければならない」というのは妥当な結論です。（一三五―九九）

＊

アメリカにおいて、セイロ組織によって機械工業と水産事業に力をもてば、アメリカ経済を動かすことができる強大な勢力になります。それで今、南米連合機構をつくっています。そのようになれば、アメリカは困ることでしょう。四十年間、先生がこのような頭と能力をもって苦労し、開拓のためにそのようなことをしてきたのは、それが歴史に残る先覚者の行くべき道だったからです。そのようにして伝統を立てることが貴いことなので耐えてきたのです。

先生が縦的な伝統を立てたならば、皆さんには横的な伝統を立てなければならない責任があるということを知らなければなりません。横的基準まで先生が立てなければならないのですか。それは皆さんの責任です。今後、セイロ組織を通じて、いかにして急進的発展をするかを考えなければなりません。（一三五―一〇六）

＊

「水産事業がセイロと何の関係があるのか」。このように思ってはいけません。今後、セイロの人を水産事業分野に入れ、水産事業の人をセイロに入れるかもしれません。いつでも自由に交替させることができるのです。それを知らなければなりません。ですから事務室も、一つの事務室を使わなければならないという結論が出てきます。お金もないのに、どうしてそれぞれが一つずつもっているのかというのです。この機会にすべて一つにするのです。多くの責任者は必要ありません。一人の責任者を中心として命令すれば、天下が動くような組織にしなければなりません。(一三五―一〇二)

③アラスカ水産業

アメリカは、その国土を中心として三つの海域に世界四大漁場うちの三大漁場をもっています。そこにノルウェーの漁場を合わせれば四大漁場になります。メキシコからアラスカ、そして、カナダにあるノバスコシア地域が世界四大漁場のうちの三大漁場として連結していますが、それは世界の魚のほとんどすべてがそこにいるということです。しかし、その魚を獲る人がいません。二百海里を策定しておいて、完全に主人のいない荒れ地のようになっているのです。(二一〇―二〇〇)

＊

アラスカは、海を中心としてすべてのものが連結しています。海のすべての資源、すなわち魚類と原資材が集中している場所がアラスカです。世界の水産資源のうちの八〇パーセントがアメリカにありますが、そのアメリカの水産資源の七一パーセントに相当する魚がアラスカにいるのです。水産資源において、アラスカは中心です。残された資源の獲得地は、このツンドラ平原しかありません。(二三六―一二二)

＊

先日、アラスカに行った時、長さが六十マイルにもなる真っ黒なカープ（carp：こい）の大群が押し寄せてきました。幅が十マイルで、深さはどれくらいになるか分かりません。それを考えてみてください。その群れを見れば主人がいません。主人がいないのです。レバレンド・ムーンは大洋上にそのような富が浮いていることを知りました。ですから皆さんは、未来の所有者にならなければなりません。(一三一―一六三)

＊

水産事業にどれくらいの発展をもたらしたでしょうか。今では船におけるすべての機械は、私たちが研究し、私たちの手で作ったものが最高の位置に立つことができるようになりました。この驚くべき事実を知らなければなりません。私たちがアラスカで魚を釣っていれば、どこで魚が多く獲れるかということが分かるようになります。ゆえに、それをコンピューターに入力しておくのです。コンピューターに入力しておけば、ボタン一つでいつでもそこに行くことができるのです。コンピューターにテープを入れてボタンを一つ押せば、十年後にもその場所に行くことができるのです。

そのようになれば、いつでもたくさんの魚を釣ることができます。漁夫が誰にも秘密にしておいて死ぬ時になって、初めてその息子に遺言として教えてあげるような材料を、世界五大洋において無数にもつことができるのです。ボタン一つ押せばいいのです。五大洋にそのような根拠地を記録しておけば、季節に従っていつでも漁業を続けることができるのです。それは、水産事業において莫大《ばくだい》な利益をもたらすことができるものです。(一三五―一〇六)

アラスカに工場を造りました。その次には、東部のグロスターの埠頭《ふとう》も買おうと思っています。また、南方のアラバマにも、私たちの船の工場があるでしょう？　基地がすべてあります。皆さんは、船や海について関心さえももっていなかったでしょう？　私は十年間で、すべてを準備したのです(一九一二九)。

＊

アラスカの西部地方、南部地方、東部地方に加工工場を造り、様々なことをしなければなりません。魚がたくさんあっても、その処理ができないので製粉工場、すなわちフィッシュ・パウダー（fish powder）工場を造ろうと思います。なぜ粉を作らなければならないのでしょうか。貯蔵問題が解決されるからです。いくら良い魚でも、八カ月以上はもちません。冷凍魚であっても八カ月以上たてば、再度水を供給しなければなりません。氷が凍っていても温度差によって、その氷の間に風が入っていくのです。風が入れば、魚から水蒸気が氷の間を通って出ていくのです。ですから、全体に水をかけて再度冷凍し直さなければならないのですが、それができません。何度か取り出して冷凍していると、一定の温度を維持できません。したがって、その品物は廃物となるのです(一二一八〇)。

＊

えびをどのように処理するかについて先生は考えました。パウダー、すなわち粉を作るのです。えびは一年で死にます。それは、神様が魚の餌《えさ》としてつくられたものです。しかし、すべてを獲って食べることはできないので、みな死んでいきます。毎年、そのような量の魚が海に流れていくのです。また、それは公害と直結します。この問題をどのように解決するのかということを先生が長年の間研究し、パウダーを生産するようになったのです。（二七二―五〇）

＊

飢え死にする人は、世界的に見て一年に約二千万人ほどです。この人々を中心とした食糧問題の解決のために、二十数年前から海洋産業に関心をもったのです。魚の粉、フィッシュ・パウダーが問題です。それは上質の蛋白質《たんぱく》であり、どの動物にもない栄養分です。これを粉にすることによって保管と運搬が楽になります。私たちがこのフィッシュ・パウダーを一トン生産すれば、それを三十倍、五十倍に増やすことができます。それは九八パーセントが蛋白質です。先進国家がそのようなことを解決しなければならなかったのに、それを解決することができなかったのです。（二九六―一三八）

＊

ものすごく大きな魚がいるとともに、また、魚の種類がどれほど多いか知れません。様々な魚がいるのです。私はそれを見て「いやー、アラスカから海に出ていって魚を獲るよりも、投網の上手な人が三、四人もいれば、一日で船一杯の魚を獲ることは問題ないなあ」と思いました。それで、「賃金を与えて魚を獲り、フィッシュ・パウダーを作って売らなければならない」と思い、すべて調査をしました。（二六七―一八）

＊

今後は、魚を粉にして調合すれば、パンも作ることができます。何でも作ることができます。すてきなパンを作ることができるのです。海の魚を食べることは肉食よりも優れているのです。体に良いということもすべての人が知っています。しかし、これが未開拓です。アメリカが手をつけていないのはこれしかありません。ですから、私たちがこれをしなければなりません。これがとても有望だということは、先生がはっきり知っています。お金は先生が用意しますが、そのような意欲をもった人をいかに育てるかということが問題です。(八八―一七八)

＊

カナダやソ連もそうだし、アメリカや日本、ドイツも、私たちが現在行っている事業に関心をもっています。本来この海で獲れる魚の二〇パーセント以上を、人は食べることができません。残りはすべて捨てるのです。ですから、捨てるものを集めて粉にして人が食べることができる栄養剤を作り、それを低開発国に送ろうと思っています。そのようなうわさが立ったので、全世界の低開発国家の人々が統一教会に対して多くの関心を寄せているのです。(一九五―一二〇)

＊

日本政府は「自分たちには海洋資源が必要だ」と思っています。海洋資源とは魚のことをいうのです。ですから、日本人は魚を欲しがっているのです。しかし、その魚がいません。一方でアメリカはアラスカの魚を加工して売ることを願っています。ですから、アメリカの魚を獲って日本にあげようというのです。それで、アメリカ政府は日本人と、また、日本人はアメリカ政府と交渉するのです。日本はアメリカの魚が必要であり、アメリカは日本の技術が必要なので、互いに合作投資しようというのです。(一四六―一四九)

＊

アメリカという国で最も有名な海洋基地、水産業基地がアラスカです。このアラスカとノバスコシア地域、そしてメキシコ湾、それからノルウェー、これが世界の四大漁場です。そして、その中の三大漁場をもっているのがアメリカです。その中で最も代表的な場所がアラスカです。（一六七―一三三）

＊

今後、ソ連が政治的に主張してくるかもしれず、日本とドイツが連合して主張してくるかもしれません。このように、未来の世界的な政治問題が引き起こされる可能性がある基地です。ところが、アメリカ人は二百海里を策定しておきながら、ここを中心とした水産物に対して主人になる能力をもった人が全くいません。

アメリカ人は魚を食べません。皆さんの中で外国によく行かれる方は御存じでしょうが、食べてもロブスター（lobster：大きいえび）と、それから、きょう釣ろうとするハリバット（halibut：北方海洋産の大きなひらめ）、それからサーモン（salmon：鮭《さけ》）、その次にはトラウト（trout：ます）、このようにいくつかのものしか食べません。そのような魚は大概どこで獲れるかというと、寒帯地方の寒流で獲れます。ですから、脂がのっていておいしいのです。アメリカ人が食べるその何種類にしかならない魚がどこで育つのかというと、このアラスカで育つのです。（一六七―一三三）

＊

イエス様はペテロたちに「あなたがたを、人間をとる漁師にしてあげよう」とおっしゃいましたが、それはどういうことかというと、魚で人を象徴したのです。魚を獲って海洋圏を握れば、陸地圏まで握ることができるようになるというのが摂理観です。また、アラスカを占領すれば、すべての海洋圏が占領されるのです。なぜなら、世界の水産輸入の八五パーセントがアラスカから出てくるからです。それ以外の五パーセントは大西洋から出てきて、それから一〇パーセントは太平洋から出てくるのです。それで一〇〇パーセントになるのです。(一六八―一六七)

＊

アラスカに行けば鮭がいます。鮭を知っているでしょう？　鮭には五つの種類があります。ピンク色をしたものもいれば、赤い色をしたものもいて、様々な種類があります。淡水で卵を孵化《ふか》して何カ月してから送り出せば、それは海に出ていくのですが、四千マイル、五千マイルの五大洋を経て戻ってくるのです。そのように泳ぎ回るのです。そのように泳ぎ回って四年がたつと、卵を産むくらいになります。成熟した雄と雌の鮭になるのです。そのようにして卵を産む時になれば、どこに行って真《まこと》の愛の対象と出会うのでしょうか。自分の生まれた所を訪ねていき、そこで出会おうという条約ができているのです。そのような法度になっています。誰がそれを立てたのでしょうか。その鮭が立てたのでしょうか。これは神秘的な問題です。(一六九―一七四)

＊

アラスカの鮭を見れば、七月に小さい稚魚を孵化して海に送り出せば、四千マイルから五千マイルを四年間泳ぎ回ったのちに、昔自分が離れた故郷の匂《にお》いをかいで、再び戻ってくるのです。今日、その神秘は、科学でも解析することができません。人間がいくら研究しても分かりません。それが何かのアンテナやレーダーをもっているので帰ってくるのですか。四年たてば、自らその故郷を訪ねていって卵を産み、卵を産んだのちはすべて死んで、自分の体をその稚魚に与えるのです。そのようにしながら、その稚魚が大きくなるようにしているのです。魚でもこのようにしているのです。それなのに、万物の中で最も貴いという人間のこの姿は何ですか。人間は自分の故郷に戻ることを知りません。どのように行くべきかを知らないでいます。（一七六―三一四）

＊

私はサーモンを見て「サーモンは統一教会の人たちとそっくりだ」と思いました。故郷を訪ねていく群れが統一教会の群れだからです。そして、ペア・システムを求めるのは「神主義」であり、それがぴったり一致しているのです。雄と雌がペアになって四年から六年の間、海で一緒に泳ぎ回るのではありません。時になれば、先に雄が上がってきて、その次に雌が上がってきて、そこで初めて出会うのです。そして、水がたまっている所に雄と雌が集まって、統一教会で行う婚約式のようにしてペアを形成するのです。ところで、本当に不思議なのは、海にいる時には、雄と雌は大きさが少し違うだけで見た目は全く同じであるのに、これが相手と結ばれると、雄は二週間で別の姿になるのです。それは「そこまで変われるものか」というほどです。

淡水に上がってきてペアを組めば、雄の姿は雄ライオンのようになるのです。口がこのようになって、歯もこのように出てきて、見れば怖いのです。頭が出てきて背中が出てくるのです。雄ライオンの姿のようにです。サーモンのようなものも、優秀な種を残すためにそのようになっているのです。四千マイル、五千マイルの海を泳ぎ回りながら、どのようにして故郷を訪ねていくのでしょうか。それは神秘のなぞであり、今まで解析ができずにいます。いかにしてその小さい魚、すなわち故郷の地で約六カ月たったわずか十五センチの稚魚たちが海に出ていって、そのように大きくな

って上がってくるのかというのです。物心がついた時には、既に自分の子供をもつ時を知るのです。（二五九―一九八）

＊

サーモンは、海に出ていって自由気ままに泳ぎ回ってから、雄と雌が来てマッチングをします。そして、マッチングをしたのちには、お互いが「ため」に生きるのです。これは、統一教会の夫婦が愛する時の、正にその手本となるのです。父母が愛するのと同じです。統一教会は、サーモン以上のカップルにならなければなりません。そのような映画のようなことを見ながら、人々が学ぶことはたくさんあります。死んで子供たちの餌《えさ》になって子孫を残そうとするのがサーモンです。動物の本能世界の伝統を代表する存在として生きているのがサーモンです。（二七一―一二五）

＊

世界四大漁場のうちの三大漁場はアメリカがもっています。カナダのノバスコシア地方とアラスカ州とメキシコ湾地方です。皆さんは、知らないのでそのようにしているのですが、水源資材の豊富さを知れば熱狂するはずです。黄金脈は何十年も掘れば終わりですが、これは永遠です。ところで、その主人がいません。それで、私は水産業に関して二十年の計画を立て、今十五年目に来ているのです。アメリカの水産業界では「文《ムン》総裁は異端者だ」と言ってデモをしています。「文総裁、出ていけ！」と言っているのです。このように大騒ぎをしています。しかし、いくらやってみたところで、問題は実力です。（一九一―七三）

＊

海に行けば魚釣りもします。私はあらゆる魚を釣ってみました。太平洋、大西洋、地中海の魚をすべて釣ってみました。釣ってみたことのない魚がありません。アラスカでも釣りました。何も持たず、パンツだけはいて主人として振る舞ったのです。漁夫の世界に入っていって三十分も話してあげれば、「あー、私の家に行きましょう！」と言うようになるのです。そのようにして、金持ちの家に招待され、良い部屋を与えられて食べていれば「家に帰らないで一緒に暮らしましょう！一年間一緒に暮らしましょう！」と言ってくるようになるのです。船に乗って三日も一緒に回れば友人になるので、いくらでもそのようにすることができるのです。(二〇三―三五)

＊

世界の漁獲量の七五パーセントをアメリカがもっていますが、その漁獲量の八五パーセントはアラスカから出てきます。ゆえに、アラスカは水産の宝庫です。誰がそこの主人になるのでしょうか。そこの主人になるということは、今後海洋産業の王権を掌握することができるということを意味しています。そこはそのようなことができる基地ですが、環境的条件が良くありません。条件が良ければ、ブルジョアがすべてやってしまいます。そこでは、船が難破して人が死ぬこともあり得ます。そのようなことを覚悟しなければなりません。(二〇五―三九)

＊

今回、アラスカで風が吹いて十メートル以上の波が立ったのですが、そのまま走っていくのです。ですから、アラスカ海洋警察本部でＵＤＴ（水中破壊部隊）の訓練をしている人々が感嘆したのです。その時「海に出ていってはいけない」という警報が下りました。少しでも出ていけば、警察が追い回しながら「戻りなさい」と放送して大騒ぎするのです。「私たちの船は沈まない」といくら説明しても信じませんでした。そうして、私たちの船は小さくても勇敢に荒波に乗って出ていくので、彼らが驚くのです。しかし、これを信じさせたので、台風が吹く日に出ていっても、「彼らはそのような人々だ」となるのです。「ＵＤＴ訓練、特戦訓練と一緒なので、雨の降る日だろうと風の吹く日だろうと、生死をいとわずに出ていくのが原則だ」。このようになっているのです（二〇五―三二九）。

＊

全世界の漁獲量の七五パーセントをもっているアメリカの中で、その八五パーセントの漁獲量をもっている場所がアラスカです。ところで、アラスカは韓国式発音では「知っていましたか（アラッスムニカ）」と言っているように聞こえます。「知っていましたか」というのは、「風がたくさん吹いて死が交差する危険な所であることを知っていましたか」ということです（二〇六―九三）。

＊

魚は、なぜ寒いアラスカ地方を訪ねていくのでしょうか。暑い所にいた魚が寒帯地方を訪ねていくのです。それは陰陽の調和です。主体と対象が和合する所に行って繁殖しようとするので、すべて流動していくのです。また淡水にいたものは塩辛い海水を飲んで繁殖するのです。しなもくずがにのようなものがそうです。理想的な繁殖をするためには、プラスとマイナスが和合しなければなりません。レバレンド・ムーンは、そのようなことをしているのです（二〇七―八二）。

＊

今まで、先生はアラスカでもどこでも、昼夜の別なく先頭に立って今日の統一の伝統を立ててきました。今後、人類と国と世界は、真《まこと》の御父母様の前に負債を返す道がありません。永遠に侍り、

永遠に従っていかなければならない立場にいるのです。（二二〇—二六八）

＊

ここは暖流と寒流が交差する所なので、各種の魚がすべて集まってきます。また、ここで産卵しようと、魚が集まってくるのです。そのようなことで、ここは有名な場所ですが、ここに来て釣りをするという事実は、何と表現すればいいのでしょうか。幻想的です。さらに、韓国の教授たちがここに来て、アラスカの海で釣りをするということは歴史的事件です。（一六七—一二三）

＊

アラスカは、観光客を誘致すれば世界的な名所になります。今年、韓国は暑かったでしょう？そのような時に、お金があればアラスカへ行くのです。ここからアラスカまで、約六時間かかります。行く時に逆風が吹くと七時間かかりますが、普通五時間から六時間かかるのです。夕方出発し、飛行機で寝てから朝降りてくれば、これは一日活動圏内に入っていくのです。金曜日の晩に出発し、土曜日と日曜日に釣りをして、夕方飛行機に乗って帰るのです。そのようにすれば、その翌朝には出勤することができます。

ここは、どこに行っても遠くの山を見れば、その山頂は雪で覆われています。周辺の近い山もすべて雪で覆われています。雪で覆われた園の下に青い地帯があり、その青い地帯には花園がありす。花が咲いているその下には美しい湖のような青い海があって、そこで釣りをするのです。それは、どれほどの仙境であるか想像してみてください。四方を見れば、高い山によって屏風《びょうぶ》のように囲まれています。また、アラスカの木は、ピアノの鍵盤《けんばん》を作る、とてもまっすぐな木で、そのような山林が茂っています。その下の森の中には、見たこともないような花がたくさんあります。それが湖の近くにあります。

そこにはまた、鹿もいます。獣たちがたくさんいます。水辺を中心にたくさん住んでいます。食べ物が多くないので、水を飲まなければなりません。冬になれば、海草がすべて死にます。雪が積もるので食べ物がありません。海草をかじって食べて生きているので、海ととても親密な関係をもった鹿や熊のような獣がたくさんいるのです。(二六四―九八)

＊

アラスカに行くと、四月でも寒いので毛糸の下着を着なければなりません。前方の山に雪があります。ところで、海に行けば無尽蔵に魚がいます。どこでも無制限に魚が泳いでいるのです。釣り糸を投げれば「ワー」とエキサイトするのです。このような経験をした人は、必ずまた来るようになっています。「来るな」と言っても来るのです。一度魚を釣る刺激的な経験をすれば、忘れることができません。

暮らすにも良い所です。すべてのものが備わっています。景観も素晴らしいのです。三分の二が雪で覆われた山で、暮らす場所は青い地域の中心です。海は青く、空には鷲《わし》が飛び回っています。(二六二―一八〇)

＊

アラスカから飛行機で行くと、モスクワには八時間かかり、ロンドンには六時間かかり、ニューヨークには十時間かかります。ですから、ここは交通の要地でもあります。今後、人間の力をもって、アラスカの平原で農作物を耕作することは問題ありません。今も温床栽培をしています。そこ

でバナナもできるのです。熱帯地方から来るのではありません。(二三六―二二)

＊

食べて暮らすすべての産物がアラスカから出てくるようになれば、どのようになるかを考えてみてください。アラスカは韓国の何倍にもなります。カリフォルニアの四倍だといいます。カリフォルニアがアメリカで最も大きな州なので、それだけ膨大な地域だということです。そこには無尽蔵の原資材が埋まっています。そこの主人はソ連でもなく、アメリカでもありません。

そこに、誰も関心がありません。自分たちの経済問題、政治問題、体制問題でめちゃめちゃになっていて、原資材の消耗だということは考えもしないのです。今後は、誰が原資材を支配するのかということが問題です。先生は、それを準備しています。それで、誰が北極を主管するかということが重要です。北極を主管すれば、世界を主管できるのです。極がそうなのではありませんか。北極を主管して主体的立場に立てば、南極の主管は自動的になされるのです。(二五三―一九九)

＊

アラスカ精神という言葉を聞きましたか。アラスカ精神とは何でしょうか。朝五時に起きて御飯を食べて海に出ていけば、夜の十二時にならなければ帰らず、一時や二時に帰ってくるときもあるのです。

責任量を果たすことができなければ帰ってくることはできません。事情をくんであげるのではありません。修練過程では、責任を果たすことができなければならないのです。

ですから、魚を釣るのを見物するのではありません。魚釣りの訓練をするのは、今後世界中どこへでも行ける指導者を育て上げるためです。誰もが魚を釣ることができるのではありません。専門的にならなければなりません。多くの経験を通して学んでこそ魚を釣ることができるのです。(二六三一一〇)

④養殖業

その地方に水産大学の教授がいるとして、それらの教授が、その地方の水域にはどのような魚が住んでいて、どこの水域には何という魚が住んでいるということを研究したものがあれば、皆さんは、彼らの研究したものが正しく合っているかをテストして、しっかり記録をして、それを本にしなければなりません。五十州の海を調べて、その情報をすべて一箇所に集め、どこへでも出ていって魚を獲る計画を立てるのです。海に沿った州の全体の海域、漁業をする地域全体の深さと温度をすべて測り、その海域に何という魚が棲《す》んでいるかをすべて調べ、それを本にしなければなりません。そのようにすれば、ボートを買ってあげるのです。三十数州、すなわち海に沿っているすべての州は、漁場を中心として本を作り、もし、海がなければ湖を中心としてそのようにさせるつもりです。そして、今後私は、養魚をコーチしようと思っています。(九四一一〇九)

＊

先日、私はフロリダに行きましたが、そこにはわにが暮らす湿地がありました。私は、国家と交渉して養魚場をつくることを考えています。海水魚の養魚場、淡水魚の養魚場など、どのような養魚場でもつくることができます。何でもすることができるというのです。ニューヨークのすぐ前にある干潟地でも、かにからどんな魚も、すべて養殖することができます。それを研究しなければなりません。その事業がどれほど膨大なものでしょうか、どれほど膨大な事業になるかを考えてみてください。海水魚の骨で動物の飼料をつくることもできます。飼料のようなものは、雑魚を捕まえて、それでつくることもできるし、それから調合をしてもつくることができます。相当な事業になるだろうと思っています。その世界的な組織網をもって、それぞれの国で事業をすることを考えてみてください。そして、缶詰め工場をすれば相当な事業になります(八八―一七九)。

*

南米のような所には山がないので、水を完全にコントロールすることができます。井戸はそこでだけ掘るのであって、ほかの所はいくら掘っても水は出てきません。ですから、水の商売だけをしても暮らすことができます。海水を水蒸気にして、水をいくらでもつくることができます。今の科学的な力をもってトンネルを掘り、十里、百里、千里の遠くにまでフィッシング・ファーム(fishing farm：養魚場)・ビルを造ることができます。ニューヨークの貿易センターよりも高いビルが造られることでしょう。

パンタナールで魚の種類に従ってビルで養殖をし、コンピューターにその資料を入れておくのです。そのようにして、ボタン一つ押せば、昼食時にはそこを通っていく人がその中から魚を選んで買って食べることができるようにするのです。ぴちぴちはねている魚を刺身にして食べることができる場所をつくるのです(三〇二―一九九)。

*

現在、世界には水の多い湖がたくさんありますが、アラスカだけでも二万坪以上の湖が三百万箇所あります。二万坪を中心として魚を養殖すれば、二百世帯、三百世帯が暮らすことができます。では、三百万箇所ならばどれくらいですか。二万坪ずつとすれば、六億という人が暮らすことができるのです。二×三は六ですから、六億です。ですから、アフリカの湖畔に養殖場をつくってあげれば、六億五千万のアフリカ人を食べさせてあげることができるのです。ですから、人類の食糧は問題になりません。牛肉などの陸地の肉よりも魚は健康に良いのです。消化吸収が良いのです。ですから、今後「牛肉などの肉類を食べなさい」と言っても食べない時代が来るのです。（二七一―二九）

＊

南米にあるアルゼンチン、ブラジル、ウルグアイに湖がどれほど多いでしょうか。何千万になるはずです。アラスカにあるのが三百万箇所とすれば、何千万箇所になるはずです。そこに多くの水は必要ありません。何百坪だけつくって、そこに水を入れて何種類かの魚だけを育てれば、それを食べて暮らすことができます。人工的につくって、それをモデル形態として教育し、運営させれば、食べて暮らすことができます。食糧問題が解決します。水と土地がある場所では、食べて生きる問題は解決されるのです。ゆえに、海に対する関心をもって釣りの訓練をしなければなりません。（二八九―五〇）

＊

先生がなぜツナに関心をもつのでしょうか。ツナ一匹がどれくらい卵を産むかというと、二百万個産みます。それがどれくらい孵化《ふか》するかというと、〇・八パーセントしか孵化しません。なぜでしょうか。卵を産めば、小さな魚がすべてそれをのみ込んでしまうからです。ですから、先生はツナの養殖場をつくろうと思っています。卵を一〇〇パーセント孵化《ふか》することができる技術さえもてば、人類の食糧問題は一瞬のうちに解決されると思うのです。(二一九―六三)

＊

皆さんの好きな魚がナンバーワンとするならば「ナンバーワン」と呼ぶように、魚の番号が世界的に統一されるようになります。百何番ならば百何番、あるいは五十何番ならば五十何番というように、その種類の中に好きな魚がいれば、電話一本で注文するのです。「何時何分に養殖場に行きますから、何番と何番の魚を準備しておいてください」と注文するのです。その時は、刺身にする包丁が一本あればいいのです。その包丁で刺身にして、おいしく食べればいいのです。そのような時代が来ます。(二七四―一〇九)

＊

今後は世界的に大きな湖をつくって、そこに魚を養殖して釣りをさせる事業が最も魅力的な事業になるだろうと思っています。ですから、今からそれを準備しなければなりません。養殖場をつくって魚を捕まえて、どんどん釣り堀に入れるのです。そのようにすれば、一年十二カ月釣りをすることができるのです。(二〇七―一一三)

＊

牧場のようなものを大きく営んで生活するよりも、養殖をすれば、五十坪くらいでも、一つの家庭が暮らすのに問題はありません。高い山でも、海水をいくらでも引いてきて養殖をすることができるのです。海水が全くなければ、塩水を入れて塩度を調節すればいいのです。いくらでもできます。そして、山にも養殖場をつくり、そこを一人で管理しても、数十万、数百万の人が食べて暮らすことができるようになるのです。そのような養殖をすることができます。それで、今回私がアメリカに行った時も、海に出ていってそのことをしたのです。良い種類の魚を捕まえて養殖をするのです。（一八九―一九〇）

＊

釣り場に魚がいなければ、養殖場をつくって魚を養殖し、その養殖した魚で釣りをするのです。魚を養殖して、それをどこへでも運搬して釣りをすることができる時代になりました。気候が合い、温度が合う場所で養殖場をつくって養殖をすれば、どこでも、どのような魚でも釣り場に入れることができます。船で運搬して放してあげ、それを釣ることができるのです。また、獣でも、虎のハンティングまですることができる時代が来ます。おおかみを育てて猟場に放ってハンティングをすることもできます。熊のハンティングもすることができ、どのような動物でも飼育してハンティングすることができるのです。（二七五―二〇四）

＊

私は養殖場を運営しようと思っています。今、日本で活魚の料理が可能なのも私がコーチしたからです。私のアイディアです。ろ過装置を使って水槽の水を長時間使うことができるようにしたのも、私たちが研究したことです。養殖場がなぜ必要なのでしょうか。人々が活魚を欲しがるからです。海で獲るものだけでは、需要を満たすだけの供給をすることができません。釣ったものを生きたままで供給することもできますが、養殖をして活魚を補給しなければなりません。「各州でも養殖場をつくる計画を立てて釣りができるように訓練しなさい」と言ってワン・ホープ号をそれぞれに分けてあげたのですが、それをしているのかどうか分かりません。それをすれば、今後船だけ三十隻から五十隻売っても暮らすことができるのです。それは世界的です。

ワン・ホープ号にしても、十年前から「買いたい」と言ってくる人はたくさんいたのです。しかし、海兵隊から七十二隻の注文が入ってきた時も売りませんでした。なぜ売らなかったのでしょうか。この船がどれほど素晴らしいか分かりません。今ではうわさが立ったので、みな「あの船は釣りをするには最も良い船だ」ということを知っています。ですから、みな「買いたい」と言ってくるのです。ですから、今は公開して売ろうと思っています。釣りをする人たちは、この船がどれほど良い船かを知っているのです。ですから、買いたがるのです。本当に素晴らしい船です。(二〇七―一二〇)

*

今、大学を卒業しても、十五万人くらいの人は就職できずにいるでしょう? それで、私は水産事業をして養殖場をつくっているのです。スペインでもしています。ツナを閉じ込めて育てているのです。金もうけも上手にするのです。私は化け物みたいに何でもしているのです。(二〇九―三二七)

*

今後、荒廃した土地を沃土《よくど》にして、飢えて死んでいく人々を救わなければなりません。それは、土地と水があればできるのです。水のある所では養魚をするのです。養殖場をつくるのです。土地がある所では五色の穀物を植えるのです。西洋人はアフリカ人に農業を教えてあげませんでした。ですから、滅びるのです。これを蕩滅《とうげん》してあげなければなりません。(二四六―八二)

*

全世界で飢え死にしていく何千万の人々のために、先生は養殖場をつくったのです。公害によるオゾン層の破壊問題を人類の代表として解決できる人は、先生しかいません。そのように、各方面に関心をもって進んでいかなければなりません。先生が行くことができなければ、皆さんが涙を流し、汗を流しながらでも行かなければなりません。「先生の足跡の上に自分も足跡を残そう」という心をもたなければなりません。原理の道は、そのまま踏襲していく道です。越えていく道ではありません。おじいさんも行かなければならず、お父さんもお母さんも行かなければならず、子々孫々、何千代の子孫も、それと全く同じように行かなければならないのが原理の道です。ですから、蕩減の道です。（一四六―一〇二）

⑤オーシャン・チャーチと海洋訓練

レバレンド・ムーンを中心とした統一教会は世界的です。西洋人は、レバレンド・ムーンは韓国人でも、韓国のためだけに仕事をしているとは思っていません。世界のために仕事をしているという観念が強いのです。それで、陸地でも海でも、迫害を受けながらも雄々しく勇敢に世界的な協会をつくっているのです。そのような意味で、一般の思想を中心としているのではなく、宗教という背景を中心としてこのような体制を整え、「海洋教会」というタイトルを掲げたということは恐ろしい宣言です。これはレバレンド・ムーンの恐ろしい課題設定です。

今後、オーシャン・チャーチをして何をするのでしょうか。海に出ていって訓練するという、その程度のものではありません。海を主管し、海を愛するのです。海を主管するからといって何をどのようにするというのではありません。創造主の本意に合うように海を管理し、海を愛する意味から、海を中心として世界を結束することができる舞台をつくろうというのです。(二八一―二四九)

＊

船に乗って荒波を切っていくのは男たちのする仕事です。女性にはできないことです。それはどれほど魅力的でしょうか。それで、私は船に乗るのです。皆さんにそれを教えてあげようとして船に乗るのです。今後、そのような海を開拓しなければならない責任を担っているのです。ですから、先生に従い、先生が好きになれば、船が好きにならざるを得なくなるのです。大きなツナは何ポンドになりますか。千ポンドを超えます。千ポンドのものが山ほどいます。普通の人の体重が百二十ポンドとすれば、ほとんどその八倍です。そのような魚を釣る時の気分はどのようなものか想像してみてください。商売の中でそのような商売がありません。それを一匹釣れば、一年食べることができます。皆さんが一日に三ポンド食べるとすれば、一年で一匹を食べるということです。(二一九―六三)

＊

アメリカ海域には無限の水産資源があるので、アメリカ水産庁ではそれを開発するために全力投球をしています。しかし、人がいません。それで、国家で計画を立てたのです。誰でも二年半船に乗れば、その人が「船を買いたい」と言う時には、一〇パーセントのお金だけ出せば、二百万ドルに相当する船を造ってあげるというのです。二百万ドルならば、百二十トンの船に相当します。百二十トンならば大変なものです。それで、三百箇所の港を中心としてこの事業をしています。また、特別に考案して船を造りました。

小さな釣り船から訓練をするのに良い船まで、特別に考案して造りました。それは、レバレンド・ムーンが考案したのです。人にたとえれば、とにかくハンサムな船です。そのようにしてフィッシングの訓練をさせるために、一隻の大きな船が中心となって十隻の船をまとめて出ていくのです。ですから、一人が十隻の船をまとめて行くことになるのです。そして、「五名だけ編成すれば、三万ドルに相当する船をあげる」と言って宣伝するのです。そのようになれば、小さな船も三万ドルで売ることになります。現在、水産都市の開発のための計画もしています。（二一〇―一〇二）

＊

一箇所に六十名の要員を集めて教育するための対策を立てています。今回、私は三十箇所に配置してきました。三十箇所の基準が完成すれば、三百箇所に拡大し、統一神学校を出た人たちを責任者として立たせて海洋教会をつくろうと思っています。これは歴史上になかった教会です。「海洋教会」という名前をもって船に乗り、そこで聖日礼拝も行うのです。今、この運動を展開するために準備しています。このようになれば、どのようになるのでしょうか。私たちの要員は二年だけ船に乗ればいいのです。大きな漁船をもっているので、それに交代で乗るのです。

そうすることによって、その都市の市長や海洋警察署長がサインだけしてくれれば、いくらでも国家で船を造ってくれるのです。このようにすれば、数千隻の船ができます。それを実際に消化することができる基盤を拡大するために世界的な組織を計画しています。すなわち販売組織を計画し、ヨーロッパ、日本でもそれを準備しています。このような膨大なことを準備しているのです。（二一〇―一〇四）

皆さんはホーム・チャーチをしていますが、三百隻のボートは何かというとホーム・チャーチです。オーシャン・チャーチ（ocean church：海洋教会）です。皆さんがどこかへ行って困ったときは、そこが港町であれば「ワン・ホープという船がある所はどこですか」と尋ねなさい。港の人であれば、誰でも知っているはずです。アメリカの海岸にいる人は、みな知っているはずです。そこに私たちが集まって歌を歌い、祈祷しているのです。お昼を食べる時にも祈祷するのです。（一〇八・一一七）

＊

南米には、えび獲り船が三十隻あり、ツナ獲り船が五隻あります。ですから、今後の私たちの中心メンバーは、誰もがみな一年六カ月は海洋訓練をしなければならないというのが先生の考えです。そして、統一教会の責任者は、一年に二週間は、誰もがみな動員されて海洋教会の活動をしなければなりません。そして、その海洋教会の活動をする時は、どこどこの教会の責任者などという、そのようなものは関係ありません。すべて同じように仕事をさせるのです。それで、先生が「お前、どこどこに行って釣りをしてきなさい！」と指令を出すのです。それはいつ行くか分かりません。（一一九・二五六）

＊

今年に入って、四月から今まで、私は五時に起きて夜十一時まで船に乗って海に出てきました。ある人が「若い者たちも逃げ回って隠れて寝ようとするのに、七十を越えたおじいさんが船に乗って釣りをするのか」と言って舌を巻きました。それを見ながら「私は大きな罪を犯したものだ。なぜ若者を捕まえてあのように苦労させるのだろう」と思ったのです。しかし、そのようなことに勝つことができなければ脱落するのです。世界の頂上に上がっていくことができないので、そのようにするのです。(二三三―一八〇)

＊

皆さんを訓練させるのです。ここで先生を追い越すことができる者は何人いますか。それは過激な重労働と同じです。重労働の中でも、そのような重労働はありません。一日中立って釣りをするのです。十日間座ってはいけません。やってみれば、夜の十二時になっているのです。アラスカでは十二時になっても明るいのです。夜中の一時でも明るいです。朝五時に起きて夜十二時までやれば何時間ですか。十九時間、釣りをするのです。(二三二―二〇八)

＊

海と陸地の境界線は海岸線です。今後、海は陸地を連結しなければならず、陸地は海を連結しなければなりません。このような二つの目的が重複している境界線は海岸線しかありません。今後「陸地も必要だし、海も必要だ」となる時には、海岸線が最も重要になります。このように見れば、今後、海岸線が陸地のどこの土地よりも高価になる時代が来るだろうと思っています。(二一八―二四九)

＊

水産業をなぜするのでしょうか。なぜアラバマで船を造るのでしょうか。神学生たちが「オーシャン・チャーチ（oceanchurch：海洋教会）に行かない」と言えば、女性を船長にして、彼らを連れて行かせるつもりです。そして、その女性船長が男性のほっぺたをひっぱたいて「こいつ！　私もこのような仕事をしているのに男性が何をしているのだ」と言わせようと思います。男性たちを連れていって海洋教会を指導するのですが、男性が「船に乗らない」と言えば、ほっぺたをひっぱたきなさいというのです。男性が「行かない」と言えば、女性を船長にしてそのようにするつもりです。（二八一・二四九）

2. 南米を中心とした海洋摂理

①ジャルジンの新エデン建設

ジャルジンはどれほど不便な所でしょうか。二度と行きたくないジャルジンを、どこのいかなる場所よりももっと慕い、行きたくて泣き、月を見ながらも慕わなければならず、太陽を見ながらも慕わなければなりません。そのようにして、その太陽の支配下にある生命体とあらゆる万物を見て、自らの心情を吐露し、恨《ハン》の神様の祭物的な条件となることをすべて心で洗ってしまわなければなりません。

ジャルジンは源焦地です。創造物自体が一つの博物館のように総合的に集まっている源焦地です。それゆえに焦点地域です。万物創造の焦点です。その源焦物が生息している所に行き、三年以上血の汗を流さなければなりません。三年間労働をしなければなりません。なぜでしょうか。祖国光復のためにです。水の中でそれをするのです。水は世の中を象徴しているので、水の中に天国を建設

しなければなりません。真《まこと》の御父母様が立てたように皆さんがそれをしなければなりません。（三〇三－一五七）

＊

人間の堕落によって破壊されたものを早く復帰して管理し、昔絶滅した種をここから再び世界に拡大させなければなりません。ゆえに、新しい博物館を造らなければなりません。鳥も千五百種類の鳥がいます。その博物館を造り、また昆虫博物館を造らなければなりません。それを造っておけば、そこは摂理のみ旨の中で登場した所なので、世界中の人々が息子、娘の教育場所として訪問するようになるのです。神様が造られたものを見て喜ぶことができる環境をつくるために、ジャルジンを開発するのです。ジャルジンはエデンです。その場所を通じて多くの人々が「再臨主が来られる」と言ったのです。（二九四－五六）

＊

「ジャルジン」という言葉は何でしょうか。堕落の「位置に入った（ジャリエ、ドゥロッタ）」、そのような意味にもなります。サタンが人類先祖の位置に入ったので「ジャルジン」です。エデンの園で堕落の位置に入った人類先祖をサタンが「パンタナール」、すなわち「お前を売る（ノルゥル、パンタ）」ということです。お前を売って「サロブラ」です。これは「生かしてみろ（サルリョバラ）」ということです。「サロブラ」は「復活しよう」という意味です。韓国語にすれば、そのような意味が入っています。（二九四－五六）

＊

ブラジルで最も良い水は黄土水です。黄土水の流れる川を、黄金の川といいます。一方、澄んだ水の流れる川を水晶、銀の川といいます。そのような二種類の川が合流する三角地帯に、私たちは土地を買ってジャルジン基地をつくりました。（二八五―二三六）

＊

ここで養魚場をしても、とても良いのです。パラグアイでも、電気が余って困っているくらいなのです。湖のような所の温度を調節すれば、南方の魚でも、北方でいくらでも養殖をすることができます。

ジャルジンを中心として、このミランダに生息している魚を北方地帯にもっていき、そこでそのまま温度を調節して棲《す》ませれば、南方の人も来て見物し、北方の人も来て見物するようになっているのです。「私はアラスカだけが良い」と言うのは南方では落第です。「アラスカも良いが南方も良い」と言ってこそ合格です。「朝はアラスカで生活し、夕方は南米で生活しなさい」と言う時、一生の間そのように暮らすことができ、また「それ以上でもします」と言う人は、アラスカや南方世界をすべて統治する主人になることができます。神様はそのような人に会いたいと思っていらっしゃるのです。（二七六―七七）

＊

イグアスの滝は一つですが、観光地としてそれ以上に良い所はありません。水泳もできます。そこにはドラドもいるし、魚もたくさんいます。そうでなくても、釣りをすれば魚がよく食いついてくるのです。ですから、餌《えさ》をあげれば飛ぶように集まってきて捕まえることができます。子供たちが一度来れば「ここで暮らそう」と言って大騒ぎになるでしょう。周囲の人々が「レバレンド・ムーンはなぜジャルジンに関心があるのか」と言いながらも、来て見てみれば「いやあ！　ここは天国のようだ。州はそれも知らず……。ああ、レバレンド・ムーンに奪われた！」とそのように言っているのです。ですから、その州では私を援助せざるを得ないのです。（二七九―一九八）

＊

ジャルジンの農場では、たくさんの種類のおうむを飼っています。おうむも自然の人々と一緒に暮らすことができるし、だちょうも餌をあげれば、どんどん寄ってくるのです。人に慣れて、人が行って餌をあげても逃げていきません。神様が創造されてそれを見て喜んだように、アダムのように遊んだ世界をつくってみようというのです。今、その仕事をしているのです。（二七八―一〇三）

＊

先生は水を愛しています。水はすべての生命の根源です。水はすべてのものを抱いて消化します。ジャルジンにはミランダ川とラプラタ川がありますが、その二つは陰陽です。ラプラタ川は澄んだ水ですが、ミランダ川は泥水です。きのうも見ると、泥水があれば、人の世であれば逃げていってしまうところですが、その泥水の渦の中に澄んだ水がためらうこともなく巻かれていくのです。自らの姿勢を備え、泥水と和合してその色も変わっていくのですが、流れ流れて日がたてばたつほど、再び自らの光りを取り戻して、澄んでいくことができる力をもっているのです。（二七六―一四〇）

＊

水はいくら汚れていても水平を取ることができます。人も水平を取ることができなければなりません。私がここジャルジンに来たからといって、ブラジルとは関係ありません。ここには五色人種が生活していますが、言葉が通じなくても私は別の種とは思いません。自分の親戚であり、自分の弟であり、みな六千年間離れて暮らしたのちに再び出会った人々です。ですから、言葉が通じない事情を乗り越え、習慣と風習が通じなくても自然の中で懐かしがり、受け入れているのです。（二七六―九〇）

＊

今後、この場所は貴い場所になることでしょう。パンタナールは先生が訪ねてきて、このようなことをしている所です。それくらいここは貴い場所なので、この地をすべて私たちが買わなければならないと思っています。サロブラも、ジャルジンの地もすべて買おうと思っています。ここを中心として連結することができるものがパンタナールです。パンタナールを連結するのです。今後、ここは世界的な観光の名所になります。霊界と肉界が連合できる内容をここで決定するのです。水陸、すなわち水と陸地が連結する場所です。おもしろいのは水の上に草があるのです。このような水と陸地が連結しているこの場所において、すべてのことを決定し、摂理を成し遂げていくのです。（二九三―一七）

＊

統一教会にはジャルジン宣言があります。第二次四十年路程を発表したのです。エデン復帰です。エデンに帰ってきたのです。エデンに帰っていって神様の絶対信仰、絶対愛、絶対服従の平衡基準に立たなければなりません。それで、ジャルジンで「絶対信仰、絶対愛、絶対服従」の宣布をしたのです。それを宣布することによって堕落のなかった万物全体、すなわち絶対信仰、絶対愛、絶対服従の上に造られたこの世界をすべて管理し、同一圏において接触することができるようになるのです。

それで、先生はジャルジンで教育をしているのです。祝福を受けた家庭は縦的には上がってきましたが、横的には基準に立っていません。ですから、今からは横的基準において神様と共に暮らすことができる家庭をつくらなければなりません。そのために、世界平和に向けた理想家庭教育センターをつくって、今まで祝福を受けた家庭をジャルジンで新たに教育してきているのです。神様の絶対栄光の家庭に同参できる内容を、再び訓練し直さなければなりません。それがジャルジン家庭訓練です。(一九四―一二九)

＊

ジャルジンで小学校から中学、高校まで造ろうとすれば八つの教室が必要ですが、十二教室になる小学校、中学、高校を建てるプログラムを組みました。ジャルジンに、二千名以上の人々がいつでも生活することができる基盤を築くのです。講堂を中心として血と汗をもって教育基盤を準備するのです。そこに小学校から中学、高校、そして大学まで建てる準備をしています。小学校から本格的に出発するのです。ジャルジンを中心として周辺には三十三の都市がありますが、その三十三カ都市の大部分には中学、高校の施設を造るつもりです。

今、このジャルジン本部では、小学校から中学、高校、大学までのシステムをもって、その地方の優秀な人々を教育して、今後全国に広げることができるすべての準備を整えるのです。それゆえに、ここには二千五百名以上が収容できるようになり、講堂は一万名まで入ることができるように造っています。今後、ここはこの州の三十三カ都市のすべての和動の主体になるはずです。政府にはそのようなことはできません。(二八一―一九五)

ジャルジンの教育計画は、水産事業と山林、そして農業方法、それから工業方法に関するものです。その全般的なことが分かるので、各市を中心として、ここが本部のような仕事をするのです。ジャルジンに建てたものと同じものを拡大し、そのようなシステムをもって単科大学を中心として総合大学を造る計画をもっています。

＊

また、本当におもしろいのです。ウルグアイも三十三名の独立軍があり、韓国にも三・一独立運動の有功者が三十三名いました。また、南米の国は、三十三カ国です。本当に不思議なのは、このジャルジンがある州には三十三の市があるのです。それは摂理的です。

三十三名を中心として摂理していくすべての内容が、そのように完全に自動的に一致したということは摂理的です。ですから、ジャルジンには「東洋人が来てジャルジンで拠点を構え、その名前が知れわたるようになれば、その方が来られるメシヤだ」という預言があります。インディアンたちが既に知っていたのです。「ジャルジンに韓国人が来て、思想的にすべてのことを革新する運動を行えば、その方がメシヤだ！」。それを知っているのです。インディアン全体が巻き込まれてくる傾向を見せているのです。(二八一―一九七)

＊

本当に、神様が生きていらっしゃるということを実感します。韓国の独立万歳運動の指導者は三十三名でした。韓国の裏側がウルグアイですが、そのウルグアイの独立軍も三十三名です。南米の国も三十三カ国だし、今私はジャルジンに来て仕事をしていますが、そこも都市が三十三です。本

当に不思議です。その周辺にある主要都市が三十三カ都市です。これは本当に不思議です。(二八一―二四五)

＊

私は、ジャルジンから四百キロ内外の場所を中心として、そこにどのような魚が棲《す》んでいるのかを調査しました。蚊に刺されながら調査したのです。お金が必要だから、そのようなことをするのでしょうか。名誉が必要だからでしょうか。政治的背景が必要だからでしょうか。死んでいく人を助けてあげるためです。彼らは兄弟です。私がこのような考えをもたなければ、誰が万民を救ってあげるのですか。どこの政治家や、どこの国の主権がそのようなことを考えますか。このような基盤をもって、私はその地ですべての原資材を掘って輸出するのです。彼らがしようと思っているとおりにしてあげるのです。工場が必要ならば、工場を造ってあげるでしょうし、「何かが必要だ」と言えば、それを援助してあげるのです。私はそのような実力をもった人です。(二七六―一九六)

＊

ジャルジンで四百キロメートルの土地を取得すれば、フィッシュ・パウダー（fish powder：魚粉）工場を建てるのです。フランス、イタリア、ドイツ、アメリカ、日本など、先進国家が研究して失敗したものを私たちが開発して成功しました。全世界がパウダーを作り、食糧を補給する道を解決しようというのです。輸送が問題ですが、国連と赤十字社が「我々と共に世界の難民を救いましょう！」と言っているのです。それで、ジャルジンの四百キロ以内の農村に豆を植え、とうもろこしを植え、マンジョーカを植え、いかなる穀物でも植えるのです。そして、収穫されたものをすべて粉にして二十倍に拡大した食糧を作り、それで難民を救ってあげるのです。

それでは、魚はどこで獲るのでしょうか。魚の粉はどこで作るのですか。ここには川がたくさんあります。湖をつくり、釣り場をつくって魚を釣るのです。これを私たちがすべて買ってあげるのです。ぴちぴち跳ねている魚が十分以内で粉になって出てきます。ですから、これはジャルジンで歓迎できる内容ですか、歓迎できない内容ですか。(二七六―一九四)

＊

第三世界の難民は、レバレンド・ムーンが自分たちを生かすために苦労しているということを知っています。うわさが立ったので知っているのです。魚でフィッシュ・パウダーを作り、それをするためにジャルジンに農場をつくって、粉工場を造るための準備をしているということをすべての人が知っているのです。

今後、全世界の人々が統一教会の信者になることを考えたとき、その人々がジャルジンを訪ねてくるでしょうか、来ないでしょうか。先生の行った場所、名のある場所はすべて訪ねていこうとするのです。そこが聖地になるのです。魚を養殖して人類を生かすために苦労したその公的な基盤を中心として、万民が口をそろえて称賛し、足を速めて「天国を建設しよう！」という喚声が世界に響きわたるのです。(二七七―一四二)

＊

ブラジルやウルグアイには、牧場をつくって自給自足することができる豊富な内容があります。アフリカで果物の農業をする人にも、ここで模範的農場をつくり、木を植えてありとあらゆることをして教育しようと思っています。それで、彼らが帰っていく時には、三百頭の牛を与え、その国で牧場を寄付してもらうようにしてから送り出そうと思っています。それは百六十カ国で競争するようになっています。ここで育てた子牛をもって行くのです。お金は使えばなくなりますが、牛は使えば使うほどどんどん増えていきます。皆さんも今はみなかわいそうに暮らしている人々ですが、世界的な牧場の主人になり、農場の主人になり、また、水産業もでき、釣りもして、どこでも楽しむことができる世界版図が完全にできるのです。(二六六―一三九)

＊

私たちがここに来た時、千ヘクタールの土地が七十万ドルでした。その七十万ドルで、七百頭の牛までくれたのです。そのような所がパラグアイです。そこでは鶏も飼っています。そこにはトラクターなどの農作業に必要な器具がすべてあります。理想的な故郷や国をつくることができるように私がコーチをしようと思っています。皆さんがもっている土地を売り、その費用で私がここを買うのですが、皆さんにここの土地をそのままあげるのです。すべて開発し、飢え死にすることはありません。その農場の中に幼稚園を造り、中学、高校を造り、大学まで造ることができます。そして、五色人種が共に暮らすのです。郷土を開発すれば、プラスが相対を再創造する役事が起きるのです。関心がありますか。そのようにすれば、本当に良いでしょう。そこで釣りもして、ハンティングもして、世界的なことを準備しているのです。(二六六―一三九)

＊

広大な草原地帯に無数の果物があり、無数の鳥がいて、無数の動物がいます。ありとあらゆる動物がいます。釣り糸を垂れれば、水のある所には魚がいくらでもいます。女性が夕食を作る時、おかずがなければ、川の流れている裏口の外で釣りをして、その釣った魚をてんぷらにすることもできます。ブラジルは、そのような国です。世界にそのような所はありません。そこしかありません。投網を一度投げれば、ひとかますもの魚がかかってくるのです。(二六七—五九)

＊

今後、牧場と合わせて養魚場もつくり、猟場もつくるのです。春になれば数多くの魚が川を上がってきます。ここにミランダ川がありますが、この川を中心として運河を掘るのです。そのようにすれば、この川は十個以上の川と同じ面積になりますが、これをせき止めて、春になってここに入ってくる魚を帰ることができないようにすれば、春夏秋冬、季節を超越した釣り場にすることができるのです。ここでは季節を超越して養殖をすることができます。そのようになれば、魚を養殖して釣り場に供給できる世界的な場所になるのです。私が関心をもっていることは、パンタナールに棲《す》む三千六百種類の魚を捕まえて養殖場で養殖し、三千六百箇所の釣り場をつくることです。その魚を養殖する方法を開発して、世界の各地にこれと同じ場所をつくって広げていくのです。(二七〇—五五)

＊

アメリカが上にあり南米が下にあるとすれば、上にあるアメリカが嫌っている南米、その南米の中でもアメリカが最も嫌っているブラジル、そしてブラジルの中でも最も嫌っている山奥に私が行ったのです。私はジャルジンという所に行って蚊に食われながら鳥を友とし、蛇とも友達になり、魚を友として暮らしているのです。教主がはだしになって歩き回っているのです。皆さんが見れば「あれは私たち統一教会の先生ではない」と言うような生活をしています。「彼は本当に農夫か漁夫だ」と言われるような生活をしているのです。アメリカで二十四年の間に築き上げた基盤を、一年六カ月間で一度にさーっと築き上げたのです。(二九三―一九三)

＊

ブリッジポート大学と鮮文大《ソンムン》を造り、今は南米に大学を造っています。ジャルジンに大学を造っています。幼稚園から中学、高校、大学まで造っています。大学に行くことができるようにすべて準備しています。今後、そこを通過しなければなりません。

この世の大学は必要ありません。そこに行って何をするのですか。それは、すべてがらくたです。ホモ、レズビアンのような道徳的根本を破壊する砦《とりで》になっているのです。神様の怨讐《おんしゅう》の基地です。軍隊基地と同じようにサタンの基地となっているのです。そこからすべての影響を及ぼしています。それはサタンの場所です。それを壊さなければなりません。彼らは「神様が死んだ」と言ったのです。(三〇二―三三)

②パンタナール聖地

日本の二倍もある湖がパンタナールです。パンタナールには三千六百種類の魚がいます。三千六百種類の魚がそこに棲んでいるのです。それならば、そこの水温や、立地条件や、環境など、それらのすべてが同じ条件の湖は、世界的にどれほどたくさんあるでしょうか。そのような水がどれほどたくさんあるでしょうか。これを分科別に研究して、養殖ができる所をつくるのです。そのようにすれば、世界的にできるのです。(二七一―三九)

パンタナールには、神様が創造された原初的な自然がそのままたくさん残されています。ほかの場所は、種の基準が残らずに絶滅している所が多いのですが、唯一残っている所がパンタナールを中心としたこの地域と、アマゾンの流域です。自然の存在がそのまま残されていて、神様が創造した原初的なすべての万物が集約している場所です。どうして私がここに来たのでしょうか。私だけが来たのではありません。神様が共に来られて歴史的に犠牲になったすべての万物を愛するのです。ノアの時代に、魚は審判を受けませんでした。審判を受けなかった魚と因縁を結ぶことによって、万物が蕩滅《とうげん》して戻ることができる道を築こうとパンタナールに来たのです。神様が造った万物を愛さなければなりません。先生にはこれを保護する責任があります。種をもっと繁殖させなければなりません。神様が創造した時よりも、種を絶滅させてはいけないのです。(二〇〇―二六八)

＊

パンタナールには草や魚の種類がたくさんあります。魚の種類も三千六百種です。アマゾン川には三千種がいますが、パンタナールには三千六百種がいます。その種類を考えてみてください。ですから、草や穀物や木など、万物には数多くの種類があるのですが、神様は洪吉童《ホンキルドン》(注：李朝時代に、魔法を使って金持ちから財を奪い貧民に分け与えたという小説の主人公)のように「このようになれ」と言ってそれらを造ったのではありません。すべて考えがあって造ったのです。構造的なすべての内容が自然世界の法度と気候の条件に合うように、それに合わせて造ったのです。(一九一―一六四)

＊

パンタナールは、動物や植物など、本来神様が創造された原初的な宝庫となる場所です。私は、それを守って保護するための世界的な運動を起こしています。協助しますか、しませんか。エバゆえに堕落しました。ゆえに、日本の国家メシヤをパンタナールの先頭に立たせ、すべてのことを進行するように命令をしました。それは有り難いことですか、それとも悪いことですか。子供は、母の肉を売ったとしても育てなければなりません。植物や動物を育てることができるように後援をしなければなりません。日本がこのように世界の地に血統を連結させれば、そこは自然に日本の所有になるのです。(三〇四―一五五)

＊

アマゾン流域、パンタナールの奥地には三千六百種がいます。三千六百種ですが、そこには神様の創造された本然的なすべての創造物が残されています。アマゾン流域がそうであり、パラグアイ川の流域がそうです。三千六百種を中心として、そこに養殖場をつくるのです。魚に関心のある人は「来るな」と言っても来るようになっています。私たちの新聞社があるので、そこで「三千六百種を育てている養殖場だ」と書いて評判を立てるのです。「三十六種になった。もうすぐ三百六十種に増える。三百六十種は何年で終わる。三千六百種は何年で終わる」と宣伝してみてください。魚に関心のある人はここに来るでしょうか、来ないでしょうか。(二九二―一四)

＊

パンタナールのような所には魚がどれほど多いか分かりません。何かを投げると、いつの間にかきれいになくなっているのです。稲妻のように素早くきれいに片づけてしまうのです。汚いものでも、いつきれいにしたのか分からないうちに、きれいになっているのです。様々な種類、ありとあらゆるものがいますが、種類によって食べるものが異なります。そのようなものが混ざり合って、休むことなく海の清掃作業をしているのです。食べるという行為自体が清掃作業だということを知らなければなりません。

彼らは自分の目的のために生きているのではなく、環境を整理しながら、周辺をすべてきれいにしながら、互いに助け合いながら生きているのです。それが自然協助体制です。また、パンタナールにはブレオクチャムという草があります。その草の葉っぱの裏を見ると、それをかじって食べる虫がたくさんついています。その虫は、すべて魚の餌《えさ》です。その虫がいれば葉っぱをすべてかじって食べてしまうのですが、それを捕って食べる魚がいるので、その草が生存できるのです。(一九三―一八三)

＊

スルビ。スルビとは何かというと、海にいるなまずのような魚です。一番底に棲《す》んでいる魚です。そして、ボガは水が流れている所を好みます。ドラドも水の流れが速い場所に棲んでいる魚です。このボガは釣りの餌を入れれば、餌だけ食べていなくなってしまいます。ドラドは餌に食いつけば離れることができません。しかしボガは、ぱっとやるとそのまま食べてしまいます。ですから、このボガは釣りやすい魚ですか、釣りにくい魚ですか。(釣りにくい魚です)。皆さんに釣りにくいものから教えてあげなければなりませんか、それとも釣りやすいものから教えてあげなければなりませんか。スルビを釣ろうとすれば、夜釣らなければなりません。(一九三―三三)

＊

草食性の魚がいます。このドラドは、ドラドドラド（回っても回っても）どこに行っても勇猛です。こいつが餌を食べるとひゅっと出てきます。五人が船から釣り糸を遠くに投げた場合、こいつが動けば、どの釣り竿《ざお》か区別できません。誰の釣り糸にかかったのか分からないのです。「誰のだ、誰のだ」と言って、すっと自分の竿を振り返ると「あっ、自分のだ！」。このように驚くのです。三度、四度、五度、六度、徹底してするのです。その味が、またとても良いのです。夕日の光、その黄金に光る魚、そのまばゆい光景というものは、ドラドを釣る所以外では決して味わうことができない光景です。人として生まれれば、一度は味わってみるだけの価値をもつ、趣のある光景です。そのような光景を自ら迎えてみたいと思うのが人情です。（一九二一・三）

＊

パンタナールは、海と陸地、水と植物が共に暮らしている所です。本当に不思議です。パンタナールを中心としてアマゾン川の流域には、創造本然の生物がすべて残っています。創造以後、被害を受けることなく自然に生息しながら種別の鎖がそのままつながってきているのです。ですから、パンタナールは世界の聖地になるのです。

パンタナールに行けば、そのようなものをたくさん見るはずです。パクがわにの子を捕って食べることもあります。そして、捕って食べる時「やいっ、お前は腹の中に糞をもっているだろう？」と言いながら食べたりはしません。虫を捕って食べる時、その虫の羽には糞がついています。人糞や犬の糞など、汚いものがすべてくっついているのです。しかし、それをすべて洗い落としてから食べるのですか、それとも丸ごとのみ込むのですか。丸ごとのみ込むことができない人は、天下を統一することはできません。丸ごと食べることができなければなりません。良いものも食べるし、悪いものも食べることができなければならないのです。堕落した人間は、悪いものは投げ捨てて良いものだけを食べようとするでしょう? 愛はそうではありません。愛は地獄まで中に入れて消化するのです。(一九五一・一・八・六)

＊

パンタナールの魚は、大きい魚が小さい魚をのみ込みます。大便があり、小便があり、内臓があり、汚物があるのですが、それをそのまま丸ごとのみ込んでしまうのです。頭も、臭《にお》いのするしっぽの箇所も、すべて丸ごとのみ込んでしまうのです。「そのように丸ごとのみ込む者が解放圏の世界における王子ではないか」。そのように思うのです。(一九五一・一・二〇)

＊

パンタナールに行って「丸ごとのみ込もう。丸ごとのみ込もう!」。魚の世界に行って丸ごとのみ込もうというのです。それで、この地において、丸ごとのみ込むことができる教育をしているのです。自分の一族、家庭、先祖、親族を丸ごとのみ込むことができない弱者になってはいけません。強者にならなければなりません。(一九五一・一・三七)

＊

パンタナールに行ってみてください。そこでは、少しだけ大きければ、小さいものをすべてのみ込んでしまいます。さめの子も、たらより小さければ、それにぺろっとのみ込まれてしまいます。躊躇《ちゅうちょ》しません。自分より小さければ、どんなものでもすべてのみ込んでしまいます。それは素晴らしいことでしょう？　大きい種類が小さい種類だけのみ込んでしまえば、小さいものが「神様、なぜ私たちは食べられてばかりいるのでしょうか」と言って神様に抗議することでしょう。しかし、水からすべての天地を創造される時、大きいものも小さいものも、どのような種類でも、少しだけ大きければすべてのみ込んでしまうことができるようにしたのです。ゆえに、自分も大きくなれば小さいものを捕って食べることができるので、不平を言わないのです。(二九六―九〇)

＊

丸ごとのみ込む関係世界がパンタナールです。「パンタナール」とは何かというと「ナルゥル、パンタ（私を売る）」、すなわち「売ってしまう」ということです。目的のためには関係ないということです。ゆえに、パンタナール精神とは、良いものも悪いものもそのままのみ込んで消化し、自分が生きることができるように影響を及ぼしながら、互いに大きくなっていくことです。神様のみ旨とは、サタン世界も善の世界もそのままのみ込んでしまうことではありませんか。(二九六―二〇五)

＊

神様が人間を堕落のなかった世界に回復させるということは必然的なことです。神様は、堕落のなかった完成したアダム世界のために、すべての怨讐《おんしゅう》を収拾しなければなりません。そこには怨讐がありません。すべてが兄弟であり、一つの家庭であるという概念しかありません。のみ込むのです。パンタナールの魚世界では、大きいものが小さいものをのみ込んでしまいます。そこに何かの汚いものがあろうとなかろうと関係なく、すべてのみ込むのです。内臓の糞だろうと何だろうと丸ごとのみ込んでしまうのです。(二九七―一〇〇)

パンタナール精神とは何かというと、のみ込んでしまうことです。食べる時、糞がついていようと菌がついていようと気にしません。菌がついているからといって、それを取ってきれいに洗って食べたりしますか。そのようなことをすれば食べる物がありません。逃げていってしまわなければなりません。糞どころか毒薬を食べたとしても、それが自分の腹に入っていけば「体と一つになって体は死んだとしても、私は消化することができる」という精神をもたなければなりません。それが偉大なことです。

＊

昆虫を殺すことができる毒薬を食べたとしても、また毒薬を食べた魚を食べたとしても「私は毒薬を消化することができる」という精神をもたなければなりません。パンタナールを中心として、そのようなことをするのです。宇宙的メシヤである神様、そして世界的メシヤである再臨主、国家的メシヤであるその国のアベルの王、氏族的メシヤであるアベル氏族の王、家庭的メシヤであるアベル家庭の王、これがアダムの理想圏です。

それで、このすべて、すなわち神様、再臨主、国家メシヤ、氏族的メシヤ、家庭的メシヤがいるのですが、ここで氏族的メシヤが病気になれば家庭的に代わって立つことができ、国家的メシヤが病気になれば代わって立つことができ、世界的メシヤが病気になれば代わって立つことができるのです。神様が病気になるはずはありませんが、病気になれば代わって立つことができるすべてのものを備えておいてこそ、主体と対象が循環運動をすることができる相対圏をもつのです。(二九六―九二)

＊

先生がパンタナールを好きなのは、パンタナールにはあらゆる魚が棲《す》んでいるからです。そこで学んだこととは何でしょうか。パンタナールで一つ学んだことは、すべてのもの、すなわちこれものみ込み、あれものみ込むということです。例えば、わにがいるとすれば、大きいわにには人をのみ込んでしまいます。そして、パラグアイには、そのわにを捕って食べる二十五メートルにもなる蛇がいます。箸《はし》で豆をつまんで食べるように、人一人をのみ込んでしまう蛇がいるのです。その蛇にも、小さなものから大きいものまですべてているはずです。そのようなものが至る所に棲んでいます。

見てみると、それらはすべて丸ごとのみ込むのです。小さい魚も、自分よりも小さければ、それがたとえ鯨の子であったとしてものみ込むのです。口に入っていくものはすべてのみ込んでしまいます。素晴らしいことではありませんか。文総裁《ムン》も口の中に入ってきさえすれば何だろうとのみ込む専門家にならなければなりません。それを一つ学びました。ここで生きようとすれば、のみ込めなければ生きていくことができません。ほこりを払い、汚れたものを払ったりする女性たちは生きていくことはできません。(二〇一一―五四)

＊

パンタナールでは、日本人のお金の十分の一、百分の一、一万分の一だけで暮らすことができます。日本のために、すなわち島国の人々が万物をもつことができるようにとパンタナールを保存しているのです。日本人は、そのことを知らないでしょう？　先生は、万物の嘆息圏を解放するために万物を愛しているのです。ローマ人への手紙の第八章を見れば「被造物全体が、今に至るまで、共にうめき共に産みの苦しみを続けている」と書かれています。万物のその嘆息圏は、人類の嘆息圏です。人類の嘆息圏とは何でしょうか。神様を中心として祝福を受けられなかったこと以上の嘆息はありません。(一九五―一九九)

＊

ニューヨークやワシントンD・Cのような文明をすべて壊してしまわなければなりません。そして、原始時代に帰っていかなければなりません。自然に帰るのです。それで、先生は自然に帰り、パンタナールで自然を愛しながら暮らしているのです。

＊

大洋はきれいな場所です。そこは、どれほど水が澄んでいるでしょうか。きれいな水、きれいな空気があります。きれいな自然があります。どれほど良いでしょうか。(一九五―一七七)

＊

み旨を知ったその日から霊界を愛し、人類を愛しました。人類を愛するにおいては、自分の家庭や自分の国以上に愛さなければなりません。人類を愛し、その次には万物を愛さなければなりません。この陸地にあるすべての物を愛し、その次には水中の世界を愛さなければなりません。再創造過程です。神様の愛から人類を連結し、人類の愛から地球星を連結し、地球星を連結して水の世界まで連結しなければなりません。パンタナールを中心として、先生があらゆる精誠を尽くすのはそのためです。(一九六―一七)

＊

私はこのパンタナールを忘れることができません。ここは、霊界の相軒《サンホン》氏を通じて、朴《パク》マリヤ家庭に対する神様の願いを受けて深刻になった場所です。どうして神様がそのようになったのかというのです。悔しくて恨めしいのです。そのようなことを考えれば、はらわたが煮えくり返って骨がしみ出てこなければなりません。(二九六―四三)

＊

私がパンタナールに来て、今までにしたこととは何でしょうか。「統一教会の食口《シック》、南北にいる人々は来なさい」と言ったのです。祝福家庭はすべて行かなければなりません。ありとあらゆる口実を並べ立てますが、お金がなくて飛行機に乗ることができなければ、歩いて来なさい。父親が病気になれば、その妻と息子が背負ってでも来るのです。そのようにして非常な苦労をしながら行ったからといって「ああ、滅びる！」と言いますか。「ああ、もう駄目だ。みんな死のう！」と言いますか。そのようにして帰ろうとするのです。そのように、行く道が大変だったならば、帰る道はもっと大変になるのです。ですから、行くことを嫌がる人は、帰っていく時には百発百中落伍《らくご》者になるのです。それは理論的です。(二九九―一九〇)

＊

結論的に、パンタナールの影響は、今後世界の歴史においても大きな問題になるはずです。これをどのように定着させるかということが問題です。戦場になる可能性があります。人類が誤れば、滅亡の淵《ふち》に入っていく可能性をもっている危険な場所なのです。どのようなことをしてでも、ここの整地作業をしなければなりません。

ゆえに、今回パンタナールで国家メシヤを教育したのも、その背後の国々に対してあらかじめ宣伝しようということでした。今回の大会や、今までになされたすべてのものを中心として環境保護要員となり、早くその百八十箇所に警戒所をつくらなければなりません。その次にはそこに関心のある学者を中心として、世界各国の大学総長たちを中心として動かすのです。このようにして彼らが動くようになれば、その国の幹部要員や、どこの行政部署においても、その中心人脈を動かすことができるのです。(二〇〇一・一・八二)

＊

パンタナールがもっている水の世界と関係しているものがフィッシュ・パウダー（fish powder：魚粉）です。今までは、魚を釣っても食糧にできませんでした。しかし、先生を中心としてコディアックで研究したことは、魚を食糧資源化することです。イギリスや日本をはじめとして、ソ連やドイツなどの先進国がいかにしてフィッシュ・パウダーを食糧にするかという問題を中心として競って研究しましたが、すべて失敗しました。すべて手を引いてしまったのです。(二〇〇一・一・八五)

＊

韓国から見れば、パンタナールは極と極です。日本から見るときもそうです。パンタナールは地球の果てです。そこには源焦聖地があり、根源聖地があり、勝利聖地があります。これはとても大きなことです。根源聖地は、パンタナールにあるホテルに設置されているのですが、そこは、水があろうと何があろうと何の問題もありません。水上宮殿が造られているのです。(二〇四・一・一〇)

＊

パンタナールに聖地ができれば、統一教会の教会員は訪ねていかなければなりません。家庭を率いて訪ねていかなければならず、また天国に向かうことができる出発の起源地となっているので、自分の一族全体が訪ねていかなければなりません。自分の一族を連れていき、先祖が統一教会で祝福を受けた日を記念するのです。そして、自分たちによって未来の後孫と天上の先祖と自分の国の民にまで天の祝福の因縁が続くように精誠を尽くさなければなりません。それが、祝福を受けた家庭が地上天国を完了する時まで続けなければならない義務です。そのような観点から、自分の生活を再度批判しなければなりません。批判しなければ行くことはできません。そして、すべてのものは真《まこと》の御父母様が責任を負わなければなりません。(三〇二—一一五〇)

＊

パンタナールは焦点、根本です。根源地になります。ゆえに、統一教会の家庭は、四年に一度ずつ訪ねてこなければなりません。大移動できる準備をしておかなければなりません。今でも観光客が三倍、五倍と増えてきています。パンタナール大会をしたので世界的に有名になりました。もう二回、三回もすれば、大変なものになることでしょう。ゆえに、来年までに先生が計画したとおりに土地を買わなければ、その土地の値は十倍以上に跳ね上がるのです。

人間は、たとえどれほど苦労をしたとしても、世界から永遠に称賛を受けることができる聖地を準備しておかなければなりません。そうすれば、その努力の結果が現れるのです。ゆえに、その努力を誰が最初に始めるかということが問題です。父から始めるべきですか、母から始めるべきですか。父が立ち上がれば、母の周りを父が回るのですか、それとも父の周りを母が回るのですか。父の周りを母が回るのです。聖地を守り、聖地の名をより高めることは、日本が国家的にしなければなりません。それで、すべてのパンタナールの管理は、日本の国家メシヤが責任を負っているのです(三〇四―一一〇)。

＊

先生は、パンタナールでどれほど多くの蚊と闘ったことか、体には蚊に食われた跡でいっぱいです。蚊の世界では「誰が真の父母の血を味わうかを競争しよう！」と言っているのです。それで、蚊が最も多く私に飛んでくるのだと思っているのです。釣り糸を垂らしても、大きな魚は私の釣り糸に先に食いついてくるのです。多くの魚が食いつくようになっています。不思議です。神様も「ミステリーだ」と言うのです(二七八―九七)。

③動物博物館

人間には、神様が創造された種の絶滅を防止すべき責任があります。今まで、人間はいかに多くの種を絶滅させたことでしょうか。パンタナールには魚だけでも三千六百種類がいます。ゆえに、それらが常に繁殖することができるように、世界で土質の同じ場所に養殖場をつくって永遠に絶滅しないようにするのです。そのようなことを中心として仕事をするのです。今、そのような膨大なことを始めようとしています(三〇〇―八八)。

＊

三千六百種類の魚の養殖場をつくれば、皆さんの息子、娘がその中の一つを中心として研究したとしても、三千六百種類の博士が生まれるのです。ゆえに皆さんは、そのように後孫が出世することができる準備をしていることを有り難く思わなければなりません。博士論文を書けば、三千六百名の博士が出てくるのです。その仕事は、休まずに続けなければなりませんか、それとも続けてはいけませんか。それはどうしてでしょうか。神様が万物をどれだけ愛して造られたのかということを知りたいからです。(二七九―三九)

＊

先生は博物館を造ってあらゆる種類のものを展示しようと思っています。標本をつくって展示するのです。ここで見る自然に接触するのと同じ養殖場をつくるのです。動物を愛することができる表示として、村で博物館を造る運動を展開するのです。それで、その種のものを最も多く集めた村が世界的な観光村になっていくのです。また、草と木の種も、そのように集めて展示するのです。(二八八―七二)

＊

船の下で数千種類の魚が遊んでいるのに、そこに関心が行きませんか。パンタナールだけでも三千六百種類の魚がいます。その三千六百種類の養殖場のビルを造れば、世界中の人々がその養殖博物館を訪ねてくるでしょうか、訪ねてこないでしょうか。小学生まで来て、人の波ができるようになっているのです。アマゾン流域、パンタナールの奥地に三千六百種類の魚がいます。神様が創造された三千六百種の本然的な創造物が残っているのです。アマゾン流域がそうで、パラグアイ川の流域がそうです。ですから、その三千六百種を中心として、そこに養殖場をつくるのです。そのようにすれば、魚に関心のある人は「来るな」と言っても来るようになっているのです。(二九四―二四)

＊

土地の高度によって気温が異なります。同様に、海に棲《す》んでいる魚も、水の温度によってそこに棲む種類が異なります。川の魚も、自分たちの棲んでいる温度に相当する地域を訪ねていってそこで生息し、卵を産むのです。ゆえに、地域が異なっていても、そこに温度差がなければ同じ種類のものがいるのです。数多くの種類の魚がいます。パラグアイから南米を縦に流れる川がありますが、その川の深い所は七十メートルから百メートルを越えます。ゆえに、大きな輸送船などがそこを上っていくことができるのです。

その周辺の魚の多い所に、小さな川が連結しています。私たちは、そのコーナーに冷凍工場を造って、捕まえた魚をすべてそこに貯蔵するのです。そこで必要なものは電気ですが、電気は無尽蔵にあります。現在、どこにも売ることができないでいる状態です。(二六七―二六七)

＊

魚をどんどん獲れば、なくなってしまいます。ですから、養殖をしなければなりません。育てなければなりません。そして、南米のパンタナールやアマゾン川流域に棲んでいる動物で動物園を造ろうと思っています。昆虫を育てる都市が出てこなければなりません。昆虫を育て、それを食べる鳥たちが飛んできて食べることができるようにするのです。鳥の餌《えさ》となる昆虫を育てる都市が出てこなければなりません。昆虫がいなくて死ぬようになっているのです。昆虫を育てる町、鳥を育てる町、動物を育てる町が出てこなければなりません。(二九二―二四)

＊

パンタナールには三千六百種類の魚がいます。韓国には何種類の魚がいますか。三十六種にもなるでしょうか。そのようなものは相手にもなりません。では、今後この三千六百種類の魚の養殖のために、都市ビルよりもっと大きな養殖場ができてこなければなりません。魚の種類別にコンピューターで温度を調節し、海洋の魚や淡水魚、寒帯地方の魚や熱帯地方の魚を養殖するのです。このように一つのビルの中で全世界の三千六百種の魚が養殖されることを想像してみてください。都市ビルなど問題ではありません。(一九六―一八八)

＊

アルゼンチンもブラジルも、山がたくさんあって水がきれいなので、動植物を育てるのに適しています。一千三百メートルの高地まで連結した山があるので、そこではどのような動物でも育てることができます。魚も育てるのです。先生は、そこに関心をもっています。三千六百種類の魚を捕まえて展示場を造り、入場券を高くして売るのです。博物館を造って観光地にするのです。そのようにすれば、魚に関心をもっている人は、一度はここに来てみないわけにはいかなくなります。魚が三千六百種類です。そのような博物館を造ることを考えています。(二七六―二〇二)

＊

訪ねてくる人を教育するのです。そのようにしながら自然とともに暮らすことは、どれほど素晴らしいことでしょうか。現代文明の都市生活と連結することができる村をつくるために、このような膨大な地域に三千万種類の昆虫博物館を造ろうと思っています。昆虫学者はみなここに来なければなりません。また、三千六百種類の魚を養殖できる養殖場をつくろうと思っています。それから、鳥類園も造り、植物園も造ろうと思っています。(二八八―七五)

3. 韓国を中心とした海洋摂理

①天勝号

先生が海に対する関心をもったのは、一九六〇年代からです。二十二年間、海洋産業をしてきました。一九六三年に天勝号を造り、五大洋に出ていくことができるように劉孝敏《ユヒョミン》氏と劉孝永《ユヒョヨン》氏に海で仕事をするようにさせたのです。しかし、彼らは海を嫌いました。(二七六―三二四)

＊

天勝号を造ったのが一九六三年です。劉孝永氏も船を嫌いました。水を嫌うのです。波を嫌うのです。海で台風が吹けば、家のように大きな波を越えることを楽しいと思わなければなりません。そのために死んだとしてもいいというやり甲斐《がい》を、そこに感じることができる男にならなければなりません。それなのに「水が怖い」と言って海を嫌いました。もし、その時からアラスカに出ていったとすれば、世界的にどれほど大きく発展していたことでしょうか。(一九一―一七六)

＊

先生は「ために生きる心」をもって神様のために生き、人類のために生き、世界のために生き、万物のために生きているのです。万物まで解放したのでしょう？　それで、海のために生きているのです。一九六〇年代には、韓国にあるすべての山に登りました。そして、一九六三年からは船を造りました。それが天勝号です。この世に、船に「天勝号」とつける人がどこにいますか。それはすべて意味があるのです。

天が勝利したという基準を立てるために、今まで船を造ってきたのです。アメリカに来てから船造りを始めたのではありません。一九六三年から船造りを始め、今まで船に乗ってきたのです。一九七三年、一九八三年、一九九三年、二十四年間船に乗ってきました。朝から夜の十二時まで、ある時はアラスカで明け方の三時まで、昼でも夜でも船に乗りました。一片丹心で船に乗ったのです。(二九四―五四)

＊

韓国で船を造りましたが、その船の名前は「天勝号」です。それは何が勝利するということでしょうか。天勝号とは、天が勝利するということですが、それは神様のみ旨を成し遂げるという意味です。既にその時から始めたのです。天勝号を造り、その時に「世界の海を主管しよう」という話をしたのです。

劉孝永氏が「船、船」と言っていたのですが、実際にこの船を造ってあげると、年を取ったせいか船に乗ることを嫌がりました。「先生、このように波が荒い時には、私は海に出ていくことはできません」と言うのです。漁夫がそのように言うことができますか。死ぬまでには出ていかなければならないのです。(二九四―一七五)

②一興《イルフン》水産

きのう、私は済州島《チェヂュド》から帰ってきました。そこに一興水産という会社がありますが、私はその社長に「あなたは、今から一興水産教会をつくりなさい。そして、済州島にいる海女を自分の母親以上、自分の妻以上に侍ることができる準備をしなさい」と言って指示をしてきました。（一七八―一三二）

＊

済州島に造船所を造ったのですが、それを見て「これではいけない」と思いました。それで、造船所を木浦《モッポ》に移してみたのですが、そこでも「ああ、これではいけない」と思いました。一興水産の本社も済州島からソウルに移さなければなりません。世の中のすべてのことがそうなのです。祝福をしてあげようとする時、受け入れ態勢ができていなければ天も離れていくのです。（一七八―一五五）

＊

今まで、私は一興水産をつくって「どんどん基盤を築きなさい」と言って投入しました。（一八四―一五八）

＊

韓国に一興水産があります。今回、先生は十一万数千名の日本女性と韓国の女性を教育して姉妹結縁をします。今は、末端部署にも、すべて私たちの組織の人間、すなわち私たちの要員がいるのです。それで全国に、慶尚南《キョンサンナム》・北道《プクト》の代表、全羅南《チョルラナム》・北道《プクト》の代表、忠清南《チュンチョンナム》・北道《プクト》の代表、京畿道《キョンギド》の代表、そしてソウル地域の代表、このように五人の副社長を立てました。その人たちはすべて女性

です。二人を任命したのですが、あと三名を任命しなければなりません。（一六二－一四七）

③造船所

木浦の人は哀れです。先生は全羅道の人を気の毒に思っています。ここにいる全羅道の人は気分が良いと思います。全羅道だということで国も同情せずにほっておくのです。しかし、私は全羅道の人が哀れで木浦に造船所を造ることにしたのです。ところが、日数が多くかかるので造船所を一つ買いました。その造船所が木浦で一番大きいということで、どれくらい大きいかを見るために行ってみました。私はアメリカの造船所をすべて見て回ったことがあります。（一七三－一三九）

＊

木浦に造船所を造ったでしょう？　それはお金をもうけるために造ったのではありません。教えてあげるために造ったのです。良い船を造らなければなりません。今は最初なので反対しているでしょう？　反対をしていますが、良い船を造って東海（日本海）や釜山《プサン》の船を独占しなければなりません。そのようになれば、どんどん注文が殺到してくるのです。その次には、私が一つずつ注文を分けてあげるのです。今はこのような状態ですが、それが生きる道です。そのようなことをしようというのです。そのようにすれば絶対に滅びません。「滅びろ」と言っていくら祭祀《さいし》をしても滅びることはありません。天運が保護するのです。（一八〇－二三三）

＊

福を受けることを誰しも望みますが、福を受けようとすれば受ける準備が必要です。準備ができていない人は流れていくのです。道《ド》でも自分たちの計画どおりにしてくれることを願ったのです。城山浦《ソンサンポ》においても、それを早くやっていれば、私が冷凍会社を造り、船も、八千トンから一万トン規模のものをすぐに造ってあげることができたのです。道でも、私たちが土地を買うことに支援もしなかったのです。自分たちの間では「売ってはならない」と言ってありとあらゆることをしたり、「高く売りなさい」と言って操作をしたのです。(一八八―九)

＊

魚を獲り始めれば、魚を運ぶ船が必要になってくるので、運輸事業と自然に連結するのです。そして、中東の石油を運搬する何十万トンにもなる遠距離タンカーまで造らなければなりません。世界的な造船所に発展していこうとすれば、一番下のものまですべてのものを備えておかなければなりません。今は、図面さえあれば何でもつくることができる技術を確保しました。そして、魚を獲ろうとすれば、網をつくらなければなりません。網づくりから、何から何まですべてできる訓練がすべてできています。(二六二―一四二)

＊

実績が良い人には、木浦《モッポ》にある私たちの造船所の技術を教えてあげようと思っています。木浦にある私たちの造船所は、本格的な造船所です。タンカーから化学船まで造ることができます。何でも造ることができる技術を教えてあげようと思っています。その技術をもって、六大州を中心として、アフリカならばアフリカの代表的な国においてそのような工場を造らなければなりません。(二七六―二〇)

＊

先生は恐ろしい人です。造船事業をすれば、自分たちの隠しているものを一発で摘発します。このポール・ワーナーが私たちの造船所であるマリン・マスター造船所の責任者になったとき、あちらこちら自慢して回りましたが、隠しておいたものをすべて暴いて攻撃しました。

最も恐るべき先生です。船のデザインも、先生が指示するのです。新聞の記事のレイアウトも、先生が指示をしてアメリカの新聞オリンピック大会で一等を取りました。そのように早いのです。以前のように考えてはなりません。そのような何かがあるので、サタン世界のいかなる政府ももち得ない基盤を築いたのです。(二七八・一〇・三)

＊

私が造船所に行けば、船がどのように造られたのかをすぐに探り出し、間違っているところがあれば、すぐに命令するのです。「ここをどうしてこのようにしたのか」と言うのです。アラバマの造船所でも、私が訪問することを最も恐れています。隠しておいたものをすべて摘発するので「先生は化け物のようだ」と言っているのです。私はそのような人です。(二八七・一三)

＊

今後、事業する責任者が主体になれば、その対象をつくらなければなりません。発展させて、造船所ならば造船所の社長を中心として、社長と職員が主体と対象となって一つにならなければなりません。職員と一つになる目的は、国を復興させるためです。そして南米を復興させ、世界を復興させるためです。(二八七・一九)

二十五年の間、毎日先生は船に乗ってきました。私の手で海洋産業を育てていかなければなりません。それで、きょうも玉浦《オクポ》造船所に行ってきました。「この造船所を私が買うか、それとも北朝鮮に行き、ソ連と満州の三角地帯にこれ以上のものを造らなければならない」。そのようなことを考えながら視察したのです。そのようなことを私一人で考えているのです。そのようにすれば北朝鮮の人々が生きるのです。(一九〇・一・二〇)

＊

私たちは船を早く造らなければなりません。木浦造船所で造って、ここでもはえなわのようなことをするのです。あかあまだいのような魚を釣る場合は、船はかなり速くなければなりません。現在よりも二倍は速くなければなりません。三時間かかる所に、一時間半で行かなければなりません。私たちが新しく造ったワン・ホープ号は沈まない船なので、六人で乗ってどこへでも行くことができます。台風が吹いても錨《いかり》綱さえ切れなければ生き残ることができるのです。台風が吹いても問題ではありません。大きい船は沈みますが、私たちの船は沈みません。私がそれを開発したので、ツナ釣りにおいて世界的な基盤を築いたのです。どこへでも行くことができるように、それを活用しなければなりません。(一九一・一・一七九)

＊

本来、私はここで日本と中国を相手にしようとしました。ここに中国の船が来たでしょう？　中国船のために造船所に修理工場も造りました。修理してあげなさいということです。船が故障すれば、原価で直してあげるのです。日本人にも、地帰島《チキド》につくった釣り場を案内してあげるのです。そのようにすれば、高官たちが飛んできます。それで、慕瑟浦《モスルポ》に飛行場も築いたのです。中国の飛行機と日本の飛行機が自由に往来しなさいということです。ほかの国には使わせないで、中国の飛行機と、ソ連の飛行機と、日本の飛行機の専用飛行場にするのです。(一九一一・三〇三)

④済州島《チェヂュド》を国際釣り場として開発

先生は、十年前から済州島に対して関心をもってきました。済州島は軍事要塞《ようさい》地域として、今後アジアで重要な地域となります。このようなことをずっと考えてきたので、済州島に多くの関心をもってきたのです。開発問題、もちろん観光開発も開発ですが、今後国の運命において、海と接している済州島が重要です。(一二六一・一五七)

＊

済州島は、昔蒋介石が「軍港として貸してくれれば、自分がアジアを占領する」と言った、そのような重要な所です。韓国において軍事基地として重要な場所です。あれこれ勘案してみれば、今後済州島は、香港のように、国際自由都市としての機能を発揮することができる場所になるでしょう。金利が自由体制になれば、スパイ活動ができる基地として最も適した所です。そのような面からも軍事的に重要な要塞です。そのようなことをよくよく考えると、済州島で事業をすることは簡単なことではありません。それで、仕方なく事業基盤を築いて何から始めたのでしょうか。釣

り場です。(二六—三二)

＊

済州島《チェヂュド》は、我が国において海洋関門として重要なアジアの要所となっています。東シナ海や日本海を経て太平洋まで連結することができる位置にあるので、軍事要塞として最も重要な場所です。そして、慕瑟浦《モスルポ》の横にある港は、世界的に有名な軍事港となり得る水深をもっています。(二六—三二)

＊

先生は世界中を回ってみましたが、韓国ほど良い所はありません。気候から見ても、山水の美しさを見ても、韓国は本当に世界にない国です。私はいつだったか、韓国のような風景をフランスのある田舎に行って感じたことがあります。しかし、それ以外は全く異なります。ここは山々を見ても、老年期の山なので、すべて花のつぼみのようになっていて美しいのです。ほかの所に行ってみれば、例えば日本の山を見ても青年期の山なので、でこぼこしていて見栄えが良くありません。山の姿から見ても、韓国は美しい国です。また、三面が海に囲まれた半島なので、自然の恩恵を受けており、景色においてはより一層の恩恵を受けている国です。(一六九—一三八)

＊

晴れた日に漢拏山《ハルラサン》に登ると、すべてを見下ろすことができます。そこから見ると「ああ、一度一回りしてみたい」という気持ちになります。しかし、一周できる観光案内所がありません。山に登っていく施設もなく、海に出て一周することができる施設もありません。せいぜい車で一周するくらいのものです。車で一周するのは全然おもしろくありません。ですから、ここで必要なのがケー

ブルカーです。ケーブルカーを造らなければなりません。（二六―二二三）

＊

漢拏山を誇らなければなりません。済州島は何をもって誇るのでしょうか。漢拏山をいかにして誇るのでしょうか。それで、私が海軍基地をつくろうと思ったのです。漢拏山の中腹に飛行場もつくるのです。B―29のようなものも、ここから北済州《プクチェヂュ》に飛べば、四方に目を通すことができるようになります。そして、空母も、海から済州島を貫いていくようにするのです。それは、漢拏山の東西南北に穴を開ければできることではありませんか。人間は何でもすることができるのです。そのようにすれば格納庫になり、戦闘機のようなものもエレベーター式に数万台を貯蔵することができるのです。油タンクのようなものも山の中につくることができるのです。（一九一―一八一）

＊

済州島の「済」という字は「渡る」という意味です。「渡っていって主人として振る舞う所」という意味です。また「済州島」と言えば祭司長（注：祭祀《チェサ》を捧げる主《ヂュ》が祭司長だから）の国です。地帰島《チキド》という島はおもしろいのです。ここは、海を中心として何百メートルもの柱を打ち込んで釣り場をつくることができます。そして、大陸とガラスパイプのようなもので連結すれば、自動車で行ったり来たりすることができるのです。そのようなものを造って流されないように埋めておき、車で行き来できるようにするのです。そのような時代がやって来ました。

ここ済州島ですべきことはほかでもありません。釣りです。そしてゴルフとハンティング、それからカジノです。その次には販売市場を形成しなければなりません。良い物を売る販売市場がなければなりません。その次にはおもしろいものがなければなりません。山にヘリコプターに乗って上がっていくよりも、エレベーターやケーブルカーで上がっていき、また海では、快速艇で済州島《チェジュド》を巡回することができればおもしろいのです。日本にも一時間で行ったり来たりするのです。(一九一―一四六)

＊

山にも登り、海も一周すれば、その次に考えることは何でしょうか。釣りをすることを考えるのです。釣りは、済州島で紹介すれば、必ずするようになっています。「済州島で有名なものは何ですか」と聞けば、もちろん「石も多く、女性も多い（注：済州島は風と石と女性が多い三多島と言われている）」と言いますが、一番多いものは魚です。済州島の全域に釣り場の許可を出さなければなりません。地帰島《チキド》も開発すれば、それを中心として七つの島があります。七つの島をすべて開発しなければなりません。今後、済州島をどのようにするのかというと、三時間以内の場所では魚を獲ることができないようにしなければなりません。観光の釣りはできても、網で獲ることはできないようにするのです。それは、法的にも可能です。(一二六―一三三)

＊

「済州島の魚は小さい」と言って悪口を言ってはいけません。アラスカの魚だけが良いのではありません。済州島の魚を刺身にしたのですが、刺身というのは片方を下ろして作るではありませんか。ところで、これを丸ごとざくざくと切ってみると、その骨がとても固いのです。もっとも砂利の海に棲《す》んでいる魚なので、固くなければ生きていくことができません。そうでなければ骨が折れてしまうではないですか。そして、それを食べてみると、その魚の肉が本当に香ばしいのです。(二三一―二七)

＊

地帰島も、一周ぐるっと回ってみれば気分はどうですか。韓国で、冬でも釣りをすることができる場所はここ済州島しかありません。また、ここは火山脈なので、海中にある石も火山石であり、そこには小さな魚や虫がたくさん生息しているのです。魚も、網よりも釣りで獲るほうが良いのです。それで、釣りで有名なのです。日本でもそのように知られています。（二五三―九五）

＊

済州島を見れば、そこで釣りに関係している人が三千三百人だということです。商店だけ見ても、とてもたくさんあります。全国的には何万人にもなるのです。それらの人々はすべて中流以上の人です。趣味産業に力を入れることができる人は、中流以上の人だということです。趣味産業関連のスポーツ店、そこには銃器も含まれています。釣りに使われるプライ（ply：釣り糸）のようなものは消耗品です。どれくらい工場が必要か分かりません。これをすれば、大した産業になるのです。

プライのようなものは一年しか使うことはできません。ですから、その工場を造って人件費の安い多くのアフリカ人を採用し、その人たちが御飯を食べることができるようにするのです。先生は、済州島に来てそのような面も考えたので、九日と十日に釣り大会とハンティング大会をしようとしているのです。それは世界平和のためにするのです。（二五二―二五）

＊

アラスカは、サーモン（鮭《さけ》）以外には適当な魚がいませんが、済州島には様々な種類の魚がいます。魚の種類が多様なので、釣りの趣向も多様になるのです。近ごろは狩猟でも有名です。また、

「みずだこ」という済州島《チェヂュド》特産のたこがいます。頭の大きな、とても変わった済州島特産のみずだこがいます。済州島は、コディアックに代わって船釣りで趣味を満喫することができる場所であり、日本人が釣りをするのに良い場所です。観光客を誘致することができる良い場所です。（二五三―九五）

＊

済州島に行けば、すずめだいという魚を釣って食べるでしょう? すずめだいを知っていますか。最近、私が済州島に行った時のことです。この魚を釣り上げて、そのままそのしっぽをつかんで酢を入れたコチュヂャンにつけて、丸ごとむしゃむしゃ食べたところ、「やー、あの人たちは糞も分けずに食べている!」と言われました。そのようにして食べても病気にはなりません。魚が食べるものは自分が消化できるものです。

ですから、自分の体に合った魚を食べれば病気にはなりません。おいしく食べさえすれば、体に入っていったその糞のいとこのゆえに、どうして病気になるのかというのです。おいしく食べれば、理想的な材料が入っていきキムチのように熟しておいしくなるので、病気にはなりません。それで、生きているのです。（二一八―八九）

＊

済州島は、陸地から取れた陸地のひとかけらではありませんか。かもめが糞をする所です。飛び回りやすく、糞をしてひなを孵化《ふか》する所です。かもめも島で卵を産むのでしょう? 島は、すべての海の動物が子を産む所です。四つ足動物のような姿をしたものは、陸地に行って子を産まなければなりません。

亀もそうでしょう？　海中に棲《す》んでいるものも、魚以外はすべてそのようになっています。魚には生殖器がありません。海の魚には必ずこのような点があります。すべて線があります。雄と雌がそれをこすり合わせて関係を結ぶのです。子を産む時は、すべて陸地に来て子を産みます。済州島はそのような面で必要な所です。（一九一─二〇八）

＊

白頭山《ペクトゥサン》は男性であり、漢拏山《ハルラサン》は女性と同じです。二つは相対的になっているのです。白頭山は夫の山であり、漢拏山は妻の山です。海の中にあるので女性の山です。そうでしょう？　済州島の人が飢え死にしたという話を聞いたことがありますか。海に行けば、どこでも食べられる海草があるのです。済州島（チェヂュド）、すなわち祭祀《さいし》（チェサ）を捧げる主人（ヂュイン）が住んでいる所なので、夜明けに海辺に行けば、御飯やリンゴのようなものがはいて捨てるほどあるのです。女性が息子、娘を連れて白い御飯やリンゴのようなもので祭祀を捧げるので、夜明けに行けばそのようなものがたくさんあるのです。祭祀は人が見る前にするので、朝行くとそのようなものがたくさんあります。（一八四─二四七）

＊

海を平地にしようとどのようにしようと、国を生かすことができれば良いのであって、漢拏山が問題ではありません。たとえ漢拏山を売ったとしても、国を生かさなければなりません。そうでしょう？　だからといって漢拏山がなくなりますか。海に入っていって生きているのです。この山が千年万年立ち尽くしているので「漢拏山が一度平地に来ることが万民の願いだ」という記念塔を立て、万民がここに来て各国の王が出入することができる基地をつくってみてください。大統領、世界の官吏たちが来てそのようなことをするのです。漢拏山《ハルラサン》が問題ではありません。南米に行ってみれば、漢拏山は何でもなかったというのです。(一九一―二五五)

＊

今回、私は済州島《チェヂュド》に行って「虎を二組ほど寄付すれば良い」と言いました。虎が漢拏山の頂上に登っていって「うぉーん」と鳴いて海の波の音と調和しなければなりません。

では、そのようなことが良いですか。「ああ、波の音は騒がしくて嫌だが、山の音は静かだ」。これが良いですか。それでは調和しません。「ざぶーん、ざぶーん」と波の音がすれば、山でも「うぉーん」と鳴いてそれに調子を合わせなければなりません。そのように思います。ゆえに、そのような話をしたことは悪いことではありません。天地が和動することです。(一四五―二八〇)

＊

今後、済州島が観光地になれば、どのようになるのでしょうか。今は、どのような人々が済州島に多く行くかというと、新郎新婦がたくさん行きます。ところで、私たちが宣伝さえ良くしておけば「ああ、どうしてホテルに入って寝ていられるだろうか」。このようになるのです。これは夢中になってしまう遊びです。海で釣りをしながら新婚夫婦同士が楽しく過ごすことができるようにするのです。すべてのものを供給してあげるのです。釣りの道具もそろえてあげ、餌《えさ》もそろえてあげるのです。それから朝食も、外で食べることができるようにして、あらゆることができるようにしてあげるのです。(二一六―三二六)

済州島に猟場と釣り場をつくって訓練しようと思っています。ここに来る時、一つの国から百名ならば百名を連れてくるのです。そのようにして、世界平和観光釣り協会の会員がますます多くなれば、その目標のために毎月、月極め金を出して援助してあげることはいくらでも可能です。中流以上の人々がそれをするのです。

＊

今後、皆さんはそのような任務を負い、アフリカに行って援助してあげられるようにその国に影響を及ぼし、毎年このような仕事をするのです。各国に猟場と釣り場がなければなりません。それで、養魚場と猟場をつくり、そこでハンティングした獣や釣った魚は、殺さないで再び投入するのです。季節ごとに、ほかの場所でできるようにするのです。(一九八二・一〇・九)

＊

済州島は気候が良いのです。アラスカは冬に釣りをすることはできませんが、済州島に行けば、今は釣りをするのにちょうど良い時期です。皆さんは、一年春夏秋冬の四季を中心として、釣りができる二百名を確保しなければなりません。あまりに多すぎても困ります。五十名、すなわちバス一台ずつの人を連れてくることができるように、帰ったらすぐに二百名を確保しなければなりません。

私たちの組織がそのようになれば、夜は、私たちの世界的な活動やその地方の釣りに関する紹介をするのです。このようにしながら最終的にみ言《ことば》を語ってあげるのです。世界の頂上に対する問題や世界の政治問題、外交問題、経済問題等、全般的な問題に対する教育をするのです。教育することができる材料はいくらでもあるので、高次元的な教育をして統一教会に関心をもつようにさせて食口《シック》化する運動をするのです。そのようにすれば、三年以内で食口になります。(二五一―一二四)

＊

先生は、世界的に多くの団体をつくりました。数十年前からつくってきましたが、そこにはすべて「平和」という文字が入っています。「世界平和教授アカデミー」、「世界平和サミットクラブ」、「世界平和新聞協会」、「世界平和宗教連合」、「世界平和女性連合」など、すべて「平和」という文字が入っています。先日、済州島《チェヂュド》で釣り協会とハンティング協会をつくりましたが、それも「世界平和釣り協会」と「世界平和ハンティング協会」です。すべて「平和」です。(二二九―一四六)

三　海には学ぶものが多い

1．海のように天下を抱いて生きなければならない

海を回ってみれば、本当に学ぶものがたくさんあります。海は一日の間にも何度も変化します。世の中では「人心は朝夕に変わる（注・人の心は頼りにならないということわざ）」と言いますが、海は朝夕ではなく時間ごとです。時間ごとに変わるのです。よくよく見ると、いくら天候が良い時

でも、ある場所に行けば波が穏やかなのですが、ある場所に行くと風が吹くのです。強い風ではありませんが、そのようにすべて異なっています。人の顔が異なっているように、水があり山があれば、山の高低に従って気候も変わるのです。海は千態万状の妙味をもっています。（二六三―一八）

先生は自然が好きです。海が好きです。海がどれほど神秘的か分かりません。水滴はすべてダイヤモンドの玉です。これがきらきらしながら「私は文《ムン》総裁のものです。ダイヤモンドよりもっと高価な価値をもっているのが、私たち水です」と言って誇るのです。どうして水が誇るのでしょうか。「私がなければ、この世に生命は形成されません。また、私がいるので、深かったり低かったりするものも、すべて水平にすることができるのです」と言っているのです。

海がどれくらいでこぼこしているのか知っていますか。しかし、水がそれを水平にしているので、どれほど気分が良いでしょうか。気分が良く、見ても千年万年飽きることがないように青い光を放っているのです。青い光は慰労の光です。なぜ神様は青い光をつくったのでしょうか。この光はいくら見ても疲れません。それは、慰労の色です。万物はすべてそうです。空も青く、海も青いのです。それはどれほど理想的でしょうか。神様の愛に浸るようになれば、すべてが友になります。

人間も友達になるかもしれませんが、自然界がすべて友達です。一度その性格を知っておけば絶対に変わることはありません。しかし、人間の性格は千態万状です。きょうはこのようであっても、あすになれば変わっています。それで「人心は朝夕に変わり、山色は古今変わらず」という言葉があるのではないですか。人の心は朝夕に変わります。そのような人間に使い道がありますか。です

から、動物にも劣るのです。(二七―二七四)

＊

海は天下を抱いて生きています。一箇所に集まって雲になり、山を覆ってその友となり、高い所から雨を降らせて四方に広がっていくのです。驚嘆に値するものは水です。水は休みません。千万年動いていれば、どれほど疲れるでしょうか。文《ムン》総裁は海を愛しています。自然にはいんちきなものがありません。高ければ高く、低ければ低いのです。そして、高い所にいれば、異議なく供給してあげるのです。文総裁はそれを学び、異議なく供給してあげるのです。異国の地に行っても、私よりも貧しく暮らしていれば、私の倉庫を開いてすべてを分けてあげるのです。たとえ私の米がなくなったとしても、すべてを分けてあげるのです。水平になるようにするのです。それはすべて水から学んだことです。それで、水が好きなのです。(三〇〇―一四)

＊

空も青く、海も青く、草も青く、すべて青ければどのようになりますか。本来ならば窒息するはずです。それが自分の好きなイエロー（yellow：黄色）であったならばどうだろうか、一度想像してみてください。すぐに嫌気がさすはずです。また、別の色をもってきたとしても、いくらもせずに嫌気がさすはずです。けれども、グリーン（green）は慰労の色です。これは常に青いのです。

それでは、人はなぜグリーンを好むのでしょうか。存在世界はグリーンとともに調和しています。それゆえに、土にはグリーン・カラーが多くあると考えるのです。土は主にグリーン・カラーと近いのです。ですから、土でつくられた私自身がグリーン・カラーを好むというのは理論的な話です。

そのように考えることができます。神様もそれを知っていたので、空も青くし、海も青くしたのです。すべて人を中心として、このグリーン・カラーと調和するようにしたのです。それは、どれほど素晴らしいことでしょうか。（二一九―一六八）

＊

海が穏やかな時は神秘的です。魅惑的な神秘の女王のような美女になってすべての人々を引き込む力があります。海は銀色にも見えますが、翡翠《ひすい》色にも見えます。そうかと思えば、また千態万状です。そこにそよ風が吹けば、その波の美しさというものは何と言ったら良いのでしょうか。舞姫がどれほど上手に踊りを踊ったとしても、そこについていくことはできません。皆さん、ダンサーを見ようとすれば小さいステージ（Stage：舞台）で踊っているのを見物しますが、それはあまりにも狭いのです。

反対に海のステージは無限です。海の舞台がどれほど広いでしょうか。美女や舞姫のような性質があるかと思うと、一度怒れば荒野で飛びかかってくる虎やライオンよりも恐ろしいのが海です。それを考えてみてください。何十メートルもの波が押し寄せてきて引いていく時は、かもめが鳴いても相手になりません。「お前がいくら歌を上手に歌おうと、お前がいくら素晴らしい喜劇俳優であっても、雄壮な私の気勢の前にはかなわない！」と言うのです。威勢が堂々としています。波が穏やかな時は、快速ボートが気分良くさーっと進みますが、ここでは動きをとることはできません。しっぽを振り、頭を振って、このようにしているのです。波に乗り、波のなすがままにするようになっているのであって、そこには自らの勢いというものはありません。（一一八―一四九）

自然の力は偉大です。ゆえに、海を愛する人は驕慢《きょうまん》になることができません。海にはそのような偉大さがあります。海の門を開いてのぞいてみれば、そこには無尽蔵の魚がいます。黄金色から金色、青色と、ない色がないほど多くの魚族が暮らしています。しかし、陸地と海の中を比較してみれば、どちらがより美しいでしょうか。陸地も美しいでしょう？　しかし、陸地には花と蝶と、それ以外に何がありますか。それから美しい鳥もいるでしょう。しかし、それらのものは単調です。花は動きません。海にいる豪華絢爛《けんらん》な色をもった美しいすべての生き物は、踊りながら活動しているのです。ですから、どちらがより美しいですか。陸地が美しいですか、海が美しいですか。海が美しいのです。

＊

神様は、どうして水をつくったのでしょうか。「神様が鑑賞するための特別装置が水だ」。このようにも言うことができます。ぱっと隠しておいて公開しなかったということです。このようなことを見れば、神様は、陸地よりも海により多くの関心をもっているはずです。また、未来を考える人は、陸地よりも海に関心をもつのです。神様は、まだ見ぬ未来の理想家庭に関心をもっています。それゆえに、地球の歴史始まって以来、今まで地上に現れたものに関心をもつよりも、まだ見ぬ未来観をもっている海の世界に関心をもつということは必然的なことです。これは理論的です。そのような立場から、海を考える人、すなわち未来像を憧憬《どうけい》する人が増えてくるようになるという話が出てくるのです。（二一八―二四九）

＊

釣り糸を垂らして座っている時の退屈さは、到底言葉で言い表すことができません。そこで散歩することができますか。このくらいのところで動いて、そこで料理をしなければなりません。そこから映画を見に行くことができますか。また、友人の所に遊びに行くことができますか。静かにしていなければならないので音楽を聞くこともできないのです。ですから、海を見つめながら海と空と対話をするのです。海と空が一つになっているそこに私一人がいれば、本当に気分が良いのです。先生は、なぜしきりに海に出ていくのでしょうか。霊的に、すべての面において利益が多いのです。私が一日中家にいれば気が散漫になって、世界宣教師や教会問題など、考えなければならないことの何分の一しか考えることができません。しかし、海に出ていけば全体的な考えが浮かぶのです。そのような面において、海はとても良いのです。それで『釣り道《どう》』という言葉が出てきたのだなあ」と感じるのです。(七九―二七〇)

＊

静かな海で一双のカップルが愛し合っている姿を想像してみてください。海が「こいつ、私は耐えられない」と言うでしょうか。そのようになれば、魚の群れが来て尾を振って見物しながら喜ぶのです。万物はそのような愛を願っているのです。自然のすべての存在が「頼むから来てください！　してください！」と言って、そこに来て愛し合ってくれることを望むのです。皆さんも、それを推し量り、感じることができる心をもたなければなりません。主人が白い雪の積もった山の頂上に行って愛し合えば、「私たちの主人がこのように美しく愛し合っている！」と言って喜ぶのです。それを願っているのです。(二三五―二七七)

2. 海の生活は素晴らしく、神秘的だ

太平洋を中心として、「黒潮」は四千マイルを回っています。一年に四千マイル回ります。その回る力によって五大洋が回るのです。もし黒潮がなければ海は回りません。この黒潮によって大西洋と太平洋は五大洋と通じているのです。このような環境条件を通じて五大洋がすべて死なずに生きているのです。(二七—二九)

＊

いくら川が大きくてもそれは海に入っていき、海がいくら広く流れているといってもそれは黒潮に従っていくのです。黒潮というものを知っていますか。黒潮というのは、太平洋地域を中心として四千マイルの円を描きながら回っている海流のことです。力強く回る水の流れによって、五大洋のすべての水の流れが生きて作動するのです。それに乗って回ることができてこそ海水の資格をもつのです。人間が生きていくのも同じです。(三〇—三一)

＊

川がいくら大きくても、大小すべての川はいずれ大海に入っていくのです。大海に入っていけば、すべて混ざり合うようになっています。五大洋を中心として見れば、太平洋には黒潮というものがあって四千マイルを回っています。もちろん月の引力によるということもありますが、このように

回る黒潮があるので、五大洋全体を動かすことができるのです。それは海の柱の役割をしているのです。汚いものでも、何であっても、入っていけばそれをすべて混ぜ合わせて一つの姿勢になろうとするのが海の目的です。いくら大きな川が何万年も継続的に淡水を投入したとしても、それをすべて吸収して余りある余裕をもっているのです。ですから、海に権威があるのです。海は、いくら入っていこうと変わらない姿勢を備えているので偉大なのです。（二一〇―一〇〇）

＊

日本の雲が太平洋を渡ってアメリカの雲と一つになる時、「私はアメリカの雲は嫌だ！」と言いますか。日本の水が黒潮を通じて太平洋に行き、そこにアメリカの水が来れば「おっとっとっと！」と言いますか。太平洋には四千マイルの黒潮が流れています。そこに先進国や後進国がありますか。国家間の境界線がありますか。それなのに、人間世界のこの姿は何ですか。自然運動に反するものはすべて壊れていくのです。（二六八―二六）

＊

愛の世界は、どこに行こうとすべて通じるのです。太平洋の水が「私は太平洋の水だ。アジアの水はすべて汚染されているので嫌だ！」と考えるでしょうか。水がどこから流れ出ようと、すべて連れていくのです。そこに悪いものがあれば、それを混ぜて早く解消させて同じ道を行こうと努力するのです。ゆえに、太平洋の水はいくら公害が激しかろうと、たとえ人類がいなくなることがあろうと、変わらず青いままでいることは間違いありません。いくら試練を受けて紆余《うよ》曲折の過程を経たとしても、海水の青い色が占領されないのと同じように、愛の権威と、愛の内容と、愛の力は

常に青いのです。（二四一―七三）

＊

統一教会は世界の主流の海流となり、太平洋の黒潮のようにならなければなりません。太平洋で四千五百マイルの黒潮が回り、五大洋の水が回るようになっているのです。世界の生命力をすべて宇宙で勃発させるためには、深い所を回っていって動かすことができる源泉をつくらなければなりません。そして、汚い世の中をきれいにしなければなりません。（二七五―三二）

＊

台風が吹けば、どれほど波が憎く、風が恐ろしいか分かりますか。しかし、その風も自分の使命を果たしているのです。もし風が吹かず、海に波がなければ、魚が生きていくことはできません。風が吹くのは海に酸素を供給するためです。波というものは酸素を供給するためのものです。ゆえに、波が激怒しようと、どれほど風が吹いてこようと、それを味わいながら「お前は味を失っていないな！」と思わなければなりません。海は塩辛い味をもっています。先生も「レバレンド・ムーンの味は失っていない」と、このように思っています。そのように思えば、押し寄せる波も憎くはなりません。

海には哲学がどれほど多いか分かりません。陸地だけで生活した人間は、あの世に行って理想的活動をしようとすれば、とても多くの支障があるはずです。霊界に行けば鯨にも乗り、魚と一緒に泳ぐことができるのです。しかし、海が好きでなければそのようなことをすることはできません。（一九一―一五二）

＊

海に出ていけば、台風というものは恐ろしいのです。その波は本当に恐ろしいのです。しかし、いくら恐ろしくても愛の力を帆にかけていく場合は、それも越えていくことができるのです。(二一〇―一〇二)

＊

海は、そのままじっとしていてはいけません。水が動けば死にません。器に汲んでおいた水も、動かしてさえおけば永遠に死ぬことはありません。運動すれば死なないのです。遠洋漁業をする船は、一度出港すれば一年六カ月から二年分の水を一度に積んでいきますが、海水に揺られるので、その水は何百年置いたとしても腐ることはありません。動かせば腐らず、停止すれば腐るのです。ですから、水は本当に特殊でしょう？　水はそのようになっています。(一九六―二〇〇)

＊

遠洋漁労作業をしようとすれば、飲み水を船にたくさん積み込んでいきます。一年半の間その水を飲まなければなりません。塩水を飲むことができないからです。水は動かせば、何十年たとうと腐ることはありません。水は動かさなければなりません。ゆえに、み言《ことば》も動かさなければなりません。(二九一―一八八)

＊

水は、なぜ流れるのでしょうか。水平になっていないので流れるのです。水は、流れてどこを訪ねていくのでしょうか。水平線を訪ねていくのです。水は、海に行かなければなりません。水平を訪ねていかなければなりません。(二六三―一九一)

＊

水は、常に水平にならなければなりません。それが特徴です。海は、いくら大きな波が立とうと水平線を描いています。水平線を見れば、寝ころんでみたくなるのです。「いやー、一度寝ころんでみよう」となるのです。そのようなことができないので船に乗って寝ころぶのです。そのようなことを考えてみましたか。水平線では何をしても、ひっくり返ったとしても頭や足が先にぶつかりません。水平にぴたっとぶつかるのです。そのようなことができるのが水平線です。人間には水平線が必要です。(二六三—九〇)

*

空気や水は、愛と同じです。空気は、真空が生じさえすれば世界の空気を動員してさっとそこを満たしてしまいます。海の水もくぼみが生じれば、さっと押し寄せて水平になろうとするのです。空気も水も愛も、常に水平になろうとするのがその生き方です。(二六四—一二六)

*

私たちが海に行けば、水を見ます。水は循環しています。水のある所では、朝、霧がかかります。水蒸気になり、これは低気圧なので上がっていくことができません。水が水蒸気になって集まったものが霧です。この水が霧になるのです。そして、蒸発して雲になって世界を回るのです。海に水がなければどのようになりますか。大変なことになります。生物が存続できません。水がどれほど偉大なものであるかを考えてみてください。(二六三—七八)

*

皆さんが知っているように、先生は時間さえあれば海に出ます。海に行ってもまれるのです。もまれるのですが、それは精神を整えて大きな闘いをするための試練であり、準備だと考えるのです。睡眠も取らず本当に疲れますが、精神をまっすぐ正し、自らそのような標準を定めて、水平線から他の方に傾かないようにしているのです。(七三一―二七〇)

＊

空気も動き、水も千年万年動いているでしょう？　千年万年動いているのですが、全く同じ公式です。海を見てください。水はどれほど疲れるでしょうか！　しかし、一度も疲れると思ったりはしません。それが存続することができる公式です。(二〇七―一八)

＊

海の世界を知らない人は、それだけ幸福の領域が制限されるという結論になります。創造主がいらっしゃるとすれば、陸地を知り、海をよく知って、海の神秘性を思い、陸地の美しさに思いを馳《は》せながら称賛するのを喜ぶのであって、一面だけをもって喜ぶことはないはずだと考えるのが至極理論的な話です。(二八―一五六)

＊

海や陸地も、すべて人間一人を教育するために造られたものだということを考えれば、創造主の有り難さを実感することができます。海を見ても、それをただ海として見るのでありません。「天の父が私に下さった贈り物だ」と、このように考えるのです。再創造する過程ですべてのものを再度調べてみるという事実、ここで偉大な革命が起きるのです。偉大な勝利の旗印がここから芽生えてくるのです。(二二―三〇六)

3．海は偉大な自然の力をもっている

先生は刺激的なことが好きです。変動の多いところから切り開いていくのです。そのようにしようとすれば、陸地よりも海のほうが優れているのです。海は風も吹き、穏やかでもあり、波風が何度も起こったりしながら変化するのです。ですから、陸地の旅行よりも、海の旅行が楽しいのです。陸地は、旅行して回っても朝の考えはそのままで、変動はありません。陸地は、いくら回っても修正することなく穏やかに行くことができますが、海はそうではありません。自分がこのように行こうと思っても、あっちに行ったりこっちに行ったりするのです。そのように変わります。変化する時には、本当に刺激的な変化が起きるのです。

穏やかな時は陸地が顔負けするほどです。本当に不思議なほどの穏やかさです。ある時は、海面がガラスに思える時があります。あまりにも美しくて触ったり食べたりしたくなる時があります。ですから、海は限りなく変化しますが「私は行く」という一念で前進していくのです。そのような刺激がなくては、大きな仕事をすることはできません。(七九—二七〇)

＊

海の底を見れば、鯨のようなものもいますが、ハリバット（halibut：ひらめ）のような魚もいるし、キャットフィッシュ（catfish：なまず）のような姿をした魚がくっついて生きています。この

キャットフィッシュのような魚は、体よりも頭が大きく、口も大きいのです。これで何をするのでしょうか。それは、大きいもの、腐るものが流れ込んでくれれば、かじって食べるのです。いっぱいのみ込んで、かじって食べるのです。それでも足りなければ、虫を吸い込んで食べるのです。このように休まず浄化作業をしています。清掃作業をしているのです。

パンタナールに生息している魚は三千六百種です。三千六百種の魚がいます。それらが食べる餌《えさ》はすべて異なります。そのようなものが混ざり合って、休むことなく海の清掃作業をしているのです。食べるという行為自体が清掃作業だということを知らなければなりません。彼らは自分の目的のために生きているのではなく、環境を整理しながら、周辺をきれいにしながら、互いに助け合いながら生きているのです。それが自然協助体制です。

彼らは海の水をきれいにする運動をしているのです。海は塩辛いだけでもいけません。魚がいて、汚いものも食べたりしなければなりません。魚の糞はどのようにするのですか。それをまた食べる魚がいるのです。（一九二・一・八二）

＊

海をきれいにするのは魚だけではありません。水鳥もそうです。かりやかもめのような水鳥たちは、休むことなく探索しているのです。もしこの海の表面ではなく、中間を流れていくものがあれば、水の中に入っていき、探し出してそれを食べて生きているのです。また、風が「おい、雲よ、今向こうに乾いて死ぬほど暑い所があるから行こう」。このようにして冷たい海の空気がそこに行くのです。その風が雲を乗せて通り過ぎながら水をまいてあげるのです。

この宇宙が、いかに共同協助体制になっているかを考えてみてください。風がなければどうなりますか。大変なことになるでしょう？　皆さんが食べる御飯やパンなどというものもそうです。水蒸気が海から空に上がって風に乗り、真夏の暑い太陽の光に乗って訪れ、そこで雨を降らせれば、その水分を吸い込んでそれらが作られるのです。土の中の水分や空気の水分が合わさって、御飯ならば御飯になり、パンならばパンになるのです。それを考えてみれば、どれほど苦労したかというのです。それはどれほど貴いものでしょうか。そこに宇宙が動きます。宇宙が動いて協助してパンになるのです。そのパンのひとかけらは、簡単にできたものではありません。(一九三―一八五)

＊

海で一番塩辛い所は、深い所だと思いますか、浅い所だと思いますか。深い所です。なぜでしょうか。塩水は重いからです。ですから、深い所ほどより塩辛いのです。それでは、天国の最高の宮中はどこにあるのでしょうか。塩水で比喩《ひゆ》するならば、一番底にあります。そこに王宮があります。一番下に行くのです。私がこのように話している概念を知らなければなりません。レバレンド・ムーンが言おうとすることは、天国の一番最高の位置が最も深い海、最も塩辛い水のある底にあるのですが、反対に最も清い人は一番上にいるということです。最も良心的で、より世界のために生き、より全体のために生き、より高い心をもつ所に神様はいらっしゃるのです。(二四四―一七八)

＊

主流から流れるきれいな水が公害で汚れた水を見て、「私はお前と混ざり合うのは嫌だ！」と言って避けることはできません。自然の場合はそのようになっています。自然の調和と総合関係というものは不思議です。水の性質は、汚いものがあって自らの本質がそれによって汚れたとしても、それを包容し、自らの周辺のものまで吸収してこれを同一化させるのです。そのようにして、流れ流れていく間に、汚いものは沈んで、きれいなものは浮かんでくるのです。そのようにしながら流れていく中で、きれいな水になって海に流れ込んでいくのです。歴史の流れもそのようになっていきます。（二八—一五）

＊

海の波がいくら流れていても、魚は寝るのです。水が流れていても、魚のひれは流れる水に逆らって一箇所にとどまるように運動します。しかし、体は寝ているのです。おもしろいでしょう？　皆さんのすべての血管が運動していても、皆さんの体が寝ているのと同じです。魚の生命がその拍子を合わせるのは、血が巡るのと同じように寝るのです。このように考える時、誰が主人となり、誰がより高いものになるのでしょうか。より投入する人、より「ため」に生きる人が主人になるのです。（二二〇—一八二）

＊

いくら海の波が荒々しく波打ったとしても、その流れは必ず主流に従っていきます。主流に方向を合わせてくることによって、全世界が反対し、迫害しても生き残ることができたのです。また、神様は、主流を中心として、完全な主体としての主流的な立場に立てば、主体と対象の関係を中心として保護するので被害を受けることはありません。（二四九—一六四）

＊

皆さんは、水泳をしながら「ねえ、のどが渇いた。コーラかメッコールを持ってきて！」と言いますか。水に入っていれば、一日中水を飲まなくてもよいのです。水に入っていれば細胞が水を飲みます。先日、先生は十六時間半も話をしました。「そのように長い時間、おしっこをどうやって我慢するのですか」と言うかもしれません。しかし、おしっことして出ていくものがすべて汗になって出ていきます。暑くて水蒸気になって出てきて、汗としてすべて出ていくのです。

ですから、海に一日中入っていれば、水のようなものを持っていく必要はありません。そこで一時間でも、何時間でも鯨のように水泳をしてみてください。その時でも、のどが乾きますか。砂浜にうつ伏せになっているので、暑くて水を飲むのです。人にとって水は貴重です。それから空気です！　水の行く所には空気も行きます。海の中にも空気がありますか、ありませんか。(二七―二〇六)

＊

世界の海は常に動いています。風が動いたりするのも、すべて繁栄し生きるためです。このようなことを考える時、台風が吹いて波が数十メートルも立ったりしますが、そのようにならなければ海に空気がなくなります。それでは、魚はどのように生きるのでしょうか。このようなことを考える時、「いやー、台風が吹いているので海底の魚が喜ぶだろうなあ。私は大変だが、魚が喜んでいるのでうれしい！」と、このように考えることができます。(二六―一八九)

＊

生命の祖先のようなものが水です。ですから、神様の代わりに水を愛しますか。そのような考えをもちながら海を愛さなければなりません。景色の良いところには水がなければならず、樹林がなければなりません。それが水の調和です。このような問題を中心として見るとき、水を愛そうというのです。水を愛することは、万物を愛することになります。これは原則的な考えです。水を愛するのですが、湖の水を愛するのですか、海の水を愛するのですか。毎日のように海に行かなければなりませんか、それとも行ってはなりませんか。風が吹いて波が立つのですが、船に乗れば血が揺れるので血が腐ることはありません。すべて浄化されます。本当です。いつも船に乗っている人は健康です。(一六一―一八九)

＊

私は月給をもらいません。私は、私の力でかせいで暮らすのです。今でもどこへ行こうと、たとえヘリコプターでアフリカの奥地に降ろされたとしても、そこに動物しかいなかったとしても、私は生き残ることができます。山に行けば山で食べて生きることを学び、海に行けば海で食べて生きることを学びました。ゆえに、私は乞食街に入っていっても、これを天国につくりあげます。皆さんが従ってこなくても、乞食の群れを通してでも み旨を成すことができるように訓練をした人です。ゆえに、今私が皆さんに「乞食街に行きなさい」と言えば行きますか、行きませんか。そのようにしようとすれば訓練が必要です。(一〇九―一五一)

＊

自分たちは「ふろしき包みを抱いて、座って食べて楽に暮らそう」と言いますが、今まで私は開拓者でした。開拓して私が先頭に立ってきました。今回も、私たちの会社で船を造りましたが、船長がいなければ私が連れて海に出ていくのです。「風よ吹け。波よ打て。男の行く道をふさぐことができるものか。天を思い、人類を思い、後孫に生命を引き継ぐことができる食糧問題をここで解決するのだ」と、このような考えをもっています。すてきでしょう？　私はそのような男が好きです。

今後、残される生きた映画がそこから出てくることでしょうし、歴史の渦がそこから解かれることでしょう。それ以上に不思議ななぞはありません。悲喜劇が交差する道であり、素晴らしい男たちが憧憬《どうけい》しながら行くべき道です。ジャンピングすることができ、そこから世界に越えていくことができる基地があるのです。このようにすることによって海に出ていく数多くの若者に希望を与えることができるのです。あすの海の世界に対する夢を描くことができる源泉、泉がそこから爆発するのです。それはどれほど素晴らしいことでしょうか。（一〇九―一五一）

＊

私は、そのように熱心に海に出掛けていくのですが、その心を忘れてしまったら問題が生じます。その心が続かなければなりません。精誠というものは、千年万年続かなければなりません。海に出ていって精誠を尽くすのを楽に座ってするならば、蕩減《とうげん》できる条件が立ちません。きのうよりもきょうが良く、きょうよりもあしたが良くなければなりません。すべての川の水は大西洋に集まり、大西洋の水は太平洋へ行くのです。今後私が、飢え死にする人々を救ってあげる時までその精誠を込めるならば、私が死んだとしても、そのみ旨はこの地上に成し遂げられるだろうと思っています。（二七九―三〇八）

＊

真っ黒な顔をしたハドソン川の漁夫のような男、千年を待てば何もかも消えてなくなってしまうような男ですが、まさかそのような方がこのようなことをするとは思いもしないでしょう？　なぜそのようなことをするのでしょうか。二千万の飢え死にする人類を解放するためです。汗を流したハドソン川を忘れてはならないということです。五大洋六大州を通して息をし、考えるその見えない波紋、電波のようなものが、そこで生きている魚世界を通じて未来の人類解放の道に連結するのです。地と海があれば飢え死にすることはありません。先生が教えてあげれば、飢え死にする人々を救うことができるのです。（二四七―九）

*

神様が絶対愛のために創造した物を見れば楽しいのです。未来の福地天国を中心とした家庭で十分に生活必須要件を備えることができるように、すべてつくっておいたのです。ですから、どれほど喜びを感じるだろうかというのです。流れる水も天地が機能するためのものです。海から水蒸気になって循環しながら万物を蘇生《そせい》させるのです。すべてが協同圏内で協力し、人間の理想を完成することができるようになっているのです。神様の生活的な舞台として、神様の息子、娘をこの地上で育てて天国に移譲しようというのです。（二八四―四七）

*

夜が過ぎれば朝になるように、反対の世界になりました。統一教会には春が来てサタン世界には夜に向かっていく時が来ました。サタン世界には希望がありません。サタン世界は真っ暗な希望のない絶望の世界であり、統一教会は絶望だと思っていたら、黎明《れいめい》時代を過ぎて新しい朝が来ることによって鮮明時代がやって来るのです。

「文鮮明《ムンソンミョン》」とは、真理の王国になるということです。名前が良いのです。これは何かというと、この「鮮《ソン》」という字は「魚」という字と「羊」という字なので、陸地と海を統一するということです。「明《ミョン》」は空の「日」と「月」、すなわち空を表しています。「文《ムン》」という字は早く書くと、このように「父」という字になります。「父」という字のいとこになっているのです。真理を通じて説明することができる真《まこと》の父という言葉が「文」という字の最も近いところにあったのです。私は、そのことも知りませんでした。このように話してみたので学べたのです。(二六一―六四)

第二章　海洋レジャー産業と趣味産業

一　海洋レジャー産業の開発

1. レジャー産業には釣りとハンティングが適格

将来は、レジャー産業が発展するはずです。なぜなら、人々が都市生活をするためにストレスが多くたまるので、それを解消するには刺激的な運動が必要だからです。何によってストレスを解くのですか。私は三種類あると思います。一つはハンティング、一つは乗馬、そして釣りです。ハンティングや乗馬をするには多くの制約があります。乗馬は、特定の階層の人だけができます。たくさんのお金がかかるからです。それゆえに、誰でもできるわけではありません。またハンティングも、四十歳前後の人ができるのであって、五十歳を越えては難しくてできません。ですから、これも特定の階層の人だけです。しかし釣りは、少年時代から老いて死ぬ時までですることができます。それゆえに、今後釣り事業は世界的なものになるはずです。(二〇七―一二三)

＊

趣味産業とは何ですか。カジノとスポーツ、ハンティング、フィッシングではないですか。それを準備しているのです。今後、趣味産業を主管する者が世界を主管します。これは強大な力になるのです。私が数十年間準備してきたのは、すべて人類のためです。釣りをしても、魚を釣って売り飛ばそうというのではありません。趣味です。御飯は食べることができます。ですから、それは趣味ですので、釣ってみて、小さな魚は放してあげ、大きい魚は食べるのです。食べるとしても、一人で食べるのではありません。分けて食べるのです。そのような時代が来ます。(二五—一—九五)

＊

今カナダでは、「政府でお金を八〇パーセント以上出すので、早く鹿の農場を拡張しよう」と言っています。見てみると、国家の収入がとても多いというのです。現代文化人の病気治療はストレスを解決することですが、それを解決できる最も良い方法は、レジャー産業を中心としたハンティングと釣りしかありません。ハンティングをする人々は、みな度胸のある人々です。女性のような男性にはできません。概して、ちょっとしたけんかはする将軍のような人たちです。ですから、活動半径が広く、お金をもうけるのもものすごく、使うときもものすごいのです。(二一—九—九六)

＊

釣りは主に夏にするのですが、冬は制限されます。これをすべての季節で行えるようにするにはどうすればいいかということが問題です。それで、コディアックにいる人々を連れてきて試してみようと思います。釣りは夏に行い、ハンティングは冬に行うのです。夏と冬なので、互いに交替してできるというのです。それゆえに、私たちの観光事業を拡大する期間を広めるためには、趣味産業である釣りとハンティングが絶対に必要だというのです。ハンティングは寒い時にするものであり、釣りは暑い時にするものなので、趣味の基盤を拡大できるのです。冬でも夏でも、春夏秋冬いつでも趣味としてこれを活用できるのです。そのようにすれば、世界のお金持ちの人々は、一年中趣味を楽しむことができるのです。(二七〇—二〇〇)

＊

釣りとハンティングは趣味です。高位層、豊かに暮らす人々の趣味分野です。ですから、趣味産業をするのです。観光組織をつくって先生が直接リードするつもりです。(二六九—四九)

＊

趣味の中にはハンティングがあり、釣りがあり、その次には冒険すること、飛行機に乗ること、自動車競技のようなハイスピードのものがあります。その次にはスポーツです。南米を中心として、数千の飛行機がアクロバット飛行をする、そのようなエア・ショーを行えば、全世界の人々が南米に集まるというのです。一万メートルの高い所から地上へと、何秒間か垂直に降りてきて、そして、地上十メートルで再び上がっていくのです。それゆえに、自動的にストレスが解けるのです。目を開けてみると、別天地が展開されるのです。(二七六—一八四)

＊

皆さんは、釣りが初めてなので分かりませんが、これを一度、二度続ければ、どんどん魅力を感じるようになります。ハンティングも、初めは小さい鳥を捕まえ、それがおもしろければもう少し大きいものを買って捕まえて、またより大きいものを捕まえようと猟銃を買い、それからまたもっと大きいものを捕まえようとするのです。限界がありません。止められないというのです。ひっきりなしに高まっていくのです。人間生活にすべて関連するというのです。ですから、これは全世界的に発展できる可能性があります。

大使たちが一年に何度も訪ねてくることを願います。このようにすれば、大使を通じてその国にいるすべての人々に、皆さんがいくらでも講義して教えてあげることができるのです。集まって釣りとハンティングをしながら、祝宴もできるのです。その国に来ている自分の国の人々とクラブもつくり、事業もして、すべてのことができるのです。(一五二―一一六)

＊

馬に乗ることも制限があり、ハンティングも年を取った人々はできません。しかし、釣りは年齢を超越します。これは無制限です。船に乗って餌《えさ》を海にまき散らして、小さい魚一匹を釣り上げても釣ったことになります。そのような意味で考えてみるとき、今後釣り観光は、無限に発展させることができるのです。そのようなことができる最適な所がアラスカです。(二〇五―二二三)

＊

皆さんに国をすべて任せてあげたので、今から先生は、世界のトップクラスの人たちを連れて、釣りをしたり、ハンティングをして回りながら、酒は飲みませんが、歌って踊って暮らすことのできる時代に入っていくというのです。彼らを通して世界の趣味事業を発展させようと、百六十カ国に船を分け与えて、その準備をしているのです。

コンドミニアムを造って、家がなくても暮らすことができる体制をつくり、年を取った人々を世界の公園に連れていきながら教育しようと思います。船があり、狩猟場があり、その次には飛行場があり、ホテルがあり、そのようにつくるのです。このようにして、趣味産業をしながら世界をリードしようと考えるのです。その準備をするために、今飛行機会社をつくっているのです。中型、小型飛行機に乗れば、どこにでも飛んで行けます。今、大型飛行機で行くことができる名のある休養地は、すべて行ってみたというのです。

今からは、田舎の村まで行くことができる飛行場を築き、世界的な観光基地をつくろうと考えているのです。小型飛行機を世界化させるというのです。百六十カ国に飛行場をつくろうと、現在飛行機会社をつくっているのです。大きい飛行機が行く所はすべて休養地域なので、そこにはすべて行ってみたというのです。それで、湖をつくり、ハンティング場をつくろうと思うのです。(二七五―一八三)

＊

観光事業で中流以上の人を連結するのです。観光をする人は中流以上です。そして、ビジネスのためのハンティング場、その次には釣りのための養殖場を世界にたくさんつくるのです。それが事業です。大西洋まで運河をつくって休養施設をつくり、狩猟場と釣り場をつくれば本当に良いのです。水と土地がある所では、どのような国であろうと飢え死にしないように私が教育するというのです。(二四六―一八九)

2. 沈まない船、ワン・ホープ

ワン・ホープとは何かというと、「海の一番の希望」という意味です。最初、他の船は、「三十フィートだ、五十フィートだ」と言いながら豪華船だと誇っていましたが、私たちの船は小さくても速いのです。シュッ、シュッ、シュッ、シュッと走っていくと、皆「小さい船が来る」とあざ笑いながら、「危険なのに、あれは死ぬために来た」と言うのです。どうして死にますか。沈まない船だということを知らなかったというのです。(二七〇―一六四)

＊

海と関係を結ぶために最も重要なものとは、海に浮かべる船です。世界的に見るとき、いかなる会社が造ったものよりも、私たちの会社が造った船は永遠に称賛できます。歴史が過ぎれば過ぎるほど称賛できる伝統をもった船を造らなければならないというのです。(二六二―一四二)

＊

小さい船で何をするのですか。釣りをするのです。大部分の人が釣りには関心がありますが、網をもって魚を獲る漁業には関心がないのです。未来は、大きい船で網を使って魚を獲ることには関心がなくなるというのです。それで造ったのがこのニュー・ホープです。これは、川にも行くことができて、海にも行くことができる船を考案しなければならない、といって造ったのです。

今、私たちのニュー・ホープが有名です。釣りをして案内するたびに有名になっているのです。海だけ走るボートではありません。車でどこにでも移動が可能です。ここからフロリダに行こうとすれば、車で引っ張っていくのです。ここから海路でフロリダまで行こうとすれば何日もかかります。ところが、車で行けば一日で行くのです。西部から東部まで車で行けば三日です。海路を行こうとすれば一カ月かけなければなりません。そして、海に出れば波に乗って行けるように、波をかき分けて行くことができるように建造しました。それで、二十八フィート以上に造ったのです。それ以下ではいけないので、そのようにしたのです。その二十八フィートを中心として三十八フィートも造り、それから五十二フィートも造り、九十八フィートも造り、百八フィートまで造ったのです。百八フィートのボートは、アラスカの荒れた海の中で、底引き網を引いて魚を獲るのです。(一六二・一四〇)

＊

海で船に乗って行こうとすれば、位置を探知して方向をつかんで行かなければなりません。それを知らなければ、霧と闘っても絶対に動くことはできません。ですから、どれほど不便ですか。その計器は十何種類にもなります。これをどのようにすれば一つの計器に入れたシステムをつくることができるのか、ということを研究しなさいと指示しました。それで、いろいろな計器をコンピューター装置に入れて、方向から今の位置、海の深さと魚の動きまで、すべて一つのシステムで知ることができる機械を研究開発して、今製作できる段階に入ってきています。そのうわさを聞いて、世界各国で競争が起き、「自分の国で工場を造ってあげるので、私たちの所で製作しなさい」と大騒ぎです。

私たちは、「それは統一産業がしなければならない」と言っています。海の深さ、魚の動き、これらがすべて問題になっています。海が神秘なのは、網で魚をたくさん獲った所に再び訪ねていくのが難しいということです。網を引いて魚を獲る時、どのようなコースを行けばたくさん獲ることができるのですか。わずか十メートルの差で、三倍も獲ることができる所もあります。それはどういうことかというと、魚の脈があるというのです。そのような所を再び訪ねていって魚を獲るということが難しいので、一度魚がよく獲れた所をコンピューターに入れれば、百回でもその場に行って自動的に網を下ろすことができ、そのコースへ行けるように案内できるシステムを開発したのです。それは、本当に素晴らしいのです。(二四—三七)

＊

私は、この手でこのような基盤をすべて築きました。船が必要ならば、どのような船でも造ることができます。最近では潜水艦まで、小型潜水艦まで造ることができるように研究させています。ノルウェーから日本まで、そのような研究をしています。今後は、海の各階層で生活できる家庭的小型潜水艦を造り、そこを住宅として、海の中に入っていって暮らすのです。(一九〇—一〇〇)

＊

私たちにはバン家庭、潜水艦家庭、宇宙船家庭があります。一週間はここで暮らし、一週間は海で暮らしてまた行く、このようにするのです。そのような最高の技術を先生はもっています。バンを造ることができ、潜水艦を造ることができ、今宇宙船も造ることができるのです。(二七六—二八)

3. 脚光を浴びる未来レジャー産業――釣り

①海釣りの醍醐《だいご》味《み》と味

海の中には、スウォッド・フィッシュ（めかじき）とか黄色いひれのツナもいます。大きいものは三百ポンドにもなります。百五十キログラムにもなるほど大きいのです。先生の一・五倍です。そのようなものが群れをつくって泳いでいるので、一度網に引っ掛かれば、数百匹が引っ掛かります。それがさめの攻撃対象になります。さめが入り込めば血が広がるようになります。そのようになれば、周囲にいたさめが寄ってきて、三分の二はさめの餌《えさ》になります。それは衝撃的です。船の上で希望をもっていた人々も、さめにやられて瞬く間に絶望の境地に陥ってしまいます。(一九二―一五二)

＊

大きい魚が食らいつけば、海の底から振動がそのまま波及してきます。これに対し船で「ドーン、ドーン、ドーン、ドーン」と音を鳴らせば、頭をハンマーでたたくのと同じです。海で数十年間あらゆる風霜の中で生き残ってきたものなので、どれほど荒波をたくさん経たでしょうか。そこで生き残ってきたので、どのようなことが起きたのか、すぐに分かります。状況を見て、人が何メートルの所にいるということまで測定している局面なので、てっぺんで「かん、かん」と音を鳴らしてはいけないのです。(二二一―八四)

＊

ツナ獲りのようなものは釣りではありません。海のハンティングです。海のハンティングという言葉は初めて聞いたでしょう。それを捕まえるのは、大きい牛を一頭捕まえるよりも難しいのです。一匹、千ポンド以上です。五百キロ、六百キロ、七百キロのものもいます。それは雄牛よりも大きいのです。

そのようなものを捕まえれば楽しくなります。捕まえて長くおけば魚が腐るので、すべて血を抜くのですが、床が瞬く間に血の海になります。その時は私も「私は本当に無慈悲な心をもったな！」という気がします。私は、そのような時、いつも「神様も、私たちを人類解放のための祭物と考えるので、やむを得ずそのようにされるのではないか」と考えるのです。また「自然世界から捕まえたものは精誠を尽くしたものではないので、私が育てて祭物を差し上げます」と心に誓うと、気分が晴れました。それで養殖事業をし、水産業をするのです。(二二九―一九六)

＊

魚がどれほど大きいかといえば、このように大きい私たちが二人立っても、隠れて見えません。そのようなものが小さい一ミリメートルの釣り糸に引っ掛かってくるのですから、どれほど興味がわくか分かりません。簡単には何と言えばいいのでしょうか。雄牛のようなものが引っ掛かってくるのです。釣り糸は細いのに、これがすごいのです。女性で生まれて、釣りをすることはできなくても、見物だけでも一度したくはないですか。(二二四―一二二)

＊

きのうもブラックタング・フィッシュを一匹釣ったのですが、これがどれほど強いか分かりません。貝をかみ砕くのです。釣りの中で、最も神経を使う釣りがブラックタング・フィッシュ釣りです。皆さん、かにがいるでしょう、これを二つに切って釣り針につけて入れれば、さっとちぎって食べます。いつの間にか来て、ちぎって食べてしまいます。本当に不思議です。この釣り針にかにの足をつけておけば、いつ来て奪い取っていくか分かりません。(二二七―二〇八)

＊

ペテロは漁夫だったでしょう。皆さんは漁夫の子孫ではないですか。ですから海を知らなくてはなりません。何を捕まえようとしてアラスカまで来たのですか。海の底にうつ伏せになって王のように振る舞うのがハリバットです。それは、うつ伏せになって生きるのです。目がアンテナのように飛び出していて、海の底で暮らす姿は、ちょうどこけが生えた岩の塊のようです。うつ伏せになってそこから匂いを出すので、小さい魚が集まるのです。小さい魚が集まってくると、体をひねって捕まえ、のみ込むのです。うつ伏せになりながら生きるのです。サタンと全く同じです。サタンの王です。

「天下の私を誰が触るか！」といいます。これが釣られて引き上げられながらも「私を誰が触るのか！」と、このようにしながら少しも動かないのですが、あとで釣られたことが分かって「ああ、大変なことになった」と、このようになるのです。文《ムン》総裁によってアラスカのハリバットが初めて雷に打たれるのです。コディアックで八十ポンド以上のものを捕まえた人がいないのです。文先生が現れて初めて二百ポンド、三百ポンドのハリバットを捕まえるようになったのです。（二〇六―二七四）

＊

釣りがなぜ刺激的かといえば、血を見るからです。どれほどストレスが解消されるか分かりません。ハンティングも同じです。そうでなければ、現代人のストレスをどのように解くのですか。血を見るということは衝撃的です。昔ローマの人々がなぜ残忍だったのか知っていますか。引き裂かれて死ぬ人々の血を見てストレスを解くことができたので、それを喜んだのです。血を流すのを見れば「ワッ！」と細胞が一度にひっくり返ります。それで、ストレスがいる所がなくなって逃げるのです。男性として生まれた者が釣りをすることができず、ハンティングをすることができなければ女性と同じです。そのような男性とは、絶対に一緒に暮らすなというのです(二〇三―五七)。

＊

人間が文化生活をすればストレスがたまります。これをどのように解くのですか。説明するだけではできません。刺激です！　刺激は、血を見る以上のものでなければなりません。血がはねて小さな肉片がくねくねするのを見る瞬間、ストレスのようなものはたまっていることができないのです。逃げ始めるのです。

ハンティングもそうです。ツナのようなものは、大きさが雄牛の三倍にもなります。そのようなものがのこぎりでひかれれば、血が飛び散るのです。その時、海を見れば真っ赤に変わります。そのような時には、詩人のようになるのです。女性が見れば、「ああ、神様！　ああ、ああ……」と言いながら気絶するかもしれないのです。それくらいぞっとします。そのような所ではストレスがたまる余裕がありません。完全に除去されるのです。それだけ刺激的です(一九二―一五二)。

＊

今後、日本人を動員する観光事業では、アメリカは希望的です。アメリカでは、一年中釣りができます。その中でも最もおもしろいものとは、はえなわですが、釣り糸をどれくらい長くするのかといえば、六十マイルにもなります。六十マイルといえば、ソウルから天安《チョンアン》まで行く距離です。それがどれほど深い海なのかといえば、千メートル、八百メートル、五百メートル以上です。その色を見れば正にインク色です。その中で六十マイルの長さがあるので、魚が食いつけば相当な量です。

さめの中には、人をそのままのみ込んでものどに引っ掛からないほど大きいものもいます。スウォッド・フィッシュ（めかじき）というものも、三メートル、四メートル近くになります。そのようなものを、そのまま頭だけ除いて、すべてのみ込んでしまうのです。それは戦争です。そのようなものに出会えば、あいさつもなくのみ込んで、ゆうゆうと王子のように泳いでいくのです。（一九・一五）

＊

今から、北極に行って氷の上で捕まえるのです。あしかを氷上で捕まえてくることが残っています。そして、オーストラリアに行けば、ブラック・マーリン（白かじき）というものがいます。その重さが三千ポンドです。私は二百ポンドなので、私の体重の十五倍です。十五倍もある大きい魚がいます。三千ポンドです。鯨でも、釣り針を垂らせば引っ掛かるはずです。そのようなものが食いつけば釣り糸が切れるので、捕まえて、また元に戻してあげたこともあります。それを捕まえていれば、博物館にもっていったでしょう。その力がどれほど強いか、それを捕まえようとすれば五時間以上苦労しなければならなかっただろうというのです。それで、「ええい！使うこともできないものを捕まえてどうするのか」という気がして放してあげたのです。ですから、捕まえてみたいものは、すべて捕まえてみました。（二二一・二七）

＊

先ほどのアルバムでハリバットの写真を見れば分かりますが、これがその魚釣りです。グロスター、ボストン海域には、ジャイアント・ツナ、ブルーフィン・ツナ（黒まぐろ）がいるのですが、私がもっている記録は千二百七十二ポンドです。長さが十八フィート以上です。ですから、五メートルを越えます。きょう私が捕まえたのは十四・九フィートになるのですが、それは雄牛より大きいのです。虎《とら》で大きいものは七百ポンドくらいで、雄牛は千ポンドです。ですから、雄牛より大きいのです。

きょう私たちは約二百ポンドのものを捕まえましたが、私の記録はその六倍です。そこまであれば、それはすごいことでしょう。第二次大戦の時に、何かの将軍になって勝利することよりもっと素晴らしいのです。それこそ、男として生まれて釣りをするのは王子のような立場です。一度その味を味わえば、「妻を売ったとしても参加する」と言うはずです。してみなければ分かりません。(一六七―一三六)

＊

ストライプト・バス（striped bass：すずき）というすてきな魚もいます。それはツナよりもっとおいしいのです。刺身にすれば、肉に弾力があって、とてもおいしいのです。日本人は、とろ（注：ツナの腹肉の脂肪が多い部分）が一番と言いますが、この味を知れば飛びつくはずです。それは、最初蛇の肉をかむような感じです。かんでも、このようにはじいたりするというのです。お母様は、すしのようなものは好みませんが、この魚の味を知ると、「刺身、刺身！　ストライプト・バスの刺身」と言うようになったのです。先生が釣りに行くとき、お母様に「準備しなさい」と言えば、ストライプト・バスを釣りに行くものと思って「ああ、そうですか」と言いながら、すぐについてきます。ですから、おもしろいのです。それで、魚釣りは刺激的だというのです。(一九一―一五二)

＊

魚を刺身にして食べれば、食べられない魚はありません。血があるので気分は悪いのですが、皮をはがしてすっすっすっとすれば、唐辛子みそなどをつけて食べる必要がないのです。単純ながらも栄養が十分で、食べるにもどれほど良いか分かりません。生きた細胞を食べるのであって、死んだ細胞ではありません。ごくごくのみ込んで、一日船で休むようにすれば、どうしておなかをこわすのですか。食べることができないから下痢をするのです。そのように素晴らしく暮らすことのできる道が明白なのに、それを知りません。(一九一―七三)

②海釣りをする時の要領

海の魚を見れば本当におもしろいのです。一番浅い所に小さい魚がいます。深い所に入っていくと、だんだんと大きい魚がいます。小さい魚は少し大きい魚に捕まり、また、少し大きい魚はそれよりももっと大きい魚に捕まるのです。おもしろいのは、鯨の子やツナの子を見れば、子供はみな同じです。すけそうだらの子やツナの子など、子供はみな同じだというのです。(二六四―一八六)

＊

先生はよく海に行きます。海には無限の宝物が埋まっています。そこには、ずーっと系列的に餌《えさ》が置かれています。それを見ればおもしろいのです。すべて「ため」に生きているでしょう。連帯関係をもって「ため」に生きて存在しています。もし大きいものが小さなものを食べてあげなければ、大変なことになるのです。海が魚でぎっしり埋まってしまうのです。食べてくれることによってバランスがとれるのです。(一九八―三三)

海の魚を見れば、小さい魚から段階的に食べられて生きていくのですが、これがどうして神様の愛ですか。彼らは人間を標榜《ひょうぼう》し、神様の愛を受けることのできる人間の細胞に吸収されることが最高の理想です。そのようにしようとするので、鉱物は植物に吸収されるのです。神様の愛を受けることができる細胞圏に占領されるのです。植物は動物に、高級動物は人間に占領されるのです。おいしくて立派なものは、すべて人間に吸収されることを希望するのです。最高の細胞が躍動し、神様の息子、娘の愛の実体として連結したい、愛の本宮に向かって帰ろうという願いをもってその主人に吸収されるのです。(一九九一・一二・二二)

＊

海に行けば、水が深ければ深いほど階層が多いのです。温度の差が大きいのです。温度一度、二度の差によって魚の種類がすべて変わります。本当に不思議です。人間には分かりませんが、魚の世界では、一度の差による階層と、その面に沿って五大洋を訪ね回るのです。本当に神秘的です。きのうまで魚が無尽蔵にいて、魚が半分、水が半分だったのですが、きょう行ってみると一匹もいません。それはなぜかというと、温度差のためです。〇・五度、一度変われば完全にいなくなるのです。人は、一度、二度の差は問題ありませんが、魚たちはそうだというのです。

人は、寒帯地方に行っても暮らすことができ、熱帯地方に行っても暮らすことができ、温帯地方に行っても暮らすことができますが、動物たちはそうではありません。ライオンが韓国で暮らせますか。韓国にライオンがいますか。ライオンはアフリカにいます。韓国には、ライオンではなく虎

がいます。(二〇〇—一六二)

魚の食いつき方も、魚の性格によってすべて違います。千種類の魚がいれば、食いつき方も千種類です。新しい所に行って釣りをする時は、一匹、二匹、三匹と捕まえながらどのように食いつくのか、きちんと公式化させるのです。それが常識です。魚がこのように食いつくのに、このように引けば引っ掛からないのです。引くほうに釣り糸が行くので、いくらでも魚が逃げるのです。このように食いつけば、反対に引っ張るのです。前に行く時はこのように引っ張り、左に行く時は反対に引っ張るのです。初心者は、いつもこのように引っ張るのですが、違うというのです。反対に引っ張ってこそ早く引っ掛かるのです。いくらも時間がかかりません。

＊

海釣りに行くとしても、ただ水平線だけがある海に行くのではないのです。必ず石がある所に行かなければなりません。石があって隠れることができ、そこに食べられる虫がくっついている所に魚がいます。水が流れるのを見れば、魚たちがいる所は必ず波打つのです。三メートル、五メートルの波が立つというのです。そのような所に行けば魚がいます。そのような所の近くに行って魚を釣らなければなりません。(二六八—二〇七)

＊

釣り糸を垂らせば魚が釣れると思っているのですが、とんでもないことです！　魚が戯れる水温が違います。大小によって水温が変わります。夏は表面に近いほど水温が高いのです。それゆえに、小さな魚は水面で暮らすのです。海水の温度によって自然に移動するのです。魚は、縦に動くことを最も嫌います。いつも横に移動しようとします。釣りをしようとすれば、そのようなことを知らなければなりません。魚がとどまる所、サーモンでも、どこで釣りをしなければならないのかということを知らなければなりません。ですから、専門家にならなければなりません。勉強が必要です。専門家にならなければ釣ることはできません。

先生は、温度に合わせて釣りをします。温度がどの程度ではどのような魚がいるのか、すぐに分かります。釣り糸を何度か垂らせば、すぐに魚が餌《えさ》をつつきます。釣り糸を早く巻けば上に上がっていき、ゆっくり巻けば沈むのです。ゆっくり巻きながら、今水面から何分の一の所を流れているのかを知らなければなりません。今のこの気温では、キング・サーモンはどのレベルに来るのかということを知っているのです。サーモンは、普通底にいます。なぜですか。底に餌が多いからです。虫やかにのようなものたちがいるので、底に寄ってくるというのです。(二六二―一三八)

＊

いくらアラスカで魚をたくさん釣ったとしても、他の所に行けば、また学ばなければなりません。どれほどどこれがおもしろいか分かりません。また往来することもできます。ニュージーランドの人々も、コディアックに来れば学ばなければなりません。ニュージーランドではうまく釣ることができるとしても、コディアックでは通じません。コディアックに来てまた学ばなければならないので、お互いに一つになることができるのです。多様な釣り方法、多様な顔、多様な環境があるというのです。どこに行っても、釣りをする所によって違います。(二五―一〇六)

＊

おもしろいことがあります。海を見れば、台風が吹いて船も出てこないので、すべて魚の世界です。普通の時は、人々がやって来て、音楽をかけながらざわついて「ガンガン」と音がするので、棒で何かをたたくような大きい振動を感じるのですが、台風の時は静かだというのです。ですから、鯨たちが集まってジャンピングしたり、ショーをしたり、その日は本当に歴史的でした。どこかにその時の写真があるはずです。

大きい魚も、小さい魚もいたのですが、鯨は大きいのでしっぽのつけ根までしか跳ねることができませんでした。しっぽだけはいつも水の中に残るのです。そのようにして倒れれば、水の上にひっくり返って、さっとこのようにしながら浮上するのです。どれほどショーを楽しんでいるか分かりません。それで私は、「風が吹けば鯨があのように喜ぶのだろうか」と、このように考えました。また一度か二度見れば、「そうだ！」という結論を下すことができると思います。（一三三―二〇六）

＊

釣りをしようと海に行くのではありません。アラスカ精神とは何かというと、鮭《さけ》の精神です。鮭は子を産むために四千マイル、五千マイルの大海を渡って、離れた自分の故郷を訪ねてきます。人間の復帰路程を見ても同じです。何億千万里離れたとしても、再び訪ねていくことができなければなりません。釣りをするにおいても、それ以上興奮する釣りはありません。それがどれほど強いか分かりません。他の魚が食いついたときは、何度か巻けば出てくるのですが、これは数十回巻かなければなりません。私たちが天の伝統をもった人を捕まえるのが難しいことと同じです。

それは死ぬまで、終わりまでジャンピングします。このようにジャンピングを三度すれば釣り針が外れます。それがアラスカの伝統です。海は死亡の世界、サタン世界を象徴し、魚は人を象徴するのです。魚の中で最も勇猛な魚は、サーモンです。（一三六－一二四）

＊

ある日、海に行ったのですが、台風が吹いているのに船が多かったのです。ツナ（tuna：まぐろ）の季節になって海へ行けば、五百隻ほど集まった船がすべて怨讐《おんしゅう》のように感じられます。「一度私一人で釣りができればいい」と考えたのですが、そのような日がありません。ある時、台風警報が出たのですが、私は行こうとしました。しかし、みな出ていくなというのです。それでも船長に「この者たち、私の言うことを聞きなさい！　死にはしない」と言って、無理やり行くようになりました。

近い道のりではありません。二時間以上かかるので、夜一時に出発します。四時に到着しようとすれば、一時に出発しなければなりません。風が吹いているので、倍もかかります。それで、十二時に出港しました。生涯路程においてそのようなことがたくさんありますが、その材料は億千万のお金を与えても買うことはできません。

そして、そのような天気なので船は一隻もありません。そのような所に行って釣り糸を下ろすので、下ろすや否や、「がばっ」と食いつくのです。そうではないですか。数多くの船の中で数十匹が食いついていたのが、今は一隻しかいないので、十里も見通す目をもつ飢えた魚の群れが押し寄せて、食いつくようになっています。そして、釣り糸を下ろすと「がばっ」と食いつくというのです。台風が吹いても吹かなくても、それは私が気にすることではありません。ただ汗を流しながら釣りをしました。捕まえようと四時間走りました。それで、そこから二十マイルをエンジンで引っ張っていくのです。(三三一—二〇六)

*

私たちのような人は、釣りに行けばすぐに魚のいる所が分かります。朝と夕方には、すべて餌《えさ》を求めて訪ね回るのです。それから、昼食の時間は、食べたので遊び回るのです。そのようにするとき、海の底が深いだけではいけません。海の底は、ある所は深く、ある所は平らでなければなりません。魚は隠れるために深い所に逃げます。出てきて遊ぶときは、間違いなく平らな所に出てきて遊びます。午前はそうです。午後にはまた食べるために出てくるので、その海の底を見て「ああ、ここは魚がいる！」とすぐに分かるのです。(三二一—八二)

*

自分の釣り針が、今水面からどのくらいの所にあるのかということを知らなければなりません。魚は海底から一フィート、餌を捕まえやすい所にいます。餌を食べて生きなければならないので、二フィート以上離れられないというのです。季節になれば、それが海底を覆うのです。釣りをしてそれを引っ掛けようとすれば、何度でも引っ掛けることができます。さささっと、このようにしながら、少しでも引きがあれば激しく引っ張らなければなりません。それが技術です。まぐろは、海の天下で自分が一番であるかのように自由に生きているので、小さな餌には引っ掛かりません。ですから、引っ掛かるようにしなければなりません。それを研究しなければならないのです。(三二一—八二)

*

大きい魚を釣ろうとすれば、底に行かなければなりません。魚の中で泳ぎ回るものは小さな魚です。大きいものは泳ぎ回りません。「泳ぎ回って何をするのか」と、このようにしているのです。釣り糸を垂らせば、そのようなものが引っ掛かるのです。底に一指尺《ゆびしゃく》程度浮かして匂《にお》いを漂わせておけば、ゆっくりと寄ってきて……。魚が泳ごうとすれば、ひれを動かさなければなりません。それゆえに、魚が水平へ行くので、引っ掛からないように一指尺以上浮かしておかなければなりません。それを計算して釣り糸を投げれば、間違いなく大きいものが引っ掛かるのです。

今回、私が最後に捕まえた魚がどれほど大きいかといえば、十五ポンド三十でした。今まで、私たちが捕まえた鮭《さけ》の中で最も大きいものです。最後にそれを引っ掛けました。これがどれほど力が強いか、網でこれをすくいあげなければならないのですが、夕日に照らされて魚が見えないのです。網の中に体の三分の二が入っていて、頭だけが出ていても飛び出してくるのです。ですから、勇ましいのです。その時、まかり間違えば網が切れてしまうのです。（一〇五―三二）

＊

釣り糸には、千里にもなるもの、十里にもなるもの、一寸のもの等、多種のものがあります。数多くの釣り糸がかかわっています。ところが、この一寸ほどのものが水に入っていくや否や引っ掛かる魚もいます。だからといって、これを引き始めたら大変なことになるのです。糸が長くて遠ければ遠いほど、深い大洋なのです。しかし、本当の釣り師ならば、小さい魚が食いついても、それに対して神経を使ってはいけないのです。「お前が食いついたのか。お前たちの群れがどんどん集まりなさい」――このようにしてこそ、そのあとに最も大きい魚が何百、何千里の遠くから来るのです。

何千里も遠くにいる、その一匹を捕まえなければならないというのです。

先生も釣りを好んでします。四十日以上、一日中してみました。私が釣ろうとする魚は、最初に食いついてくるものではないのです。「食いつけ。めだかの群れよ、集まりなさい」と言いながら、最後に貫禄《かんろく》のあるものが食いついてくることができるように待っていなければなりません。めだかの群れは、ただ来て行ってしまうものが多いのです。「ああおいしい。釣りをする主人は狂ったようだ」と思いながら、食べて帰るのです。（一五二―三二）

*

ハンティングは、動物が通る道で待ち伏せして撃つので野蛮です。飛んでいくものを撃つのは、道義的ではないのです。釣りはそうではありません。自分で来て食いついてくれるのです。ですから、それは捕まえてもかまいません。そして釣りは、五歳から死ぬ日まで、百歳になったおばあさんやおじいさんでも、寝床から釣り糸を垂らして釣りができるのです。いくら釣りのチャンピオンで有名でも、他の地方に行けば、そこでは釣る方法が違います。それゆえに、その地方のやり方でやらずに自分一人のやり方でやれば、食いつきません。そのやり方に従わなければならないので、どこに行っても学ぶようになり、またどこへ行っても教えてくれるのです。

誰でも先生になり、学生になることができます。これが平等です。同じ種類でも場所によって食べるものが変わり、釣りをする人がどのような餌《えさ》を与えるのかによって変わるというのです。それゆえに、その地方に行ってすべて学ばなければなりません。万国すべて違います。そのように多様なので、趣味は多様だというのです。（二五一―一〇六）

③釣りを学べば飢え死にしない

皆さんは、農作業をすることができますか。先生は、農作業のやり方をすべて知っています。それを教えてあげなければなりません。統一教会員たちは、農作業をすることができ、ハンティングもすることができ、釣りもすることができなければなりません。この三種類をすることができなければならないのです。それで、単身アフリカの部落に入っていき、一週間で彼らを食べさせてあげて、それが自分の生きる基盤になるのです。一年食べさせてあげれば、一年後には彼らが稼いで食べさせてくれるのです。（二六二―一五六）

＊

熱帯地方には獣がたくさんいます。釣りとハンティングは、統一教会員ならできなければいけないというのです。なぜですか。飢え死にする人々を生かしてあげるためには、魚釣りを教えてあげなければならず、ハンティングして生き残る道を教えてあげなければなりません。ですから、レバレンド・ムーンは、血を見ても堂々としているのです。昔、祭司長たちが祭物を捕まえました。私が動物を捕まえるのは、統一教会員を祭司長にするためなのです。これは神聖なことです。釣りとハンティングを学んだならば、今から班をつくり、アフリカに行って協助するのです。アフリカにハンティング宣教師を送り、釣り宣教師を送って手助けする仕事をして、それから全世界にまき散らさなければなりません。どこに行っても、釣りをして、ハンティングをして生かすことができる

道もあります。（二六一－二五五）

一つの湖で、何千何万の家族が食べていくことができる時が来ます。釣りをすることができれば、その魚は私たちの魚です。釣りは、誰がしなければなりませんか。女性がしなければなりません。なぜですか。女性は、おしりが座布団のように大きいので、楽です。長い時間座っていることができます。男性は、三時間だけ座っていても痛いのです。それゆえに、一人の女性が魚を三匹だけ捕まえれば、三人の赤ん坊を食べさせて生かすことができ、四匹捕まえれば父親まで食べさせて生かすことができるのです。

＊

釣り場に行けば、一時間以内に十匹も捕まえることができ、数十匹でも捕まえることができるのです。一つの町に百軒の家があれば、百人の女性を中心としてクラブを編成し、「きょうは百匹捕まえてこよう」と言えば百匹捕まえ、「二百匹捕まえる」と言えば二百匹捕まえることは問題ではありません。何人かを動員すればいいのであって、全体動員する必要もないのです。一カ月に一回ずつ動員して用いても、食べさせて生かすことができるというのです。（二六一－二五二）

＊

釣りは簡単です。アフリカの奥地でも、女性はみな針をもっています。ろうそくのあかりをつけて、針を熱して釣り針を作ることができるというのです。昔は、私がすべて作りました。釣り糸も買う必要がないのです。ナイロンひもはいくらでもあります。この釣り糸は、昔の絹糸が問題ではありません。そして、おもりは鉛の塊を切ってつるし、浮きはとうきびの管を切ってぶら下げればいいのです。このようにして餌《えさ》をはさんで手を釣り竿《ざお》にして投げれば、いくらでも釣ることができるのです。無尽蔵なのが魚です。魚はどこにでもいるので問題ないのです。

夫人たちが釣りをすることができないのが問題なのです。そのような指導者はいませんでした。ですから、先生が釣りをせざるを得ず、ハンティングをせざるを得ません。村と村を連合させて、人々を何人かずつ結んで分配し、獣を捕まえて食べさせて生かすことができるのです。そのようなことを教えてあげる人がいなかったというのです。(二六三―四五)

＊

飢えて死ぬアフリカの人々や第三世界の人々は、釣りをすることができないから死ぬのです。母親が釣りさえできれば、絶対に飢え死にしません。どこにでも水があり、湖があります。魚は無尽蔵です。ですから、釣りを教えてあげ、養殖のやり方を教えてあげるのです。このようなことを既に先生がしています。釣りは、糸さえあればできるのです。針はどこにでもあります。ろうそくのあかりをつけておいて、針を熱して曲げればいくらでも魚を釣ることができるのです。そして、餌はどこにでもあります。一人で一日に十人の赤ん坊を食べさせることは問題ではありません。身長ほどの魚たちが食いつくのです。そのような環境的条件なのにもかかわらず、指導者がいないのでそのようになってしまうのです。(二六二―一〇〇)

＊

ビジネス・センスがなければなりません。一年に二千万名が死んでいくのですが、その生命を助けてあげることができなければなりません。土地がある所には農作業の方法、水がある所には養魚のやり方を教えてあげて、飢え死にしないようにしなければならないというのです。夫人たちと子供が釣りをすることができるのに、なぜ飢え死にするでしょうか。水があって魚がいくらでもいるのに、なぜ死ぬのかというのです。ですから、釣りをするのです。皆さんが釣りを教えてあげなければなりません。

また、ハンティングも教えてあげるのです。そこにわにであれ何であれ、獣がどれほどたくさんいますか。世界平和観光狩猟協会も、すべて世界平和のためなのです。なぜこのようなことをするのでしょうか。今まで私は二十年間赤字を出しながら、この基盤を築いてきたのです。飢え死にする世界の人々を、真《まこと》の父母が責任をもたなければなりません。全世界の人類は兄弟なので、あきらめることができないのです。

毎年二千万が統一教会の食口《シック》になると考えてみてください。このようなことを統一教会が主導して世界的にすれば、どれほど多くの人を救えますか。農作業の方法、釣りの方法を一刻も早く学びなさいというのです。なぜこれをしなければなりませんか。飢え死にする人々を生かすためなのです。それで、ここでその方法を伝授されて帰りなさいというのです。（一五二―一〇九）

＊

母親たちが釣りさえすることができれば、息子、娘を飢えて死なせたりはしません。水がどれほど多く、魚たちがどれほど多く、獣がどれほど多いですか。どこにでも川があります。魚一匹だけでも捕まえれば、大きいものなら一週間も食べることができます。わにを捕まえれば、一カ月も食べることができるのです。河馬は乾燥させて、一年も食べることができます。それから、ハンティングをしても食べていくことができます。世界平和観光ハンティング連合会と釣り連合会をつくりました。釣り大会を開いて米国の女性たちを連れていき、釣りを教えてあげるのです。母親に釣りを教えてあげれば、どこに行ったとしても絶対に飢え死にしません。

水と土地があればいいのです。土地では農作業をすればいいのです。白人たちがそれを教えてあげなかったというのです。農作業のやり方を教えてあげずに、搾取ばかりしたというのです。ですから、刃物で刺されて追い出されたのです。私たちの宣教師はそうではありません。すべて歓迎するというのです。なぜそうなのでしょうか。「ため」に生きるからです。それゆえに、テキサス農場をつくり、釣り場をつくって、農作業の方法もすべて訓練させるのです。猪《いのしし》のようなものも、わなだけつくっておけば、一日に十頭、百頭も捕まえることができます。（二五四―二〇五）

*

第三世界で暮らしている女性が釣りのやり方さえ知っていれば、はえなわのやり方さえ知っていれば、絶対に飢え死にしません。湖があり、川がある所には魚がたくさんいるのです。それを教えてあげる人がいなかったので飢え死にしているのです。また部落に一丁の銃さえあれば、ハンティングをして飢え死にする人々を生かすことができる道がいくらでもあります。このような教育を、今全世界的に始めています。水があれば魚を育て、土地があれば農作業をする方法を教えてあげるための訓練場所として、現在テキサスに農場を準備しているのです。そこに多くの人を配置しておかなければなりません。この白人たちは、アフリカの人々に農作業も教えてあげませんでした。（二五五―七〇）

*

山に行けば食べ物がたくさんあります。うさぎも食べて生きていけるのに、人が食べて生きていくことができないでしょうか。皆さんが田舎に行けば、海もあり、川もあります。その川や海には魚がたくさんいるのに、捕まえる方法を知りません。それをすべて教えてあげるのです。ハンティングの季節になれば、ハンティングをしてもかまいません。銃を撃つことができますか。ハンティングをしても、生きていくことができるのです。熊一頭だけ捕まえれば、一年は食べていけます。そのようなことをなぜ研究しないのですか。（二三一―二四）

④海釣りは精神的なもの

先生は釣りに行けば、どこでも考え事をたくさんします。釣りを長くした人は、釣り糸を十回垂らせば十回考え、百回垂らせば百回考えるのです。ですから、十回垂らしながら百回考えるならば、先を越すことができるのです。先生はさっと行けば、釣り場に砂がある所なのかどうか、すぐに分かるのです。専門家には分かります。このように鉛のおもりをつるして引いてみれば、砂場ならぶつぶつぶつといい、泥ならすーっと引けるのです。（二二一―八四）

＊

見てみれば、大概釣り竿《ざお》を一つだけおいて、釣りはしないのです。釣りをする人は、二つの竿を併せて使います。なぜ二つなのかといえば、男性完成、女性完成、すなわち主体と対象の完成を意味するのです。（二二八―一六〇）

ハンティングは、肉体運動として肉体の健康のためのもので、釣りは精神の健康のためのものです。座って釣りをする時は、自分の一生を回想して、本当にたくさんのことを考えるのです。そのような時間をもつことができるというのは驚くべきことです。自らの過去を分析して、未来の生活に対して設計できます。自分たちにとって最も重要な時間になるのです。威厳を備えて自分自身を静かに省みることができます。それが絶対に必要です。これを東洋では釣り道《どう》といいます。

母親の魚が捕まえられて上がってくる時、子魚たちが続いて上がってきます。このようなことを見ながら、自分の生活を中心として「あ、釣ってはいけないな！」と考えます。自分の息子、娘を中心として考え、自分の民族のことを考えるようになります。釣りを何年かしただけでも、釣ったものは放してあげたいのであって、釣った魚を食べたいという考えは一つもなくなります。それが本当の道です。食べたいという考えがなくなるというのです。（一五二―二〇八）

＊

人々が船に乗って釣りに行こうとすれば、気候が良くて、気分が良い時に行こうとします。それは、普通の人が考えることです。特別な人になるためには、夕立が来て雷が落ちる環境で釣りをしなければなりません。そして、雨が降る時、環境的変化、周辺のすべての水がどのように違い、その水が動くことによって魚にどのような影響を与えるのかということは、どしゃ降りの雨が降る所で釣りをしてみなければ分かりません。（二七六―一六九）

＊

歴史は新しい世界をつくっています。ですから、先生を指さして「間違っている」と口に出して言うことはできません。私は、恥ずかしくないというのです。魚の顔を見て言うのです。一日中座って釣りをしながら、「あなた方は私のような男性に初めて会っただろう。あなた方を捕まえることが目的ではない。あなた方を連結させ、漁場を中心として人類を飢饉《ききん》から解放するためだ。それが、あなた方が創造された本然の目的ではないか。そのようになれば、あなた方の肉を食べる者は悪いことをしなくなるだろう」と言うのです。（二四七―三二）

*

先生が釣りをする時「私は主人だ。みな来なさい！」と言えば、魚たちがみな集まります。そして、餌《えさ》を与えるのです。それゆえに、釣りをすればいつも周囲の人々よりもたくさん釣ります。不思議だというのです。どうしてそうなのか理解できないのです。縦的な神様を中心とすればそのようになるというのです。特別な光がぴかぴか光るのです。皆さんから普通の光が出るならば、先生からは特別な光が出てくるというのです。その光を魚たちが見るのです。それで、いくら「来るな」と言っても押し寄せてくるのです。（二四八―三五）

*

先生が釣りに行って、最初に釣った魚は放してあげます。神様が造って解き放ってあげたのと同じ心をもって、放してあげるのです。そして今まで、先生が釣った魚は食べませんでした。二千万の神様の息子、娘が飢え死にしているのに、魚が自然死することは許諾できないというのです。「お前を釣って二千万の神様の息子、娘を助けてあげなければならない」と言うのです。動物、あるいは生物たちが生まれた原則がそのようになっているので、それに対しては有り難く考えなければなりません。そのような意味で、釣り大会に行けば、先生はよく釣れ、一般の人はよく釣れません。精誠です。「やー、神様がつくった水の博物館に潜水して入っていくことはできないので、一度水の中から飛び出してきて、私を通して神様が解き放ってくださる喜びを鑑賞するようにしなさい」と言えば、自分から釣られてくるのです。(二七六―一四六)

*

船に乗って青い海で魚を釣るというのは、神様の復帰摂理、救援摂理と同じです。堕落した人間が魚だとすれば、それと同じです。良い餌を入れなければならず、そして丈夫な糸を結ばなければならず、釣り竿《ざお》も良いものでなければならず、すべてのものをそろえて釣らなければならないのであって、糸も弱く、餌も悪く、釣り竿も悪く、釣る技術も悪ければ、釣ることはできないというのです。同じことです。世の中で暮らすことも、魚を釣ることとぴったり同じです。自分がこの世で成功しようとすれば、自分自身が釣り竿のような立場で釣りをし、良い糸を結び、良い餌で釣らなければなりません。ただそのままでは釣ることができません。相対的な条件が合って、そこに収獲が生まれるのであって、相対的条件を合わせなければ収獲をもたらすことはできないのです。(二七七―一六)

*

皆さんが先生と海に行けば、先生の釣り竿に魚がよく食いつくと思うでしょう？　釣りをする時は、すべて相対のように思います。完全な主体は完全な相対を成すのです。釣りをする時は「ここには必ず魚が食らいつかなければならない」と思うのです。原理がそうです。私が一度このように

出せば、すぐにさっと相対的価値が生じるというのです。普通の人が魚に対するのとは違うというのです。(二六―二〇〇)

＊

一日中、一箇所に座っているのです。小便もそこで解決します。あき缶を置いておいて「小便をする。見てはならない！」と言って、おしりを反対にしてするのです。一人そこで小便をし、食べ、終日そのようにするのです。二十五年間そのようにしました。缶を使用すればとても便利です。海で真っ裸になって水泳もし、あらゆることをするのですが、そのようにしたからといって誰が悪口を言いますか。動物たちは見て笑うかもしれませんが、人は何人もいないというのです。しかし、鳥も動物も、すべての万物も全く同じ状態なのですから、誰が悪口を言いますか。それは自然なのです。ですから、恥ずかしく思う必要がありません。女性も、その時は座って小便せずに、男性のように立ってしてもいいというのです。(三〇三―一一八)

＊

アラスカで魚を釣る時、私たちが明け方に出ていくのを見て海岸警備隊が訪ねてきて、「魚釣りを何かの訓練のようにしている」と言いながら「人がどうしてそのように暮らしているのか！」と敬服しながら称賛していきました。ですから、海に行っても、釣りは私が一番上手でしょう？　めだかの群れとか、釣ってみなかった魚はありません。今、「鯨を捕まえなさい」と言えば、一日に何頭かは捕まえるのです。ツナから始めて、釣ることができなかった魚はどこにいますか。東海岸、西海岸、太平洋、大西洋、地中海、あらゆる所を巡りながら、釣ってみなかった魚はありません。で

すから、世情に精通しています。（二二一―六二）

＊

大きい松を見れば「患難を受けた過去の歴史時代の私を知り、出ていったのを見たお前は、今日どのように考えているのか」と、問うことができなければなりません。また、過ぎた日、庭を見つめながら友人を呪《のろ》ったその庭を、今では愛の友人として抱き、流れていく水も忘れまいとしたが、今からは、主人の位置ですべて忘れてその水辺で泳ぎもし、そこに暮らす魚も釣ってあげようと考えなければなりません。それでこそ主人です。エデンの園のアダムが川に入っていき、王権の代表者として魚を釣って食べることができなかったことを初めて蕩減《とうげん》復帰する、という心をもって釣りをします。魚を釣って食べてもよく、山にいるうさぎやきじも、そのような心をもって捕まえ、「父母を奉養し、神様の前に祭物とし、生活のための食べ物として、生活の材料として消耗する」と言うことのできる歴史を残さなければなりません。（三二一―一三）

＊

今まで先生は、最も悲惨な世界からすべてのものを乗り越えてきました。ですから先生は、知らないことがありません。できないこともありません。何であっても、すべてすることができます。農村に行けば農夫の王になるのです。このような地には何を植えなければならないのか明確に知っています。また、海に行けば釣りの王です。ツナ（tuna：まぐろ）を捕まえることにおいても「レバレンド・ムーン・システム」と言って、既に有名になりました。また、万民が万歳をする時は、写真を撮ってあげるカメラマンにもなり、御飯を炊く炊事場に入っていけば、料理をするコック長にもなります。主人はそうでしょう。すべての後始末をするのです。そのような背後をつづってきた人が真《まこと》の父母だという事実を忘れてしまってはいけません。(一二九―六二)

＊

真の愛をもてば、何であっても統一が可能だというのです。動物世界、植物世界、毒蛇までもすべて保護してくれるというのです。私が釣りをする時は「魚たちよ！　私がお前を釣るのは私のために釣るのではない。世界で飢えて死ぬあのかわいそうな人、神様が涙を流しながら食べさせたいと思う、その心情を身代わりして釣るのだ。私のためではなく、子孫と万民のために釣るのだから、お前たちは許さなければならない」と言うのです。それで、最初に釣ったものは食べずに放してあげるのです。祭物として放してあげるのです。愛を受ければ、その前に生命を捧げようとします。ですから、周囲で魚たちが調べてみて「先生の釣り餌《え》にだけ、どんどん食いつけ！」といいます。それで、船に十二人が乗れば、三分の一は私が釣ります。(二七八―二〇五)

＊

世界の人々が先生のことを神秘的な男だと思っているでしょう？　ですから、神秘的な言葉もよく話すのです。また、神秘的な行動もよくします。私は統一教会の教主ですが、船に乗って海に行けば漁夫の中の漁夫です。「あの人は統一教会の教主なのに、何が分かるか」と言いますが、現場に行って監督すれば、十年、二十年していた人々も感嘆します。農場に行けば、農場の仕事も上手にします。学者は、自分たちが自ら神秘的な人々だと考えているのですが、先生に会えばもっと神秘的な人がレバレンド・ムーンだと思うのです。何が神秘的にさせるのですか。真の愛がそうさせる

のです。（二〇五―一四〇）

＊

先生は、徹底した三食主義者です。デザートのようなものは食べません。テーブルの上にあっても食べません。なぜなら、彼らのことを考えなければならないからです。服もこのようなものです。ネクタイのようなものは結びません。人々がネクタイを結ぶお金をすべて集めて、世界を救うことに使いたいと思うのです。先生は、トイレに行ってもちり紙を二枚以上使いません。可能ならば一枚です。原理的に見るとき、浪費は罪です。私たちは、生まれる時から一定量の消耗品を使うようになっています。それ以上使えば罪です。私たちは、残していかなければなりません。そうでなければ、私たちの子孫がそれを負債として相続します。誰が話して教育してあげるのですか！　教育以前に、原理が先生です。自然が先生であり、海が先生です。（一九二―一〇四）

＊

山に行けば、山菜のようなものもはっきりと分かります。これは何であり、どのようにして食べるか、どれが悪いか、毒きのこのようなものもすべて知っています。それゆえに、山に行って暮らす法度をすべて知っていて、海に行けば、釣りはどのようにするのかということをすべて知っています。水に魚さえいれば、間違いなく一人ででもそこに家を建てて暮らせます。魚は、釣って塩だけで、生きたままで食べるのがおいしいのです。本当です。一人でどこでも暮らすことができる準備をすべてしました。（二三二―一八〇）

＊

皆さんが誰も知らない間に、先生が一人アメリカで苦労して、ここまで来ました。その背後の苦労を皆さんは知りません。毎日海に行くというのは、その一部にすぎません。先生は、してみなかったことがありません。学者世界から文化世界、芸術世界、教育世界など、手を出さなかったところがありません。思想世界までも手をつけました。その基準で皆さんもここで教育を受けて活動しています。なぜ先生がここに行ったり来たりするのですか。四十年近く先生に従ってきた人でも、先生がどのような人なのか分かりません。いつも新しいのです。自分勝手に考えればできません。自分が立っている位置がどのような位置なのかをはっきり知っている場合でも、世界を復帰するまでは無駄口を言ってはならないのです。（一九三―一〇四）

＊

私も一人は嫌いです。一人でいることは嫌いだというのです。海辺で仕事をすれば、釣りをする人、一等の漁夫と一緒にいたいと思い、山に行けば山登りをする人と一緒にいたいと思い、土俵に行けば相撲をとる人と一緒にいたいと思い、酒宴に行けば匂《にお》いだけでもかぎます。匂いをかぐ人もいなければなりません。一人ではいけません。友人が必要です。同僚が必要です。一人では嫌だというのです。「仲間同士」という言葉があるでしょう？　いくら文《ムン》先生が立派だとしても、一人では退屈で生きていけません。（四七―三二二）

＊

結婚することは主人を訪ね求めることです。二人がぴたっと一つになれば、愛はどこから来るのかといえば、あの垂直の天から来るというのです。これが一つになれば、垂直にすーっと降りてきます。頭に行った血が下に行きますか、行きませんか。足のつま先に行きます。「農民の匂いがするつま先、指先を経てきた血は捨てなければならない！」と、そのようにしたらどうなりますか。死にます。それが天地の道理です。

高かったものは低い所に行かなければならず、低い所にあったものは高い所に行かなければなりません。それゆえに、文先生も成功して、み旨をすべて成し遂げたあとは、あの低い所に、朝野に埋もれて暮らしながら、釣りをし、農民の友人になり、漁夫の友人になるはずです。私は今そのような訓練をしています。(二二一―二四一)

＊

神様も愛の釣りで引っ張り回されても幸せだというのです。そこから愛の芸術が生まれるはずです。愛の喜劇、悲劇が、愛のすべての文化が創造されるはずです。そのような世界を創造する独立軍になってみたいとは思いませんか。(一九五―一七三)

＊

最高の餌《えさ》、釣りの餌に相当するものは何ですか。愛です。万民を釣ることができる一つの餌は何ですか。それは愛です。歴史を釣り、神様を釣ることができる餌は何ですか。神様を釣ることができる餌があるなら一度準備してみたいでしょう？　それは愛の餌です。歴史を釣ることができ、天地を釣ることができる餌があるとすれば、それは何でしょうか。それが愛だというのです。(二四五―二一七)

二　人間と趣味生活

1・未来世界は趣味生活の時代

これからの世界は、新しい国際経済機構および秩序の誕生によって飛躍的な経済発展が可能になり、人類は充足した経済生活に伴う時間的余裕をレジャーに利用できるのです。これを通じて人類は、大自然を理解し、学び、その中で神様に感謝し、人種と国籍を超越してお互いに愛し、「ため」に生きて、正しい生活を楽しむ理想世界が、必ず来るということを本人は確信しています。（二五一—七七）

＊

今後事業は、レジャー産業になります。技術事業時代は、自動技術によって人間が仕事をしない時代です。そのような時が来ます。今でもそのようになりつつあります。人がボタンさえ押せば機械が仕事をします。何千名が作業していた工場が、三、四人だけで昼夜生産品をつくることができる時代が来るというのです。それでは、今からどのような産業が展開するのでしょうか。それは、興行産業、流行産業、このようなレジャー産業です。（一九一—七三）

＊

今後、皆さんが経済的基盤を築くことのできる良い時が来ます。レジャー産業時代、三次産業時代が来ます。レジャー産業、観光産業が発展するのです。金剛山《クムガンサン》を訪ねていく人々は、金剛山よりも韓国を先に見ていくはずであり、韓国の釜山《プサン》や済州島《チェヂュド》に行き、外回りして金剛山に行くはずです。金剛山を見てからほかの所に行くことはできないのです。行ってみたところでおもしろくないのです。行くことは行ってみるでしょうが、行けばみな気落ちするというのです。お客さんを誘致するとき、釜山から済州島に行き、ぐるぐる回りながら白頭山《ペクトゥサン》を経てくると考えてみてください。(二二五―一七八)

＊

今はどのような時かといえば、社長が会社に出勤して仕事をする時は過ぎました。コンピューター時代が来たので、人工衛星によって日本の事務室ですることと同じことを、外国でいくらでもできるのです。そのような時が来ました。船で釣りをして刺身を食べながら「理事は何をして、常務理事は何をして、課長は何をして……」このように指示できる時が来ました。一年十二カ月、責任者は会社に出勤しなくても、趣味生活をしながらストレスを解消する、そのような解放された位置で経営できる時代に入っていくのです。(一九一―七六)

＊

趣味生活をしようとすれば、夫婦で、あるいは一族が車に乗って、全世界を旅行しながら暮らすのです。自分の家族と息子、娘を連れて趣味生活をしながら暮らすのです。今、女性が恨めしいと思うのは、それではないですか。夫が出歩くときに、ついていくことができないのです。(二五二―一九六)

＊

自然の近くで暮らす農民たち、都市から遠い人々は、自然や農業を開発して指導し、都市の人々は、科学的最高技術を通して両面に支援できる体制を準備するために、今大きな研究所と大きな実験場が必要です。農作業実験場、漁業実験場、ハンティング実験場、釣り実験場が必要なので、これを総合して神様の創造の喜びを感じる趣味産業を開発していくのです。趣味産業、趣味生活をするのです。(二七九—五八)

*

趣味生活、神様はそれを喜びます。皆さんの趣味が創造と連結するのです。すべての趣味が私を待っています。疲れません。趣味生活を重ねていくことによって自動的に神様の世界と近づくのです。これが、人間が願う最高の生活です。(二七九—六〇)

2. 趣味産業は平和世界へ導いていく近道

趣味生活をしなければなりません。神様が創造される時、無理やりに造ったのではありません。喜びを感じるように造ったというのです。創造される時の神様の立場を、私たちは再び感じなければなりません。誰かが「しなさい」と言うからするのではなく、せざるを得ないのです。眠る時間にも眠らずにそれをしなければいけないというのです。そこにどうしてお金が介在し、環境が介在しますか。それゆえに、趣味生活、趣味産業、趣味研究などが、神様と共に喜ぶ中で一つになってなされたものであってこそ、神様に所有されるものとなり、神様が愛する息子、娘たちが愛用できるものになるのです。そうでなければ、サタンのものだというのです。お金を目的にこれをするのではありません。私は、お金を与えながらこのことをしているのです。(一八一―一六三)

＊

六十を越えれば、故郷の農村に帰って土地を耕しながら、霊界に行く準備をしなければならないのです。霊界に行く準備が忙しいのです。ですから、精誠を尽くして先生のように農村に行って埋ずもれて、農村を指導する責任を果たさなければなりません。ですから、趣味産業、趣味生活を終えて霊界に行ってこそ高い霊界に行くことができ、情緒的な人になって霊界の舞台を活用できる皆さんになるのです。(一八九―一九二)

＊

今後は趣味産業を開発しなければなりません。レジャー産業ではありません。趣味産業です。レジャー産業といえば、利権が介在した概念です。魚を釣ることも、ハンティングをすることも、すべて利権を考えるというのです。それは、趣味とは違うというのです。

これを趣味産業として展開すれば、部落にまで広げることができます。部落でもシーズンを決めてするのです。各自していることが違います。工場に行く人、会社に行く人など、あらゆる職場がありますが、職場別に百から三百六十のクラブをつくるのです。そして毎日、どれかのクラブがこのことをするのです。できます。このように編成して春夏秋冬、一年中このようにすれば、お金を失いません。五〇パーセントは返還されてきます。ですから趣味産業、これ以上良いものはないと

思うのです。(一五一・一〇・一)

＊

趣味産業は、レジャー産業とは違います。レジャーは利益を目標とするのですが、これは趣味を目標とします。「お金のある人がすべきであって、お金のない人はどうするのか」と言うかもしれませんが、そうではありません。今、全員休暇があるではないですか。一年に一度でも二度でもそれができるのです。

趣味産業とはどういうものか分かりますか。これに対する世界的な組織をつくって先取権を握ることが、今後世界の金融界などの人的資源をはじめとして、あらゆる分野を平和に導いていく一つの近道だと考えるのです。それで、今まで二十年間、海に対して準備してきたのです。来年の四月で二十年になります。そして、このような趣味産業とともに、今後農作業も趣味農作業にしなければならないと考えるのです。今後、遊ぶ時間が多くなれば遊ぶことも心配です。ですから、庭園のようなところに千二百坪程度の空間をつくり、自ら趣味農業をして食べて生きることができるようにリードするのです。(一五一・一一・〇)

＊

今、成約時代において、私たちがしなければならないことは、このような大人員を動員することです。大人員が必要です。国境を超越し、文化背景を越えて世界の人々を連結させることができる産業とは何ですか。もちろん、教会活動も必要ですが、対内と対外の活動を兼ねて連結させることができる事業は、趣味産業しかないというのです。(一五一・一一・一)

3. 趣味産業時代のために準備しなければならない

先生は、趣味産業、ホビー・ビジネス（hobby business：趣味事業）という言葉を今、新しく使っているのです。それは利権のためにするのではありません。それゆえに、都市集中時代は間もなく終わって、すべて分散します。分散させる方法は、これしかないのです。趣味産業を開発しなければなりません。先生が今、「趣味産業」と叫んでいるのです。人は趣味を中心として生きるようになっています。(一五二—〇一五)

＊

趣味産業にはカジノも入っていて、スポーツも入っていて、ハンティング、釣りも入っています。それで世界文化体育大典でも、それらをしたのです。世界的な観光事業を繰り広げるのです。今、先生が世界的な観光事業を準備しています。このアメリカでバス会社「ゴー・ツアー（Go Tour）」をつくったのも、そのための一環であり準備でした。今後は、観光レジャー産業が世界的に発展するのです。私は、これを趣味産業と名づけます。(一五二—一一)

＊

今後、全世界の観光地で、私たちのボートに乗らざるを得ない環境になるだろうと思うのです。どのようにしてそのようにするのですか。私たちは、世界的組織をもっているので、どのような国でも観光客を誘致でき、お金持ちの人々や、どのような人でも案内できるというのです。その人々は観光をしなければなりません。休暇シーズンには観光に行かなければなりません。それを趣味産業と名づけたのです。ホビー・インダストリー、趣味です。見物しながら物を運んでいこうというのです。(二六二—二四七)

＊

観光地をつくるのです。土地があれば、環境をよく整えて釣り場もつくるのです。そこにタバコの吸い殻、あき缶、ごみは一切捨てることができないようにして、清潔にして、無公害で保護することのできる地域をつくり、趣味は趣味で、観光は観光で楽しめるようにつくるのです。一度見て回れば、誰もがみな行ってみざるを得なくするというのです。五十億人類がすべて競争するので、そうにしておけば行ってみざるを得ないのです。(二八八—七五)

＊

今まで統一教会に休暇がありましたか、ありませんでしたか。今からは、先生が築いた釣り場、狩猟場、水泳場が、どこに行ってもきちんとできています。寒ければ暑い地方へ行って、暑ければ寒い地方を歩きながら、それこそ休暇を楽しむことができる基盤を築いておいたのです。それを「趣味産業」と言います。今そのような時が来ました。先生は、迫害を受けながら上がってきましたが、皆さんは迫害を受けません。今は、先生が南米に基盤を築いたのですから、責任をもって氏族を連れていって訓練すれば、その氏族基盤を中心として、霊界にいる先祖と国にいるすべての一族が一つになることができる基地になります。(二六六—一三五)

アラスカに基盤を築き、テキサスに基盤を築き、百六十カ国に釣り場や狩猟場をつくっておくのです。釣りとハンティングは趣味です。高位層、豊かに暮らしている人々の趣味分野です。それゆえに、趣味産業をするのです。観光組織をつくって先生が直接リードします。(二六九—四九)

＊

観光事業の基盤を世界的に連結させて、お互いに和合できる世界をつくるのです。その人々を動かしてこそ世界を動かせるのです。それで、今から皆さんは、お互いに額を合わせて暮らす生活をするよりも、そのような名のある人々を中心として外交世界のチャンピオンにならなければなりません。(二七五—一〇六)

＊

人には趣味がなければなりません。これからは、御飯を食べることや生きることは問題ないのです。そのあとは、けんかして暮らしますか。喜びがなければなりません。川に行けば船に乗り、水上世界でダイビングして、魚や友達と遊ぶのです。そのように趣味的生活が残っているのです。それで今、私は「趣味産業」という言葉を作り出したのです。

＊

統一教会では「カジノをしなさい」とは言いません。クラブを編成するのです。趣味産業を一カ月間訪問する時は、カジノの時間は二日しかないのです。そこを経ていくのです。カジノをすれば、若者たちがすべて狂うのです。それも趣味産業です。それで、もし一万ドルを失ったならば、その失った人に対しては三〇パーセントを返してあげなさいというのです。ラスベガスとかアトランタで、先生はその背後の暗黒街をすべて調べました。それで、十万ドルを失ったならば、十万ドルの三〇パーセントに該当する宝くじを分けてあげるのです。その代わり、そこに参加して三時間以上になる人は、必ず一時間の思想教育を受けなさいというのです。

カジノが歴史的にどれほど汚いでしょうか。人々は賭博《とばく》で指を切っても、またするのです。しないと決心しても、また賭博をするのです。それを真《まこと》の御父母様が趣味産業として、私たち人間が理想的な夢を描くことができる機構として特別に作り変えるというのです。趣味産業にならなければなりません。(二七六・一一・八四)

＊

教育は精神を代表して、スポーツは体を代表するので、このような世界的大学連盟を通して今後円熟した方向に、真の御父母様を中心として天国の愛の理想に合うようにするのです。そのために趣味産業というものをするのです。今後は楽しく生きなければならないので、理想家庭の世界は趣味産業世界へ越えていくというのです。(二七六・一〇九)

＊

すべてのものが趣味です。目新しい所に行けば、山が違い、岩が違い、木が違います。それがすべて関心事です。それは誰のためにつくったのですか。神様、主人が抱くためにつくったのです。息子、娘が、地上のどこに行っても暮らすことができる適切な環境をつくっておいたというのです。(二七七・一二七)

＊

先生は、今まで「趣味産業」のことを言いました。それは、世の中が科学世界であり最高の技術を通し動いているので、生産することを重視しているのでそのように言うのであって、本来それは、「趣味産業」ではなく「趣味生活」と言わなければなりません。それが分かりますか。目の趣味、鼻の趣味、口の趣味、耳の趣味、感触の趣味、体の趣味、心の趣味、愛の趣味、様々な種類の趣味があります（二七八―九五）。

＊

安息圏とは海ではありません。陸地の安息圏を連結させなければなりません。今では山なら山、景色の良い所を訪ねていくはずです。そこに行って何をするのですか。そのまま行くことはできません。狩猟場をつくるのです。これは自然の動物を殺すのではなく、育てるというのです。これを趣味産業にすべて連結させるのです。

神様の息子の血となり、体となり、骨となるはずなのに、盗賊が盗んで盗賊の血肉になっています。これをなくすために、歴史の大転換期として三百六十万双を迎え、その頂上の転換点を中心として今まで本然的愛と一つになることのできる趣味産業を準備してきたのです（二八六―一四二）。

＊

喜びというものは、主体と対象がいる所において、芸術という美しさや貴さ、価値が存続するのです。それで、趣味産業は外的です。家庭は、趣味家庭ではありません。喜びの家庭にならなければなりません。喜びといっても、アメリカに来て暮らす人ではないのです（韓国語で「楽しみ、喜び」と「在米」は同じ発音）。アメリカは喜びますが、そうではありません。アメリカの天地よりもっと喜ぶことができる家庭で、私たちの父母が暮らすというのです。鼻唄を歌うというのでしょう？　そこで鼻唄だけ歌いますか。(一九六―一二七)

＊

暮らすことがすべて喜びです。趣味というものは環境的条件を言い、喜びは主体と対象の愛の理想に根を下ろすことができるのです。一人で楽しいですか。それでは狂ったことになります。愛の相対がいなければなりません。神様は、未来の理想的宇宙よりももっと大きい愛の相対のために燃料として供給するための立場に万物を立てたので、愛の圏内に因縁をもっていないものがないというのです。ですから、万物を愛さなければなりません。(一九八―二三四)

＊

公害で汚染された農作物を食べる必要はないのです。自分のあらゆる精誠をすべて尽くして食べて生きることができるようにするのです。五人の食口《シック》なら、五人の食口が農作業をしたものを食べるのです。他の所から買ってくるなというのです。野菜も自分が栽培して食べ、米も自分が栽培して食べなさいというのです。これを私たち統一教会に任せれば、ウルグアイ・ラウンドを心配する必要もないのです。そのようにならなくては、世界は公害ゆえに滅びます。(二五二―一九五)

＊

今から世界は、観光産業の覇権を誰が握るのかということが最も問題になるはずです。そのような時代が来ます。経済流通構造は、他の産業基盤を通して定着します。しかし、観光産業の流通構造は、いつも早く回るのです。回るのでその活用能力が膨大だというのです。どこにも通じないところがありません。その基盤を築こうと水安堡《スアンボ》や、釜谷《プゴク》ハワイにコンドミニアムも建てて準備するのです。すべて遠い将来に対備するためにそのようにするのですが、内部にいる人々の中には、そのような考え方をもった人がいないのです。(二五―一七)

第三章　環太平洋時代と「島嶼《とうしょ》国家連合」創設

一　今は環太平洋時代

1. なぜ太平洋時代が来るのか

今、「時は太平洋時代だ」と言っています。アメリカがいくら何と言おうとも、ヨーロッパ第一主義を叫んできたものが、今では太平洋を中心とした貿易圏がヨーロッパを凌駕《りょうが》して発展してきています。あらゆる面において、アメリカが太平洋地域を捨てることができない段階に来ているというのです。商売は誰がうまいかといえば、アジアの人がうまいのです。アメリカ人は、お金があればやたらに使うでしょう。しかし、アジアの人は使いません。中国人の死体を扱うと、お金のない死体がないというのです。(一七四―二〇五)

＊

世界文明の方向は、世界を一周しながら発達していきます。すなわちエジプトの大陸文明、ローマとギリシャの半島文明、イギリスの島嶼《とうしょ》文明、アメリカの大陸文明のほうに、再び文明は西に進み、太平洋を渡り日本の島嶼文明に、ついには韓半島文明に集結するため、アジアに連結しているのです。ここで結束された文化は、高次元的文化として新世界を創造することでしょう。

日本は島国として、アジアでは初めて西洋文明を定着させました。次は半島文明時代です。韓半島は東洋と西洋の文明が一致する場所です。歴史学者シュペングラーが指摘したように、文明は、一年に春夏秋冬があるように興亡を繰り返してきました。今、時は大西洋文明時代が過ぎて、太平洋文明の時代です。（二一五―一七）

＊

キリスト教は霊的に世界の救いに責任をもちましたが、肉的基盤を吸収しなければ立つ所がありません。今、世界の人々は「太平洋文明圏時代が来る」と言っていますが、それはなぜでしょうか。歴史の起源がここにあるからです。イエス様の体を失ってしまったがゆえに、アメリカが、霊的キリスト教が太平洋を渡ってアジアに行かなければならない歴史的な使命があります。それゆえに、このような時代が来ざるを得ない、というのが結論です。原因がここにあることを知らなければなりません。（二二四―二〇六）

＊

アメリカは、どこに行かなければならないのでしょうか。アジアに帰らなければなりません。イエス様の体を失ったアジア大陸を訪ねていかなければならないというのです。今後は太平洋文明圏の時代が来ますが、どうしてアジア太平洋文化圏の時代が来るのでしょうか。学者もそれを知りませんでした。それはレバレンド・ムーンの「原理」で解かなければ、解けないのです。アジアを訪ねていかざるを得ません。今、アメリカは霊的基準だけをもっているので、体をかぶるためにアジアに帰らなければならないのです。（二二五―二〇）

イエス様が体を失ってしまったので、その本舞台の基台がなくなり、アジアの基盤を失ってしまいました。ですから、反対方向に行くのです。ローマに反対に引っ張られてしまったのです。アジアから西洋に向かわなければならないのに、西洋から反対に回っていくので、蕩減《とうげん》の道と一致して、血を流し犠牲になりながら行ったのです。そのようにして一周し、ローマを中心としてイギリス、アメリカを経て再び太平洋文明圏に帰ってくるのです。なぜ太平洋文明圏に帰ってくるのかといえば、イエス様の体を世界的に失ってしまった所がアジアだからです。ここで霊と肉が分かれてしまいました。ですから、西洋文明と物質文明とが反対にさっと向きを直して、このようにアジアに帰ってくるのです。(一四九―一三三)

＊

旧約時代から延長してきたものを、新約時代のイギリス、アメリカ、フランスを中心として、新婦圏すべてを蕩減復帰した時代になったので、第二次大戦直後に統一的世界に出発することができるのです。それで、母とカイン、アベルが一つになってアジアに入り、太平洋文明圏時代が到来するのです。なぜなら、イエス様の体をアジアで失ってしまったので、体である世界的政治版図まで、アジアを中心として統一しなければならないのです。それゆえに、今からアジア文明圏時代が到来するのです。(一四三―二七六)

＊

西欧文明、東洋文明、アジア文明、太平洋文明圏へと世界でつながれてきましたが、太平洋文明圏はアメリカとは遠い距離にあります。それで、文《ムン》総裁が行って、余りある万全の準備を備えました。今からはアジアに帰ってきて、東西を結合させ、インドまで収拾しなければならず、シベリアも収拾しなければなりません。二箇所を収拾しなければなりません。(二三二—一六〇)

＊

主は、どこに来なければなりませんか。アジアに来なければなりません。イエス様が肉身をアジアで失ってしまったので、アジアで取り戻さなければならないのです。太平洋文明圏が来るのは、なぜでしょうか。イエス様の失ってしまった肉身が、アジア文化圏統一時代に向けて帰りつつあるのです。すべてのものをこのように解いてこそ、歴史がきれいに解かれます。(二三二—二五)

＊

日本は、サタン側のエバ国家です。サタン側のエバ国家は、天の側のエバ国家のすべての恵みを対等に分かち合うことができます。キリスト教がアジアで成功できずに死ぬことで、反対にヨーロッパに向かい、ローマを経て、イギリスを経てきたのです。このように反対に来るのです。ローマのような半島が韓半島に匹敵し、地中海のような海と島が日本に匹敵し、ヨーロッパ大陸に匹敵するのがアジア大陸です。相対的に反対に一周してくるのです。これが、互いに出会う時となったので、学者や政治家たちは「太平洋文明圏時代が来る」と言っているのです。(二五一—一四四)

＊

なぜ第二次大戦が起こらなければならないのでしょうか。イエス様の体を失ってしまったのを、世界的に取り戻さなければならないからです。来られる再臨主を追い出したがゆえに、統一圏を失ってしまうことで、今、アメリカが再び太平洋文化圏を通して、イエス様の体を失ったアジア地域と統一世界を求めてくるのです。反対に求めてくる時代が来るのです。太平洋文明圏の時代は、それで来るということを知らなければなりません。

イエス様の体をアジアで失ってしまったがゆえに、アジアで復帰し、再臨主の理想を中心としてこの世界を統一しなければならないという内容と一致します。このような過程を経ることによって、太平洋文明圏時代が来ざるを得ないのです。それは体を復帰して一つにするためですが、再臨主には霊肉を中心として既にこれを受け入れることのできる基盤があるので、文化圏も内外で統一された基準でもって、主体の前に対象的な基準で連結されることにより、真《まこと》の父母を中心として統一世界が成され得るのです。(二六七―一七八)

*

なぜ太平洋文明時代が来るのかといえば、西洋文明と東洋文明は、失った父の体を取り戻さなければならないからです。イエス様が父として来たのに、父の体を殺してしまいました。これを取り戻して霊的救いとキリスト教圏内で一つにしなければならないので、東洋を訪ねてくるのです。来られる主を中心として、韓半島がイタリアと同じです。イタリアは今まで滅びたことがありません。千年を越えるほどに強大国としてあり続けています。それはなぜかというと、今後、主が来られる相対国だからです。

そのような基準を中心として帰ってくるのが、この半島を中心とした太平洋時代です。地中海より太平洋時代です。膨大な環境を中心としてアジアに帰ってきて連結されますが、それが韓半島です。韓半島が男性の生殖器ならば、日本は女性の生殖器です。これらは一つにならざるを得ないというのです。これらが一つになってこそ統一天下の時代が来るのです。それで、韓国を「アダム国家」と言い、日本を「エバ国家」と言うのです。(二五一―一四七)

＊

今後、世界文明は間違いなくアジアを訪ねてきます。太平洋文明圏の時代が到来するというのです。今日、社会科学を研究する著名な学者はもちろん、何も知らない科学界の学者までも「太平洋文明圏の時代が来なければならない。歴史的帰趨《きすう》はそのようになる」と主張します。それはなぜそうでなければならないのでしょうか。その根本を知っている人が私ではないでしょうか。既に四十年前から「太平洋文明圏時代が来る」と教えたでしょう。それがどの国に行くかということは、誰も知りません。それは私だけが知っているのです。それを知っている文《ムン》総裁という男は、大韓民国がそれを主導しなければならないと見るのです。(二〇七―一八二)

＊

西洋文明と東洋文明がいつ一つにならなければならないでしょうか。一つになるには、どこで一つになるべきでしょうか。島国で一つになるのではありません。半島で一つになるのです。このように見るとき、アジアで半島国家として最も微妙な立場にあるのが韓国です。韓国周辺を見れば、ソ連、中共、日本、アメリカまでありましょう。太平洋沿岸を中心として見るとき、アメリカまで連結されていると見ます。「歴史は今、太平洋文化圏時代に移る」と、あらゆる学者が言っています。政治、経済、歴史学者が「そのような時代が来る」と言います。アメリカではそれを結論的な基準で見ています。

では、どの国が主役になるのでしょうか。日本がなるのでしょうか、中国がなるのでしょうか。日本と中国は怨讐《おんしゅう》です。四十年前に怨讐でした。韓国と日本も怨讐です。すべてが怨讐です。アジアで日本は中国とも争い、ソ連とも争い、韓国を占領しました。みな日本を怨讐の国だと考えます。イギリスに対峙《たいじ》し得る、サタン側のエバ国家だったというのです。(一九六―一六二)

*

西欧文明とアジア文明圏をそのまま連結することはできないのです。行く方向を失ってしまった西欧文明に、夕暮れ時に傾く太陽のように、地ぐもが巣くう西欧文明に、新しい朝の光明、太陽の光のような東洋文明を連結してあげたこのレバレンド・ムーンに対して、感謝しなくては滅びるということを知らなければなりません。滅びていく、大西洋に流れていく文化の背景をもった西洋社会は、レバレンド・ムーンによって新しいアジア文明を通して神様の摂理圏に連結させることができるという、驚くべき事実を知らなければなりません。

西欧の人たちは、今までレバレンド・ムーンに反対だけしたのであって、それを知りませんでした。レバレンド・ムーンによって神様の摂理と通じることができ、再度神様の摂理を受け入れることができる世界に越えていったというのです。再度、神様の摂理が伸びていくのです。(二二〇―一九九)

*

統一教会は三番目の息子です。統一教会は実際、秘蔵っ子の中の秘蔵っ子として生まれたのです。今や、キリスト教文明を統一的な内容によって消化させ、ヨーロッパを一つに和合し、南・北米を和合できるのは、キリスト教文明圏以外にはありません。

ところが、西洋のキリスト教文明圏がアジアに越えてきつつあります。そうなれば、キリスト教思想を通して神様が統一的な方案を収拾してくるものを、アジアはどこで合わせるべきでしょうか。日本は異教をあがめていて、中国とソ連は共産化されていて、ただ一つ残っている韓国は、教派争いはしていても、キリスト教という垣根の圏内にあります。種を取る木としては植えられなくても、火をたく木としては必要です。言い換えれば、太平洋文明圏が目の前に迫る環境を直視しながら、アジア帝国において、キリスト教文化の背景を民族を挙げて備え、受け入れ態勢を備えることができる国があるとするなら、それは日本でもなく、中国でもなく、ソ連でもなく、ただ韓国だけです。（一二一―一二四）

＊

「ICUS《アイカス》」（科学の統一に関する国際会議）や「ＰＷＰＡ」（世界平和教授アカデミー）を命懸けでつくりました。これを前面に出せば、通じない所がありません。その時、アメリカを動かさなければ、中国首脳部の今後二十年以内の政策方向を知ることができません。共産主義が変遷するのは明らかなのに、その変遷方向を知ることができないというのです。私が話しても信じないというのです。ですから軍の戦略家たちをすべて集めて、代表的に自由世界の二十人、中国の二十人を中心として「太平洋沿岸における中国を中心とした今後のソ連外交政策に対する糾明」というタイトルでセミナーをしたのです。そこに、アメリカの今後の作戦資料を投入してあげた人が私です。（二〇四―二五七）

＊

今は太平洋文明圏時代です。それとともに宇宙時代と連結されているのです。太平洋の中には、あらゆる水が入っていきます。河川の水も、大西洋の水も、地中海の水もみな入ります。ここに黒潮というものがあり、それが四千ないし五千マイル程度の長さですが、これが回ることによって全世界の五大洋が動くのです。それゆえに太平洋文明圏時代が来る時には、すべてが一つにならなければならないのです。そして宇宙に飛んでいくのであって、これが一つにならなければ、今後「太陽の主人は誰だ」、「私だ！」と、このように争うというのです。「星の世界の主人は誰だ」、「私だ！」と言うのです。それは闘うようになっています。

この太陽だけでも地球の百三十万倍になるのに、この巨大なものを、一粒にもならない小さい人間が、「私のものだ」と言うことができますか。そうすれば、宇宙が笑うのです。宇宙が「ハハハ」と笑うというのです。いずれ太平洋文明圏時代には統一世界が来なければならないので、みな整備されなければならないのです。アメリカ民主主義でも駄目で、共産主義でも駄目なのです。ですからこの時代に、「頭翼思想」、「神主義」が出てこなければならないのです。(二〇七—四六)

＊

天の側の母、天の側のカイン、アベルを中心とした天の側の統一天下にしなければならないのです。統一天下とは何でしょうか。サタンのいない世界です。エデンの園で見るならば、堕落がなかった基準です。堕落した父母の立場であるアダムとエバが、新しくお父様に侍らなければなりません。世界を一周して太平洋文明圏時代に帰ってきて、ここでお父様に侍らなければならないのです。そして、新しい血を受け継がなければなりません。新しい愛を通して生命と新しい血統を受け継いで一つになる時、初めて統一天下が成されるのです。(二〇九—一九二)

今や太平洋文明圏時代が来ます。そこに主役の基盤を用意すべきなのが、アダム国家とエバ国家と三天使長の国家ですが、それが一つになるのです。本然的エデンの真《まこと》の父母の名声とともに天国に直行できる、天使長の愛と神様の愛と父母の愛を中心として天国に入ることのできる本然の基準を、解放圏をすべて成し遂げたがゆえに、国家的基準で天国に入ることのできる時代が来るというのです。ですから、地上天国、天上天国が顕現するというのです。（二一一―二〇四）

＊

南北統一によって東西の貧富の差も解消し、西洋文明と東洋文明が一つになるのです。本来、精神文明の中心は東洋です。それゆえに、あらゆる宗教は東洋から出てきました。宗教圏が栄えれば、物質を捨てなければなりません。家を捨て、国を捨て、みな捨てなければなりません。それを捨ててしまっては駄目なので、端のほうの西洋から物質を拾い上げてくるのです。ですから物質文明を発展させたのは西洋の人々です。

＊

西欧は知識を通して、知れば知るほど「私の土地だ」と言って、みな占領してしまいました。みな知識によって版図を拡張しました。しかし、東洋ではお金をみな無にしました。しかし精神的基準と物質的基準が一体化する時には、統一が生まれるのです。物質文明がアジアを求めるのです。太平洋圏で西欧文明とアジア文明が連合して、新しい世界に越えていく文明時代がやって来ます。それが太平洋文明圏時代です。（二二一―二三八）

＊

太平洋文明圏とは、本然的縦的な世界と出会うための歴史的方向だと、すべての世界的学者は結論を下しました。では、何を訪ねていくのですか。真《まこと》の愛を訪ねていくのです。その愛の原則をつくってやれば、世界は滅びないのです。東洋を代表したレバレンド・ムーンがアメリカに来て教育し、太平洋でおぼれないで無難に渡っていくことのできる者たちをつくろうとするのが、西洋社会の統一教会であることを知らなければなりません。統一教会だけが、太平洋文明圏を縦的愛と横的愛で編成し完成させた、永遠なる理想の本郷の地に行くことができるのです。(二一六―二〇六)

＊

アジア大陸から世界統一圏に進む過程で、西洋文明と東洋文明を中心として太平洋文明圏が出てくるのです。そして、今ヨーロッパが一つになっていきます。このように見るとき、何がその文化的背後基盤になるのでしょうか。それはイギリスの歴史でもなく、ドイツの歴史でもなく、フランスの歴史でもありません。それはすべて、キリスト教文化圏だというのです。(二一八―二六二)

＊

膨大なアメリカと西洋圏がイエス様の体を復帰し、一つになって太平洋に帰ってくるのです。精神文明圏であるアジアで、イエス様を中心として一つの世界的指導国家基準をなさなければなりません。それを先生が今まで準備してきたのです。東洋文明をバックグランドとして、未来に復興統一し得るキリスト教文明の内容をもち、キリスト教文化圏を収拾して世界的な背後関係を結んだのが、「世界平和宗教連合」の結成です。(二一八―三六四)

＊

ローマ文化の失敗を蕩滅《とうげん》復帰するために、世界的な半島文明を収拾して神様の前に帰る歴史的なローマの教皇国を、今、つくろうと思うのです。それが太平洋文明圏として来るのです。西洋と東洋の宗教圏を今、今年の今月まで集めています。

そのようなことは歴史になかったでしょう。「科学の統一に関する国際会議」だとか、「ＰＷＰＡ」（世界平和教授アカデミー）だとか、「世界言論人会議」だとか、そして、「世界平和宗教連合」だとか、「世界平和連合」だとかいうものは、今まで心と体として分裂して紛争していたものを、各国のために一箇所に集めて、一体理想圏を中心として収拾しようという団体です。これは恐ろしいことです。神様がいるから可能なのです。（二八―二七九）

＊

あらゆる識者たちは、「今後、太平洋文化圏時代が来る」と言います。では、その主役がどこかといえば、アジアだというのです。アジアが主役を果たすためには、どのようにしなければならないでしょうか。周辺国家を収拾しなければなりません。韓国を中心として見れば、日本と中国があり、ソ連とアメリカがあります。一つの小さな国を中心として四大強国が角逐戦をしながら、この地を手放せなくなったのは、地政学的な要地になっているからだけではありません。

これを実践するために私が多方面の国家を連結させ、超国家的な核心部を連結させて同化させ結成することに今まで努力したがゆえに、あの太平洋を渡って自由世界を指導するアメリカも、今になっては無視できない段階になりました。日本だけでも、レバレンド・ムーンという人を無視できない段階になりました。ソ連もそうであり、中国も同じです。（二三二―一九）

*

太平洋文明圏が目の前に迫る環境を直視しながら、アジア帝国でキリスト教文化圏の背景を民族全体として備え、受け入れ態勢を備えた国があるとすれば、それは日本でもなく、中共でもなく、ソ連でもなく、ただ韓国だけなのです。

人類でいえば、五十億人類の中で三十二億の人々が、五分の三以上がアジア人です。アジアで暮らしています。そして、歴史を経ながら、韓国は宗教が結実した王国として過ごしてきました。仏教がそうであり、儒教、キリスト教がそうです。アジアで、韓国を中心としてキリスト教と数多くの宗教を背景として結んで、太平洋文化圏を生み出そうというのです。民主世界や共産世界も、来るならば来いというのです。

このために準備したのが「世界平和女性連合」の創設、「世界平和宗教連合」の創設です。闘う心と体を連合させ、一つに詰め込んだということは、自分の個体で心が闘争する歴史的過程をすべて統一させ得る内的因縁が連結したということです。それを忘れてはなりません。(二二一—九六)

*

皆さん、考えてみてください。有色人種の文化歴史は長く、白色人種の文化史的な背景は短いのです。白人たちは、北極から来た熊のいとこたちです。血を見ながら肉を食べる人々です。白人たちの行く所は、いつも血が伴いました。血を流しました。しかし、農耕文化世界に暮らす人々は、そうではありません。それゆえに、もう白人社会の終末は遠くありません。それを知らなければなりません。

今からは、どこへ行くのでしょうか。アジアへ行かなければならないでしょう。最近、アメリカのあらゆる知性人たちは、「太平洋文明時代が来る」と言うでしょう。太平洋文明時代は、黄色人種を中心として来るのです。日本と韓国がそのように急成長をしたのは、どうしてでしょうか。神様が共にあるからです。そこでレバレンド・ムーンも伸びていくのです。それで太平洋文化圏に、なくてはならない必須の概念を植えました。全世界に、みな植えました。そのように植えたものは、誰も抜くことはできません。(二〇五―二六二)

＊

今後、「黄色人種時代、イエロー・パワー時代が来る」と言います。太平洋文化圏世界とは、アジアをいうのです。今後、人類はいずれそのようになるのです。私たちが合同結婚式をしても三分の二は黄色人種になり、三分の一が雑種になるのです。ですから今後、世界は黄色人種の時代に進むのです。私が黄色人なので、このような話をするのではありません。原則がそうなので、このような話をするのです。(二四四―一二五)

2. 太平洋時代の中心国は韓国と日本

今から太平洋文明圏が来ます。アメリカ、日本、韓国、中国、ロシアを中心として争いの場が生まれるしかない状況において、このような文明と文化の背景で準備しない国は退却するのです。そのような先端に立って準備をした男が、私です。それゆえに日本を結び、アメリカを結び、中国を結び、ソ連を結びました。そのようなレバレンド・ムーンとアメリカの人々が、手をつないで一つになって大きな仕事をすることは、今後、アメリカと世界、太平洋文明圏で共同運命圏を勝ち取っていく一つの条件になるということを考える時、希望的です。気分悪く考えるなというのです。これが連結されるならば、西欧世界やアメリカにとっては本当にいいのです。（二〇二―一六四）

＊

ここにソ連の人々も来たので、私が一つ忠告しようと思います。ソ連が今後、ドイツやヨーロッパを中心として経済体制を強化させていっては、大きな問題が生じるというのです。いつも念頭に置くべきことは、アメリカを第一にして、ヨーロッパは第二として結んでいかなければならないということです。もしヨーロッパを第一にして結んでいったなら、大きな戦争、世界史的な難しい問題が、遠からずヨーロッパ地域と太平洋沿岸のアジア地域にまで起こるというのです。これを予防するためにも、ソ連の指導層は経済的方向をあくまでもアメリカにおき、ヨーロッパを結んでいかなければなりません。これをほっておけば、問題が大きいというのです。（二一〇―一四二）

＊

今後、太平洋文明圏時代が来ます。西洋社会でもそう言っています。日本自体、島国ではできません。日本でしょうか、中国でしょうか。中国は第三世界、未開地に該当します。これを私が知っているので、摂理をこのようにするのです。韓国と日本を、アダムとエバとしてしっかりと定めたので、大陸と連結されます。中国は、それを信じても信じなくてもいいのです。しかし、中国は天使長圏です。中国には男性たちが多いでしょう。天使長。昔、女性がいないので、（逃げないように小さな靴で）足を締め付けたことがあるでしょう。青い竜ではありませんか。竜は天使長です。(一九四-二四七)

＊

イギリス、アメリカ、フランスの連合軍はキリスト教文化圏なので、韓国のような国をたくさん保護しました。太平洋戦争が三日だけ延長されていたなら、キリスト教徒二十万人が虐殺されていたことでしょう。神様が韓国を愛して、そのようにはなりませんでした。第二次大戦の時、韓国には爆弾は一つも落ちなかったでしょう。日本は廃虚になりましたが、韓国には爆弾は一つだに落ちませんでした。なぜでしょうか。天地が保護するからです。アメリカがキリスト教文化圏なので、そのように保護したのです。(二四〇-一二七)

＊

太平洋文明圏は、このようにしてアジア統一と世界統一に向かっていくのです。それで、失ってしまったすべてのものを蕩減《とうげん》復帰するのです。今、ちょうどそのように回っているでしょう。アメリカは天の側の天使長なので、サタン側の天使長三名はアメリカから支配されなければなりません。ですから、エバ国家の使命が大きいというのです。エバ国家にはどのような使命が残っているのでしょうか。貞操を守り、夫のそばにぴたっとくっついて、自分の存在の色合いを出してはいけません。女性には、自分のために存在しているものは何もありません。日本の富は、アジアのために使用しなければなりません。中東を越えて、ヨーロッパまで開拓するのに使用しなければなりません。(二五〇-一九二)

大西洋文化圏時代から太平洋文化圏時代に移動してくるにおいて、ここに主役になろうと浮気をしているのがソ連とアメリカです。彼らが主役をしているのですが、今後、世界を指導するためには、アジア人を消化しなければなりません。そうでなければ、指導できません。アジアの人口は、世界五十億の中で三十億に近いのです。五分の三を超す数をもっています。それゆえにアジア人を消化できない主義は、世界をリードできません。(一七三―一一九)

＊

アジアでは三十億が暮らしています。今、時は太平洋文化圏時代です。そのような時代が訪れました。歴史は河川文化、地中海文化圏を経て大西洋文化圏を回って、今、太平洋文化圏を中心として宇宙空間文化圏に跳躍する時代が来つつあります。これをいかにつないでいくかということが、世界の政略家たちが模索する問題ですが、彼らからは解決策が出てきません。私は世界で立派だという政略家たちをみな集めて、数多くの国際的な会議をしました。彼らの結論は、レバレンド・ムーンの思想だけがこの時代の希望だというのです。アメリカでもなく、フランスでもなく、ドイツでもなく、イギリスでもありません。ソ連でもありません。(一七四―一四八)

＊

迫りくるアジア太平洋時代は、一つの隣人として近づいた地球村の人類が、皮膚の色と文化背景を超えて、調和して生きるしかない世の中です。個々人の自己の存立のためにも、怨讐《おんしゅう》を想定できない和合の時代に行くように天運が追い立てています。私たち韓民族は、神様を中心とした強硬な思想的基盤と正しい価値観のもとで生活することによって、新時代の導き手にならなければなりません。私たちすべては、小さな利害関係を超えて、国際関係に対する冷徹な認識のもと、全民族的に団結した力を発揮して、アジア太平洋時代の主役にならなければなりません。(一九二―三二)

＊

有り難いことに、アジアの民族は三十二億暮らしているというのです。ソ連は白人国家です。風土的に見ると、不利な立場に置かれています。しかし、軍事的分野や政治的分野やあらゆる面において、中共を凌駕《りょうが》しているのが現在のソ連の立場です。ですからソ連は、どんなことをしてでも日本さえ手に入れれば、今後の太平洋の舞台を中心としたアメリカとの対決で、先手を取れると考えるのです。(一二―一六)

＊

地政学的に見るとき、日本は島国です。島国は、どのようにしても孤立しては生きられないのです。それゆえ、ある大陸と関係を結ぶべきですが、今は太平洋を渡ってアメリカ大陸と関係を結んでいます。彼らは四十年前には、第二次大戦を中心として怨讐でした。怨讐になって闘争した国民性をもっています。

ところで、日本はどこに行くべきでしょうか。太平洋を渡っていってアメリカに背負われるべきでしょうか。大陸に接するべきでしょうか。接するにはどこで接しなければならないか、これが問題です。最も近い道は、韓半島を通じて行くのです。シベリアを通じて接しても駄目なのであり、中共と接しても駄目なのです。中共に入っていって、混乱した中共を消化することはできません。

十二億の中共の国民を消化することはできません。また、膨大な共産世界の主導国家であるソ連を、日本は消化できません。このように見るとき、日本自体は仕方なくアメリカを中心として、韓国と連結しなければなりません。(一七七—一四)

＊

太平洋文明圏は、来たるべき父主義の版図を形成するための準備文化です。ここから統一的文化圏が展開し、結束された文化を終結しなければならないので、父母文化を中心として言語統一、文化統一、国家統一が展開されていくのです。そのような時になってくるのです。それが韓半島を中心として連結されてくるのです。(一九二—二五)

＊

今、アメリカの経済界や哲学界や思想界を問わず、みな「太平洋文明圏の主役だったアメリカはすべて終わった。東洋に行かなければならないが、どのようにして行くのか」と言っていますが、レバレンド・ムーンのしりをつかまなければならないということを、分からずにいます。それだけ教えてあげれば、すべて終わります。(一九五—一五八)

＊

統一国家圏を成す決着点は韓国です。韓国はアダム国家です。愛と生命と血統を連結し、新しい理想的な創造理想圏に立てる主人の本性を相続できる血統が、アダム国家から始まります。母の国と長子の国、そして次子の国々が一つになって、どこを訪れるのでしょうか。太平洋を越えてアダム国家である韓国を訪れるのですが、その時、韓国は日本から解放されるのです。(一九八—二三)

＊

太平洋文明圏が目の前に迫る環境を直視しながら、アジア帝国において、キリスト教文化の背景を民族を挙げて備え、受け入れ態勢を備えた国があるとするなら、それは日本でもなく、中国でもなく、ソ連でもなく、ただ韓国だけです。

皆さん希望をもってください。人類の五分の三以上が宗教の発生地であるアジアで暮らしていますが、韓国はその宗教の結実において王国になってきました。(二二―二六)

＊

太平洋文明圏時代は、韓半島を中心として展開します。日本は女性の子宮とちょうど同じです。これらが、一つにならなければなりません。それゆえに、日本はキリスト教が誤ったこと、イギリスが誤ったことをすべて蕩減《とうげん》復帰しなければなりません。また、ローマ教皇庁が誤ったことを、韓半島を中心として収拾しなければなりません。ローマ教皇庁の理想、キリスト教の理想である再臨理想王宮圏をつくり、イエス様の体をアジアで失ってしまったので、再びアジアでキリスト教文化圏を霊的、肉的に合同させ、統一文化圏が展開されなければならないのです。(二六―二四)

＊

アダム国家は韓国であり、エバ国家は日本です。そして、天使長国家は周辺のアメリカ、中国、そして、ソ連です。これは神様が選択するのです。日本も韓国を支配したでしょう。中国も韓国を占有しようとします。韓国を支配する国は、太平洋を支配します。今に太平洋文化圏時代が到来します。歴史的に知識人たちがみな発表しているでしょう。それで、ソ連も韓国、中国も韓国、アメ

リカも韓国を独り占めしようとするのです。(二三四—一一〇)

＊

韓国が既に四カ国を主管できる段階に入ったことを、世界の人々は知らずにいます。神様とレバレンド・ムーンとムーニーしか知らずにいます。これはどれほど有り難く、驚くべきことですか。今後、歴史の方向に対して世界の学者たち、経済学者、社会科学者たちは「太平洋文明圏時代が来る」と話していますが、太平洋文明圏の基地をレバレンド・ムーンがつくり、思想的な基地として立てて前進しているという事実を、世界が知るべし！　アーメンです。このように世界に夜明けが訪れ、太陽が昇るようになっているというのです。(二三九—一七四)

＊

南北統一は、金日成《キムイルソン》によってではなく、先生によって成るというのです。エバ国家、アダム国家、天使長国家を収拾することによって、太平洋文明圏が成り立つのです。太平洋文明圏がなぜそのように成り立たざるを得なかったかといえば、イエス様がアジアで体を失ってしまったがゆえに、アジアで天下統一の世界を再び復帰しなければならない基準があるのです。それで、世界的に太平洋文明圏が論じられるのです。アダムとエバ、三人の天使長が一つになることによって、世界は統一世界になるのです。歴史がそのようになっています。(二五〇—一九〇)

＊

アジアを中心として韓半島は男性の生殖器のように、日本は女性の陰部のようになっていて、太平洋文明圏を中心として見るとき、これはより大きな大陸、アメリカ大陸、中国大陸、ソビエト大陸、世界六大大州すべてが連結されている基準において、中心点を形成しています。これが、太平洋文明圏を成すのです。

太平洋文明とは、何を中心として成されるものでしょうか。今は中国と日本が中心だと考えていますが、そうではありません。大韓民国が、韓半島が中心にならざるを得ないのです。それは韓半島を地勢学的に見る場合、ヘレニズムとヘブライズムの交差点として、民主主義と共産主義、唯物主義と有神主義が世界的に対決している所であり、ここに結実体として悪の真《まこと》の父母である金日成と善の真の父母である先生が対立しながら、互いに消化しようとします。それは歴史の最後の終着点になりもするのです。これを一体化させる中心体が、大陸の男性の生殖器のように生じた半島であり、これは太平洋すべてを包容することができるのです。(一〇三―二三)

＊

アジアの半島である韓国は、大陸の生殖器、男性の生殖器を象徴します。日本列島は、北海道が頭です。そしてその下にある列島は、四肢を広げている女性のようです。ですから、日本がエバ国家です。その中で貿易の基地は、下関と四国です。下関の通交で、そこから西洋文化が広がったのです。太平洋をバックとし女性が脚を広げて関係を始めた、文化輸入の道です。しかし文《ムン》先生は地球をバックにして、太平洋文化、アメリカ文化を、天の文化を中心として韓半島文化でもって統一することでしょう。(一九五―二三)

二　「島嶼《とうしょ》国家連合」の創設

1.「島嶼国家連合」創設の背景

私たちが行く道は、国を復帰するものです。国を取り戻すのに、日本という一つの国は必要ありません。国を取り戻すには、超国家的基準で取り戻さなければなりません。そうするためには、国連を背景として一つの国を取り戻さなければならないのです。ところが、国連が話を聞かないので「島嶼国家連合」をつくったのです。これはアベル的国連です。その次には「半島国家連合」をつくったのです。そうして六大州の国家連合を、みなつくっておいたのです。(二八二―一八五)

＊

私は韓国を離れて、世界版図の上で位置を復帰しなければなりません。国家的メシヤが駄目ならば、世界的メシヤの立場で越えるのです。十二の国さえ立てれば、すべて成されるのです。ですから、「島嶼国家連合」、「半島国家連合」、「大陸国家連合」をつくったのです。「これで国連と折衝しなさい」と言ったのです。四大連合である「女性連合」と、「青年連合」、「学生連合」、「宗教連合」を国連に加入させようとするのです。それが駄目なら、新しい国連をつくるのです。国連にはもはや主人がいません。そこに「真《まこと》の父母の日」もつくり、国連の万年事務総長にも父母様を……。そうすることのできる内外のあらゆる内容ができているのです。みなそのように思っているのです。(二八二―一六九)

＊

今は王権復帰時代なので、「島嶼国家連合」、「半島国家連合」、「大陸国家連合」をつくったのです。北米大陸はあきらめてもいいのです。アジアと南米を中心として、カイン・アベルで結べばいいのです。そのような時代になるのです。国家定着の摂理観を超越するために世界へ回るのです。中心を求めれば三六〇度回るのです。摂理国家を思いのままに選ぶ権限があるのです。(二八三―一二八)

＊

国連が責任を果たせないので、「島嶼国家連合」と「半島国家連合」をつくるのです。宗教人を中心としてアベル国連をつくらなければなりません。今の国連は体を身代わりするのです。体はサタン側を象徴します。心的国連がありません。これらが一つにならなければなりません。ですから、つくらざるを得ません。(二八五―一八二)

＊

エバ国家圏はいくらでもあります。これを防止するために「島嶼国家連合」をつくり、「半島国家連合」をつくり、「大陸国家連合」をつくりました。日本を救うために東西南北に引っ掛けて、船を沈没させないようにしました。それで、私が提示したことに効果があれば、新しい国連を、アベル国連をつくるのです。ですから、「島嶼国家連合」や「半島国家連合」、「大陸国家連合」をみなつく

っておいたのです。（一八六―一三二）

＊

今、「島嶼《とうしょ》国家連合」を創設し、あるいは「半島国家連合」、「大陸国家連合」を創設するのです。低開発国家がどれほど多いですか。先進国家は、わずかＧ７（西方先進七カ国）だとかＧ８（先進八カ国）しかありません。世界を動かす経済圏を中心として見れば、何カ国にもなりません。ですから、これは問題にもなりません。それを糾合すべき時が来たのです。（一八八―一〇六）

＊

大移動の時が来ます。国連を中心としてすべきですが、国連が先生を受け入れないならば、アベル国連をつくるのです。それで「島嶼国家連合」をつくりました。「半島国家連合」、「大陸国家連合」をつくりました。各国の大統領たちは「先生が早く理想的な世界家庭を完成しなければ理想世界が生まれないというのが、先生の教えであり、神のみ旨の道ではありませんか」と言いながら、立ち上がる者たちがたくさん現れるようになりました。

国連の事務総長を中心として消化運動を推進しているのです。それで、「国連の会議場にも十六名くらいは来なさい」と言えば、みな先生のところにすぐ来ます。大会をして事務総長を参加させ、新しい平和の道に行く架け橋になるのが、文《ムン》先生の「家庭連合」です。（一八九―一五五）

＊

東洋医学と西洋医学の統一、これが問題です。それもするつもりです。また「国連大学」を今つくっています。その万全の準備をみなやりました。そして、先生が「世界平和島嶼国家連合」をつくったでしょう。日本が陥没したので日本に対峙《たいじ》できる「島嶼国家連合」、その次には「半島国家連合」、それから「大陸国家連合」もみなつくりました。（二八九―一六七）

＊

島国であるフィリピンは、アメリカのエバ国家です。エバ国家も日本が責任者です。ここに台湾とフィリピンが三位基台を成します。台湾とフィリピンまで世界的エバ国家として、島嶼国家を中心として人類を動かすことができます。そのようなことのできる準備をしました。「島嶼国家連合」だとか「半島国家連合」だとか「大陸国家連合」だとか、みな結んでおいたので、九月にそれを国連に建議しようと思います。（二九一―二四〇）

＊

母がいなくても、身代わりを立てることができます。「日本が責任を果たせなかったものを、世界の人々に母として買って食べさせ、もうけて食べさせられなかったものを、あなた方、娘がやりなさい」と言えば、しなければならないのです。誰が早く復帰されなければならないのでしょうか。日本より台湾、フィリピン、カナダが早く復帰されなければなりません。日本が駄目なら、この三つの国が入って、日本をもち上げなければなりません。それで、私たちは「島嶼国家連合」をつくり、「半島国家連合」、「大陸国家連合」をつくり、新しい国連を構成することのできる基盤を築いたのです。（二九二―一六二）

＊

先生を迎えるために、アラスカのコディアックでさえ準備しています。フィリピンの闘争、激戦で勝利しました。日本が闘争しなければならないのに、日本の代わりに闘争したのです。日本は島国の王国です。島が七千近くもあります。それを一日に一つずつ回っても、二十年はかかります。「島嶼《とうしょ》国家連合」と同じくらいの数です。そのような日本を切り捨てて、フィリピンを立てることができます。台湾もそうです。台湾は中国のエバ国家です。フィリピンはアメリカのエバ国家です。第二次大戦前はアメリカの占領地でした。日本とアメリカが占領して分割されたのです。（一九五—一〇九）

＊

もう最後になりました。もし国連が反対すれば、国連をけ飛ばして私はアベル国連をつくるつもりです。島嶼国家なら「島嶼国家連合」をつくり、また、「半島国家連合」をつくり、「大陸国家連合」までみなつくりました。人々は「国連を信じないで、私たちがアベル国連をつくりましょう！」と言うのです。そうなれば、世界はどこに従うと思いますか。その目的とは何かというと、青少年と家庭を教育しようというのです。（一九九—一七三）

2．創設大会概要

一九九六年六月十六日から十八日まで、日本の東京にある京王プラザ・インターコンチネンタル・ホテルで「世界平和島嶼国家連合」創設大会が開かれました。この席には、アジアとオセアニア地域のオーストラリアおよび日本をはじめとする二十七カ国、アフリカ地域の五カ国、ヨーロッパと地中海地域のイギリスをはじめとする五カ国、西半球とカリブ海地域のカナダを含む十五カ国など、合わせて五十二カ国から、カナダのマルリーニ首相をはじめとして前・現職国家元首を含む百名余りと、日本側の関係者九百名余りが参加しました。（注：この一文は「世界平和島嶼国家連合」創設の概要であり、文鮮明先生のみ言《ことば》ではありません）

3. 創設大会基調演説

人類歴史において文明発展の流れを眺望してみる時、大きな川の周辺から勃興《ぼっこう》した古代文明は、ギリシャ、ローマ、そしてイベリア半島を含む地中海沿岸を経て伝播《でんぱ》されてきました。そしてこの文明は、ドイツ、フランスを含むヨーロッパ大陸を通し発展し、島嶼国家であるイギリスを中心とした大西洋文明の形態でもって、ユダヤ・キリスト教文化が結実しました。

そののちに、文明はアメリカ大陸を通して西の方向に流れ、現在は島嶼国家である日本を中心とした太平洋時代の文明に発展しました。これはユダヤ・キリスト教的文明が、アジア地域に広がったことを示します。

私たちが神様の摂理観から文明の流れを概観するとき、今日、島嶼文明として天の運勢をもっている国は日本だということが分かります。二十世紀を結実する境目にあって、日本は神様の摂理において人類歴史に注目される立場にあります。そして、日本の現在のような復興は、神様を通したユダヤ・キリスト教摂理に関連して説明されるしかないのです。もし、日本が神様の摂理的計画において一つの役割を担っているなら、私たちは、日本が神様の摂理においてもっている摂理的責任について耳を傾けなければなりません。その理由は、神様の摂理の目的が世界平和の実現であり、世界平和はすべての人類の希望であるからです。

すべての島嶼《とうしょ》国家が平和世界創造のための「島嶼国家連合」として、一緒に集まって、互いに寄与するならば、人類歴史においてこの上ない希望を提供することでしょう。このような希望と基台をもって、私は「世界平和島嶼連合」を創設しようと思います。私は全世界の島嶼国家が日本に与えられた天運を相続し、世界平和追求のための彼らの集団的な努力の傾注によって、世界平和は実現できると確信しています。

島嶼国家の特徴は何ですか。地球の表面は、陸地と海で構成されています。今日、科学は「最も単純な最初の生命の形態が海から出現した」と説明します。これは、海が生命を妊娠して養育する母の役割をするということを意味します。このような意味から、海が女性の特性を象徴するものとみなされるならば、陸地は男性の特性を象徴するものと理解することができます。そして海に位置した島嶼国家は女性を象徴し、大陸と半島国家は男性を象徴するものと考えられます。

霊的な側面において、私たちは、「島嶼国家は対象性、依存性、滋養性、忍耐、そして感受性など

て供給性などの男性的特質を所有している」と見ることができます。他方で、「大陸国家は、主体性、創造性、そして供給性などの男性的特質を所有している」と見ることができます。

島嶼国家は、女性の人類歴史において占有してきた役割を、遂行すべき位置にあると見ます。女性は、結婚して伝統的に彼らの夫を全身全霊で愛し、奉仕しなければならない者とみなされてきました。彼らの配偶者から愛を受け子女を出産することによって、このような躍動的な関係を通じて、女性は彼女自身を輝かせて花咲かせます。母として女性は、子女を養育する重要な責任をもっています。

このように島嶼国家は、それと似た役割をしなければならないと考えることができます。

一九四五年、第二次世界大戦が終わった時、世界のキリスト教は神様の救援摂理史において非常に重要な時点にありました。イギリス、アメリカ、フランスのようなキリスト教の国々は、その当時、神様の摂理の中心国家でした。第一次、第二次世界大戦で、この三大主要国家であるイギリスとアメリカとフランスは、連合軍の中心として、民主主義のために闘いました。

神様の希望は、これら三大主要国が自国を中心とした国家主義に陥らず、世界平和の実現のために奉仕と犠牲によって、人類のための奉仕をすることをもって、神様の愛を実践するために彼らの力を結集することでした。

一九四五年、第二次大戦の終戦は、国際連合の創設を通し、永遠な平和を実現する機会を提供しました。しかし歴史的な現実は、世界平和の実現ではなく、共産主義の膨脹と、キリスト教の国々の霊的堕落と道徳的崩壊を通した数多くの葛藤《かっとう》として現れました。人類は、四十年以上アメリカとソ連の間の冷戦を経験しながら現在まで続いている、霊的な荒野時代を通過してきたのです。

私は、神様の創造計画を基盤とした世界平和のビジョンを実現し、神様の理想と摂理を説くために、全世界をあまねく回っています。このような目的から、私は数多くの国際機構を創設しました。しかし、このような路程は長く、私たちすべてが今後しなければならない数多くのことが横たわっています。

神様の理想とは何でしょうか。神様の創造理想は、平和世界の実現です。そのような世界では、分裂と葛藤は、これ以上存在しません。そのような世界は、調和と統一の喜びに満ちた世界です。このような目的を実現するために最も早い手段は、真《まこと》の愛を通すことです。真の愛は、統一の要素であり、喜びと幸福の根源です。ですから平和の先決条件は、真の愛です。

人類がまだ真の平和を成し遂げられない理由は、人類が真の愛について分からないからです。なぜでしょうか。解答は聖書に記録されているように、人類が神様から遠ざかったからです。人類の最初の先祖が堕落した以後、アダムとエバは神様の祝福なく家庭を出発しました。それ以後、平和はこの世界に存在しなくなりました。代わりに分裂と葛藤、闘争がこの世を支配しました。個人の次元で心と体の闘争、家庭で夫と妻の葛藤、そして社会の中での葛藤すべては、日常的な面において限りなく正常なものとみなされました。

私は、あらゆる人類の問題が真の愛の根本的な喪失から始まると考えます。人類の堕落は、真の愛の喪失を意味します。結果的にイエス様は、アダムとエバが失ってしまった真の愛を復帰するために、真の愛の王としてこの地に来られました。このような脈絡から、再臨主も真の愛を復帰するために来るのです。これが、救援摂理史的観点から見つめた明確な結論です。

私の全生涯と世界平和のための努力とは、いかにして人類が真の愛を回復するかに焦点が集められています。私たちが今日、世界の道徳的堕落を目の当たりにするとき、神様の悲しみがどれほど大きいか、想像することもできません。このような世界の堕落を見つめることは、私の心情を引き裂き、悲しみの涙を流させます。

ソドムとゴモラのような不倫と姦淫《かんいん》の害悪は、いわゆるフリーセックスという名目で、若者たちの霊魂に傷を与えています。神様の最高の悲しみは、このように無責任な堕落のどん底に陥りつつある人類を見つめることです。

人類歴史は、アダムとエバの堕落で知られる悲劇の歴史から始まりました。私たちすべてにこの問題に耐え、解決すべき責任があるということは、否定できない事実です。しかし、私たちが聖書の中で、エバが、堕落して罪の歴史を始めた最初の張本人だという事実を見るとき、私たちは、人類歴史において女性がエバの堕落を蕩滅《とうげん》すべき一時代が必ず来るであろうと、摂理的な立場から知ることができます。

二十世紀において真の解放を追求する女性運動のような理念的な傾向は、今、女性が世界平和のために立ち上がり始めたということを意味します。私は、そのようなことが神様の摂理だということを知ったので、一九九二年四月、私の妻と共に「世界平和女性連合」を創設しました。

女性の時代は、一九九〇年代になって世界的な趨勢《すうせい》になりつつあり、これは二十一世紀に進展していくことでしょう。私たちは、愛と協助、決断と調和の精神が、世界平和に向かう歴史的な寄与を完遂するものと考えます。全世界的な女性の時代は、島嶼《とうしょ》国家時代が、女性の特質を抱くようになるということを意味します。このように女性の時代と島嶼国家時代は、密接に互いに連結されています。女性が世界平和のために立ち上がる時代は、正に島嶼国家が全世界的な協助のために出ていくべき時代なのです。今や、島嶼海洋国家に、世界平和実現のための、彼らに栄えある歴史的な使命を完遂すべき機会が来ました。これよりも大きい使命がどこにあるでしょうか。

「島嶼国家連合」がこのような献身と奉仕を拡散させるとき、希望の光は人類の未来に明るく照らされることでしょう。島嶼国家は究極的に、大陸に向かうしかありません。これは女性が男性と愛の関係を求めるのと同じ原理です。これは多分、島嶼国家の生存条件だともいうことができます。こうして島嶼国家で遂行された世界平和のための多様な活動が、究極的に大陸国家に良い影響を与えなければなりません。このようにして世界平和実現のための島嶼国家の努力の肯定的な影響が、大陸の領域に広がるとき、世界平和実現に大きな進展が成されることでしょう。

二十一世紀は、人類がそれほど渇望してきた天国の明るい黎明《れいめい》が、この地上に輝く新しい千年になることを、強く希望しています。「世界平和連合」、「世界平和宗教連合」、「世界平和女性連合」、「世界平和青年連合」、そして「世界平和学生連合」「世界平和島嶼連合」と共に調和と平和に向かう重要な役割を完遂することを確信します。究極的にこのすべての機構は、「世界平和家庭連合」として結実することでしょう。その理由は、家庭は平和のための最後の砦《とりで》であり、家庭制度の再構築を通すことなしに、全地球的な統一を成し遂げ得る道がないからです。

民族と人種、そして宗教を超越した理想に基づいて、若い世代を徹底的に教育することによって「世界平和家庭連合」は理想家庭を完成し、地球星の中にいるあらゆる人々が、真実で永遠の平和を享受できる一つの地球家族理想の歴史的偉業を達成できることでしょう。皆さんの「島嶼国家連合」は、「世界平和家庭連合」の至高な目的に最善の寄与をすることでしょう。（九六・六・一六、日本で語られた「二十一世紀における島嶼国家の役割」というタイトルのみ言《ことば》）

三　ハワイを中心とした海洋摂理

1. 日本とハワイ

日本がハワイのパール・ハーバー（Pearl Harbor：真珠湾）をなぜたたいたのかといえば、その背後のアメリカを押さえることなくして、中国や韓国を保護することは不可能だという結論が出たからです。それを知らなければなりません。韓国や中国を保護するために真珠湾を打ったということを知らなければなりません。アメリカの歴史家たちもそれを知らないことでしょう。先生はそのように見ています。（二一―三三）

＊

小さな日本が大東亜戦争を起こして、戦いを挑んだでしょう。なぜハワイをそのように攻撃したと思いますか。勉強していた留学生たちを人間扱いしないので、「今に見ていろ。十年、二十年後を見ていろ。お前をやっつける」と、このように反対に釘《くぎ》を刺したのです。留学生たちがそのように考えるので、神様がそのように助けるのです。十年勉強している人は、十年間「お前に勝たなければならない」と言い、二十年勉強している人は、二十年間「お前を踏みつける」と言いながら勉強

していたのです。(一九二―一九)

日本人は、アメリカをやっつけなければならないという決心をしなかったでしょうか。それで、真珠湾を不法に攻撃したのです。これについては、アメリカの歴史にもそのようには書かれておらず、日本の歴史にもそのように書かれていません。摂理的に見るとき、そのようになったということを知らなければなりません。これは間違いない事実です。日本がアメリカの真珠湾を不法に、ただ攻撃したのではありません。原因は十分だというのです。では、宣教師たちは何をしたのでしょうか。それを見れば、政治的な要素をコーチしたという話です。(二一―一五二)

＊

アメリカという国は、インディアンの国だったでしょう。ハワイに行ってみると、「やあ！　こんな国もあるんだなあ！」と思いました。そこには日本人が三〇パーセントいて、白人たちが二九パーセントにしかならないので、白人たちが迫害されるそうです。そのような話を聞いたとき、私の気分は悪くありませんでした！　「やあ、日本人たち！　私がアメリカで反対された、その反対に蕩減《とうげん》しなさい！」と言えば、どれほど格好よく蕩減するでしょうか！　そうなれば、その人たちがみな、白人を追放するだろうという気持ちがして、「そうであってはいけない！」とも考えました。「三〇パーセントの家庭と二九パーセントの家庭をみな結婚させておけば、完全に統一できる」と思いました。それで、「アメリカ大陸にみな移せば、どれほど復帰摂理が簡単だろうか！」とも考えました。それで、私がハワイで暮らそうと、基地をつくり、船も買って準備をするのです。ハワイに

行こうと思います。太平洋文明圏が訪れるではないですか。(二六一―二七五)

2. ハワイが海洋摂理の中心になる理由

ハワイに行きたいでしょう。そこに今、天国村をつくろうと土地をみな買いました。家も建て、船もみなもってきました。それはすてきでしょう？ そこは一年間、四季を通して雨が降らないので、釣り場としては世界にない所であり、そこでは春夏秋冬の季節が一つの谷間でみな調和するのです。

あちら側は毎日のように雨が降り、雷が落ちますが、こちらは一年の全季節、雨が降らない所です。世界の中でそのような所が、私が来る時まで待っていたということを知ったがゆえに、今回、その全体のために教育化運動をしているのです。(二三一―六〇)

*

アメリカ人の食口《シック》に、ハワイ島を主管するための運動をさせています。今回、「平和女性連合」を中心とした家を造り、夫人たちに私が電話だけすれば、お金も使うでしょうし、あらゆることをすることでしょう。これと拍子を合わせて、国民教導の枠組みを編成して、ハワイ群島を神様が泳ぐことのできる足場にしようという、先生の驚くべき構想を称賛によって歓迎しましょう！ アーメン！(二三一―六〇)

イエス様がメシヤとして来た所もアジアです。アジア統一圏のために体を失ってしまったのを取り戻し、霊的勝利圏とともにキリスト教文明を通して、新しい体としての版図であるアジアを統一すべき立場にあります。この西欧文明がアジアに入るのに、中間である混合、和合文明を中心としてしなければならないので、太平洋文明圏時代が来るのです。西欧文明が太平洋文明を中心として融合します。ここにおいてどこが問題になるかといえば、ハワイです。(二三九―二九八)

*

御存じのように、アメリカの歴史は、東から西に向かって国家を形成し、文明の起源を発生させました。そうしてハワイを中心として、太平洋圏を動かすことのできる主導的基盤を強固にしました。(七九―七二)

*

アメリカは五十二の州です。ハワイも一つの州でしょう？　ハワイでは本土の人が少数民族です。そして多数民族が有色人種です。それゆえにハワイに行った人々は、長く滞在せずに本土に帰ってくる場合が多いのです。互いに争ったりして、あまり長続きしないので、そこにレバレンド・ムーンが入っていって、和解させるためにハワイ島に基地をつくりました。レバレンド・ムーンには権力があります。知識もあり、財力もあります。(二一七―一四三)

*

「ハワイ」という言葉は、韓国語では「してきなさい（ヘワラ）」という意味です。エバ（注・韓国語でヘワ）と通じるのです。エバは「仕事をしてきなさい」という意味ですが、ゆっくりと言えば、「ハワイ」になるのです。西欧文明とアジア文明を中心として交流する版図になったのですが、これがアメリカの領土だと思っていたら、日本の領土になりつつあるというのです。そこに文総裁《ムン》がこれを一つにするために、現在、教育をしているのです。これを誰が教育するのでしょうか。渦巻きが起こらなければなりません。ハワイの領土を中心として今、世界的な版図を編成する仕事をしているのです。（二九―一九八）

＊

太平洋文明圏がやって来るではないですか。それで、「パシフィック・リム・ディベロップメント・カンパニー」（Pacific Rim Development Company）というものをつくりました。そこにはアメリカも入り、オーストラリアも入り、南太平洋、太平洋がみな入るようになります。

このようにして「アメリカの人々に恥をかかせよう！」と、今仕事をしています。そのように命令をしてきました。その時に、ここにいる日本の女性たちが、ハワイで結婚した女性より駄目ではいけません。「大陸で伝統をつくり、お姉さんとしてこのような伝統をつくったから、ついてきなさい！」と言えば、「イエス！」と、こうならなければならないのであって、反対するようにはなっていません。（二六―二七五）

＊

先生が船に乗ってハワイに行くというとき、ハワイについて来なければなりません。国がないときは仕方ありません。先生も寝ても覚めても神の国を探し求めるのです。神の国はこの地球星です。

皆さんがここで民になってこそ、天国に入るのです。その時、民になれなければ、死んであの世に行って待たなければなりません。(二八—一三)

第四章　神様の摂理から見た海洋文明

一　人類文明史と発展の推移

1. 文明圏を中心とした世界歴史の流れ

私たちが歴史発展過程を注意深く見てみれば、人類最初の文明であるエジプト文明は、ナイル川を中心とした河川文明です。すなわちエジプト文明は、ナイル川を母胎として発祥した文明だというのです。また、このエジプト文明は、どのようにして発展したのでしょうか。エジプト人は「川の向こう側には何があるのか」と気になっていました。いつも川の向こう側に行ってみたいと望んでいたのですが、それがエジプト文明を発展させる精神的な背景となったのです。このような河川文明時代が過ぎたのちに、地中海文明が建設されました。向こう岸を見つめる切実な心、希望の心情が動機となって人類社会が発展してきたのです。そして、向こう岸に向かう切実な心情が文明の革命を起こした、ということを皆さんは知らなければなりません。(五一―四三)

*

文明の発展路程を考えてみるとき、古代文明は熱帯圏文明、今の文明は温帯圏文明、このように逆に上がってきています。古代文明は熱帯文明に属し、今の文明は温帯圏であるにもかかわらず、この温帯圏文明は春に向かうのではなく、秋に向かいました。ですから、ここには共産主義を中心とした寒帯圏文明が侵犯していくのです。(四九―三二四)

*

文明の発展段階を見れば、文明が一つの形態として現れるためには、ある過程が必要だということを知ることができます。必ず文明が芽生える季節を通るのです。夏の季節と秋の季節を通り、それから冬の季節を通って、一つの宇宙的な春の季節の文明圏として発展していく、ということを私たちは推理できるのです。(六六―一八六)

*

神様がいらっしゃるなら、神様はどのようなことを喜ばれるのでしょうか。もちろん、季節も春夏秋冬すべて喜ばれ、人も少年時代、青年時代、壮年時代、老年時代と、すべてお好きです。人間を見れば、白人、黒人、黄色人、紅人種など、五色人種がいます。それでは、神様はどのような人を好まれるのでしょうか。神様は、白人も好まれ、黒人も好まれ、黄色人も好まれ、赤人も好まれます。世界が全体的な因縁によって動いているという思想で見るとき、歴史の発展も同じです。文明の発展史も同じです。(七二―一〇〇)

*

神様のみ旨とは、すべての文明の発展を糾合して一つのみ旨の世界、一つの統一された世界、一つの理想世界を実現することなのです。それゆえに、西欧文明が初めてアジア文明圏と接することができる動機、世界史的な動機を成し遂げるために、民主世界を主導するアメリカがアジアで全面的に責任を負ってきたのです。このような摂理史的な意義があるにもかかわらず、アジアのベトナム戦争を中心として、アメリカが強力に責任を遂行することができず、後退したがゆえに、摂理史に莫大《ばくだい》な被害をもたらしたというのです。（七八―二〇八）

＊

今後、どのような文明時代が来るのでしょうか。春の季節文明時代が来るというのです。人類が堕落しなければ春の季節から始まったのですが、堕落することによって夏の季節から始まりました。春の季節の文明は永遠に続くことができるのです。夏の季節の文明は、なぜ永遠に続くことができないのでしょうか。結実を結ぶための調和というものは、すべて春の季節に展開するようになっているのであって、夏に展開するようにはなっていないということを知らなければなりません。種が結実するには、春の季節を経なければならないのです。ですから、今までこの堕落した世界の文明圏は、種のない文明として流れてきたので、絶対に生命に接近することができないというのです。したがって冬の季節の文明を迎えても、春の季節の文明を迎えることができないのです。（一〇七―一九八）

＊

人類歴史の文明発展の流れを見れば、河川流域から発生した古代大陸文明がギリシャ、ローマ、イベリアなどの半島文明に移動していきました。この半島文明は、イギリスを中心とした島嶼《とうしょ》文明に移り、この島嶼文明は再びアメリカを中心とした大陸文明を経て、日本の島嶼文明に戻ってきました。今この文明の巡礼は、韓国において半島文明として結実しなければならないと見るのが摂理観です。（二七九―二〇八）

＊

世界文明の方向は、世界を一周しながら発達していきます。すなわち、エジプトの大陸文明、ローマとギリシャの半島文明、イギリスの島嶼文明、アメリカの大陸文明から再び西に進み太平洋を渡って日本の島嶼文明を経て、ついに韓半島文明として集結し、アジアに連結していくのです。ここで結束する文化は、高次元的文化として新世界を創造して生み出すはずです。(二一五―一七)

2. イスラエル、ローマ、イギリスが失敗した理由

半島的な地形をもっている所が世界的な文明の発祥地になりました。その中で最も代表的な所がローマです。地中海は、男女が夫婦関係をするのと全く同じ形状です。それゆえローマは、千年以上の歴史を経た今でも、世界の強国の中心国家として定着しているのです。特にローマの法律は世界的です。それゆえに「文明はローマから」という言葉が出てくるのです。世界統一もローマから始まらなければならなかったのですが、ローマがその使命を果たすことができなかったのです。(二二九―六九)

＊

陸地と島を見れば、半島は生殖器と同じです。文明の発展は、いつも半島を通じてなされます。イベリア半島やギリシャ半島、イタリア半島など、すべて半島です。イタリア文明圏が千年を越えてもなぜ滅びないのですか。地中海は、ちょうど女性の子宮と同じです。それを占領しています。それゆえに、今までイタリアは、患難と滅びざるを得ないすべての環境を越えて、歴史に綿々と残

っているのです。これが滅びるならば、人類歴史の復帰や救援による解放はないというのです。(二三一—四八)

＊

教皇庁を中心としたイタリアが男性宮です。ドイツやフランス、イギリスが中心ではないのです。千年以上の文化背景をもっている所はイタリアです。法が変わらないのです。なぜそうなのでしょうか。イタリアは男性の身代わり、地中海圏は女性の身代わりだからです。本然的基準のことを話しているのです。男性と女性が愛することのできる環境と、ぴたっと同じだというのです。イタリアは男性の生殖器と同じであり、地中海は女性の生殖器と同じです。これが一つになるのです。この西洋において教皇庁が天下統一することのできる基準をもつことができなかったので、東洋に帰ってくるのです。(二一九—八五)

＊

真《まこと》の父母が現れて、なしていることとは何ですか。神様の愛のない死んだ世界からサタンの愛を除去して、神様の愛を通して全人類を再び生命の世界に接ぎ木するのです。そのように、復活させるための闘いをするということを知らなければなりません。イエス様が生まれたユダヤの国は、地中海を中心としています。

本来、神様の摂理は、アジア大陸を中心として出発してきました。東洋にヒンズー教を立て、仏教を立てたのです。中国には儒教を立て、シリアとかイラクのような所には、ユーフラテス川を中心としてゾロアスター教を立てるなど、宗教圏をつくりました。この三角圏内において、ユダヤ教を中心として世界を統合しようとしました。ところが、イスラエル民族の十二支派が一つになることができなかったので、サタン世界であるローマが占領しました。今、中東のすべての民族は、モーセ時代に編成された十二支派です。これが一つになれなかったのです。(二五一―五二)

＊

歴史の発展の中心は、何が最も重要だと言いましたか。それは生殖器です。大陸に連結した半島は、男性の生殖器のようです。それで、このような男性の生殖器をまねた所は、世界文化の発祥地です。結実地になるのです。このように思うとき、イタリア半島は男性の生殖器になり、地中海は女性の子宮になるのです。完全に女性の陰部と同じでしょう。地中海というのは、この地上における歴史上、初めて文化摂理の基準で文化の起源を統合させた所です。ローマ文明の偉大さを否定できません。法律などのローマの文化は、今でも歴史に相当な影響を与えています。

それで、イタリア半島は男性の生殖器のようであり、地中海は完全に女性のものと同じであり、それは一つになっています。それで、アジア大陸、アフリカ大陸、そしてヨーロッパ大陸を連結させる、その中心部になっているのです。(二二三―三三)

＊

地中海は女性の子宮と同じです。イタリア半島周辺で、女性でいえば生殖器がぶら下がる位置にあるのがユダヤの国です。本当に不思議です。女性の子宮の最も深い位置にあるのがイスラエルの国です。ここで主が生まれたのです。ここで生命の根源が現れて問題になるのです。それが戻ってきて世界的版図を成し遂げて、半島を中心として地中海を経て、大西洋と太平洋を経て、その半島文化圏を中心として世界統合が展開しなければならないのです。これは、本来イタリアを中心とし

て統一されなければなりません。(一九一―一〇七)

＊

ローマとイスラエルは東西関係、ギリシャとエジプトは南北関係です。ユダヤの国がそのようになっていませんか。ユダヤの国を中心として見れば、すべて地中海を中心として受ける所です。そして、ローマを中心として完全に地中海一帯が統一されたとするならば、アジアが中心になるのです。アジアを中心として完全に一つの世界になるのです。そのようになれば、そこで東西の統一が展開したのです。東西文化の統一が展開するはずだったのですが、統一されなかったので、西の方に回って、再び東西の統一圏に向かって訪ねていかなければならないのがキリスト教の歴史です。(一八九―七二)

＊

地理的に見るとき、ローマとユダヤの国の間には地中海があります。地中海を経ていくようになっています。イエス様が何かの手段でも使って死を免れようとすれば、免れることができる立場だというのです。またその時、イスラエル民族は、四百年間数多くの国に圧迫されてきたので、全員が民族精神によって団結できる時でした。それゆえに、時をつかんでローマに対して反旗を翻していくことができる、そのような時でした。その時は、ローマの政治体制がユダヤの国を思いのままに指揮できる最高の基準を越えて、退廃の道に向かっている時でした。歴史的な背景がそのようになっていたので、イエス様を中心にして団結さえしていたならば、その時にユダヤの国を中心として必ず問題が起きたのです。(一五二―三六)

＊

ローマは、地中海一帯の文化圏を形成していたので、世界を支配できる背景をもっていました。イスラエルがこのようなローマと連結して世界的な基盤がつくられていたならば、世界はイエス様を中心とした一つのキリスト教文化を形成し、統一的基盤を完全に形成することができたはずでしたが、これを失ってしまったのです。イスラエルの国がローマの属国になったのは、より大きいローマにかみついているイスラエルの国だけを引っ張れば、ローマをはじめとしてすべての世界を釣ることができたからです。今日、そのような立場にいる国が大韓民国です。（三七―四五）

＊

ユダヤ教とイスラエル民族が一体になったとすれば、ローマの王などは問題ではなかったのです。彼らが一体となって国家を立ててローマを併合し、地中海全般にわたるローマ文明圏をイエス様の指揮のもとに入るようにすれば、世界統一は問題ありません。神様は、それを基盤として全世界を復帰し、イエス様を中心として地上天国の理想を成し遂げようとしましたが、そのみ旨が成されなかったのです。そして、数千年間死の犠牲を払い、今ついに世界的な第二イスラエル圏を成し遂げました。しかし、昔のように第二イスラエル圏のキリスト教には、地上に国がありません。それは、イスラエルがイエス様を殺した罪を贖罪《しょくざい》する期間として、二千年間放浪しながら世界万民から虐待を受けたからです。このように蕩減《とうげん》の鉄則には許しがありません。（三五―一七〇）

＊

その当時、地中海文化圏を中心として、ローマ帝国が世界的な版図に号令できる基盤を築くようになったのは、サタン世界のカイン型代表国家としてローマ帝国を立てておいたからです。ここにイスラエルをアベル型国家として立て、カインであるローマ帝国を屈服させることによって国家と世界を蕩減《とうげん》復帰し、願った天国を成すことが神様のみ旨でした。それが二千年後に繰り返され、今日のアメリカがそのような立場にいるというのです。それでは、イエス様は死ぬべきだったのですか。(二三―二九五)

＊

本来、神様のみ旨は、アジアを中心として世界を統一することでした。それが、ユダヤ教を中心としてイエス様を殺すことによって、その福を誰がもっていったのですか。ローマがもっていったのです。それを取り戻そうとするので、ローマを中心として再び世界を一周してアジアに行かなければならないというのです。なぜですか。ローマが福をすべてもっていったからです。ユダヤ教が受ける福をすべてローマがもっていったのです。それがローマ、イタリア半島を中心として、イギリスを中心として太平洋を渡り、アジアに行く道です。そのようにして、第二次大戦でアジアの全域を掌握しました。全体を掌握できたというのです。(九二―一七五)

＊

本来イエス様が死ななければ、アジア大陸を中心として出発しなければなりませんでした。大陸で連結され、大陸で勝利しなければならないのですが、大陸を失ってしまったので、地中海を中心とするイタリア半島に教皇権を中心として定着しました。それゆえに、彼らが行くべき所はどこですか。大陸から半島を経て帰る所は島国です。島国へ行かなければならないのです。それで、イタリア半島を中心とした大西洋文明を経て行かなければなりません。大西洋文明とは地中海文明です。地中海文明圏を中心として、ローマ教皇が責任を果たせずに新教と旧教に分かれることによって、今まで地中海文化圏の大移動が展開されてきたのです。それで、イギリスを中心としてアメリカに連結させることによって、大西洋文化圏が形成されました。(一八八―二〇五)

＊

地中海文明圏の中心だったギリシャ文明やイタリア文明は「ヘレニズム」と呼ばれ、人間を中心とした宗教形態を備えて現れてきたものです。そこに、イスラエル民族を中心として、唯一神を中心とした「ヘブライズム」が合流して、ローマで一大闘争を繰り広げて勝利したのです。それが中世紀のローマ教皇を中心としたキリスト教世界です。そのような基準を中心として、キリスト教は、島嶼《とうしょ》文明圏であり、新教を中心としたイギリスを基地として世界的に発展しました。世界的な宣教本部を設置して、急進的な発展をしたというのです。このような摂理の基盤を中心として、文明はだんだんと世界を一周し、地中海文明圏から大西洋文明圏を中心としたイギリス、それからアメリカ文明圏から太平洋文明圏を中心として再び一周して、イギリスに相当する立場の日本に渡ってきました。(七八―三〇九)

＊

イエス様がアジア圏の陸地に着陸して世界統一をしようとしましたが、追い出されることによってローマに行きました。陸地から半島に追い出され、半島から島国に追い出されながら再び世界の版図を取り戻してくるのです。それで、アメリカ大陸の新教文明圏を中心として帰還するのです。旧教文明圏として大きくなり、神様の前に反対の立場に立った旧教文明圏から新しく新教文化圏を中心として宣教事業をしたのです。宣教事業はイギリスがしました。イギリスとアメリカが宣教事業をしました。イギリス宣教会がアメリカ新教独立国家を成し遂げて帰ってくるのです。帰ってくるには、太平洋文明圏内でこれを蕩滅《とうげん》復帰しなければなりません。こちらは失敗したのです。イタリア半島からローマ教皇権を中心として統一天下を成し遂げなければならないのですが、大陸の版図を中心として吸収できる基盤をすべて築いたのに、なぜここで神様のみ旨を成すことができなかったのですか。ローマ教皇庁が分からなかったというのです。キリスト教を中心とした教皇庁がしなければならないこととは何かというと、ローマと教皇庁、キリスト教を犠牲にしてでも世界のために生きることです。彼らは、世界のためにいるという事実を知らなかったというのです。観が違ったのです。(二〇四―一五九)

*

ユダヤには、国があり、イスラエル民族という選民がいたにもかかわらず、イエス様の体を殺したことによって、キリスト教は霊的救援だけをした、ということを知らなければなりません。国がないので殺されたのです。アジアで天国が成されるはずでしたが、反対に太陽神としてヒューマニズム、人本主義思想のローマから逆に来て、太平洋に帰ってくるのです。太平洋文化圏時代が来るのです。歴史がただそのまま来たのではありません。これをすべて解いておいてこそ、このようなすべての人、霊界の先祖を解放させることができるのです。真《まこと》の父母が来るので、それをすべて教えてあげて解放するのです。(二八三―二〇六)

*

堕落はどのようになったのですか。エバが先に堕落して、次にアダムを堕落させました。天使長を中心としてエバが一つになって、それからアダムを堕落させたのです。復帰過程において、イギリスは女性国家です。それゆえに、エリザベス女王時代に世界を制覇したのです。また女王時代がみ旨を信奉することができずに、女王によって始まったことが女王によって連結され、女王によって滅びます。イギリスは、海の中にある島国です。大陸は男性を身代わりし、島国は女性を身代わりします。いつも島国の人は大陸を思慕するでしょう。女性が男性を思慕することと同じです。

それゆえに、イギリスは女性国です。その女性国を通してアダム国家が出てくるのです。女性を通してアダムを滅ぼしたのですが、女性の立場のイギリスを通してアダムが復活するのです。それがアメリカです。それゆえに、イギリスは息子の支配を受けなければなりません。母は、息子の支配を受けなければならないでしょう。そのような立場で、キリスト教の文明をすべて祝福して結実したのがアメリカです。(八一一二四五)

3. アメリカは二十世紀のローマ国家

ヨーロッパ大陸ではアメリカを「新天地」と呼び、最初にこの新天地に希望を抱いて移民した人々は、信仰の自由を求めて神様に侍るために来た人々でした。旧時代の虐政のもとで完全に希望を失い、たとえ大西洋の海の上で生命を失うことがあるとしても、ひとえに私の心を尽くして神様に仕えることができる所へ行こうと、悲壮な思いで出発したのです。メイフラワー（May Flower）号という小さな帆船に乗り、五十七日間の難しい航海の末にアメリカのニュー・イングランド

(New England) 地方に上陸しました。その人々がすなわちアメリカの先祖、ピルグリム・ファーザーズ（The Pilgrim Fathers：清教徒団）でした。(一〇〇−二四六)

＊

歴史的に見れば、二千年のキリスト教史において、西欧の新教徒が新教という体制を整えて、新しい信仰の自由と信仰を中心とした理想の国を求めて大西洋を渡って成し遂げた国家であり、集合民族を代表した新教独立国家がアメリカです。昔、旧教を中心としたローマ教皇庁があったように、アメリカは新教を中心とした新しい次元のローマ教皇庁型です。アメリカがそのような立場にいるので、神様が六千年間このアメリカを立てようとしてきたのです。これをどのように有終の美として飾るかということは、神様にも、キリスト教を代表したイエス様にも、歴史的な宿願とならざるを得ません。これを終結させなければならないのが先生の使命です。(八一−二七九)

＊

アメリカは、宗教の自由のために、迫害の矢を避けて大西洋を渡って集まった人々がつくった国であり、ピューリタン思想が建国理念として立っているということを知っています。そして神様は、世界の人々をここに集めてきたのです。また、この国に物質的な祝福をしてくださったのです。今後、サタンが下部構造を中心として、経済というものをもって打つ時が来るので、それに対備してアメリカに莫大《ばくだい》な経済的物質の祝福をしてあげ、この国とこの民族をいかなる民族よりも豊かに暮らすようにしたのです。キリスト教文化圏を中心として、世界のいかなる国もついてくることができない最大の権限を与えられた国は、アメリカ以外にありません。(五二−三二五)

*

ローマが滅びたのは、何によってですか。神様は、世の中を救おうとされたのに、彼らはローマを主張してきたというのです。ローマを犠牲にして、来られる主の前に祭物として捧げて世界統一を夢見なければならないのにもかかわらず、ローマは一方通行を願ったのです。しかし、神様は、両方通行を願われます。ですから、ローマでキリスト教の革命が起きるのです。新教を起こし、新しい枠組みを中心としてこれを切ってしまい、曲がってしまったとしても新しい芽を中央に立てようとするのです。反対して、すべて捕まえて殺すので、ここから新教が出てくるのです。

このようにして、キリスト教のピューリタン（Puritan：清教徒）たちが渡っていって移植したのではないですか。ヨーロッパの新教の熱血分子たちが、すべて大西洋を渡ったのです。ピューリタンは、自分が生きるために行ったのではありません。信仰ゆえに、命を失う覚悟で大西洋を渡ったのです。死を覚悟するところにおいて、神様の摂理の焦点が展開されるのです。新教のためにピューリタンが来て、二百年の歴史を経て初めて新教独立国家を編成したのです。これが、アメリカの歴史です。ケネディ大統領までは、大統領の中で旧教の人が一人もいませんでした。一九六〇年代までは、国連機構を中心として左右が一つになる時であり、前後、上下が一つになる時であるがゆえにそれを賦与したのです。（二二九一―一九五）

*

新教徒たちは、ローマ教皇庁から離れて新しい神様の世界を渇望しました。特にイギリスの清教徒、新教活動家たちは、イギリスは新しい神様の世界建設に適合しないと主張し、激しい迫害の中で新世界に向かって出港したのです。彼らが発見した新世界がアメリカ大陸です。その当時、多くの新教徒たちがローマ教皇庁から離れていき、清教徒であるピルグリム・ファーザーズがメイフラワー号に乗って、多くの逆境にもめげず、神様に従うことを願いながら大西洋を横断してたどり着いた所がアメリカです。

その後、イギリス人、フランス人、あとで敵国になったドイツ人など、ヨーロッパ全域で様々な国の人々がアメリカに集まり始めました。ヨーロッパの多くの人々が大西洋を横断してアメリカに移民してきたのち、インディアンと闘って西部で領土を拡張していったのです。（二五一―九九）

＊

旧教時代に、カトリックの迫害を受けた新教徒たちが大西洋を渡ってきました。皆さんの祖国、皆さんの国の建国理念を見れば、皆さんの先祖は、死を覚悟して大西洋を渡ってきたというのです。それで、この地に上陸して建国する時は、神様が望んだ理想天国、み旨の世界を成し遂げようとしました。そのような建国思想が、今はどのようになったのでしょうか。自由主義になって、創造論を論じないで進化論が正しいとしています。キリスト教文化圏の世界において、教会に対して免許を取り消すという、このような切迫した最後の断末魔的な現実に置かれていることを皆さんは知らなければなりません。

皆さんの先祖が大西洋を渡ってくる時の冒険、独立のための戦争で死を覚悟した冒険の道、インディアンと闘った姿のように、様々な冒険の道を断行していくという決意をしなければならない時だと思います。死を覚悟して大西洋を渡り、独立戦争の時は命を捧げて闘いました。神様のために命を捧げる決意をして進んでいったという事実を知らなければなりません。皆さんの先祖が大西洋を渡る時、ある指導者がいたのではないのです。ただ神様に従ってきたのです。また、独立戦争の時、弱い兵士を率いて闘う時も神様に従って闘いました。神様をキャプテンとして侍り、天と共に祈祷し、涙を流して従ってきたという事実を知らなければなりません。(一三一―一三五)

＊

南・北米はキリスト教文化圏です。旧教と新教は兄弟です。今、このままアメリカがアジアに来れば、兄弟を無視して太平洋を渡り、より遠い距離にある我が国にどろぼうしに来たと考えるのであって、手助けしに来たと考えることはできません。アメリカ人がアジアに来る時、アジアの人々はそのように考えるのです。「兄弟たちが一つになれずに闘って、すべて捨ててきた者たちが、私たちの所に訪ねてきて手助けするとはどういうことか」と、このように考えます。どろぼうをしに来たと思うのです。

神様が御覧になる時も「アメリカ人、この精神が腐った者たち」と言われるのです。太平洋を渡ってアジアに行っても、怨讐《おんしゅう》の芽が生えているというのです。日本は経済的な大国であり、中国は人口の大国です。ソ連は思想の大国なのですが、それを満たすためにそれ以上のものを求めているのに、アメリカがそこに行って何を手助けするつもりですか。ですから、どろぼうをしに来ると思うのです。(一七一―一三八)

＊

アメリカの最も近い兄弟関係は南米であり、一つは旧教で一つは新教です。これを差しおいて、アジアで何をしても、日本とは怨讐《おんしゅう》であり、中国が怨讐であり、ソ連が怨讐です。太平洋圏内にあるアメリカを隣近所の人とは見ず、異邦だと思っているのです。アメリカがいくら親交を結ぼうとしたところで、日本で問題が起きればすべて倒れるというのです。愚かだというのです。将来を考えれば、南・北米に乗っていって日本を抱かなければなりません。アジアを抱かなければならないのです。(二七―一八六)

＊

新教と旧教が闘うと、新教の教徒たちは大西洋を渡ってアメリカへ行き、新教の独立国家を建てました。これは神様が建てたのです。それでアメリカは、二百年間でヨーロッパのすべての精髄を抜き出してきました。人脈から信仰の骨髄をすべて抜き出し、この太平洋を相対として、女性文化圏を中心として、キリスト教文化圏を中心として、二百年間で二千年の歴史をもう一度新しく結実させたのです。(二八―二三)

＊

サタンは、アメリカと日本が一つになることに反対し、アジアの連結にも反対します。サタンは、経済問題に執着する外的存在です。今、アメリカが経済問題を念頭に置いて、アメリカの法を中心として、日本が入ってくることができないように牽制政策をとっています。それで、太平洋にあるすべての国、日本と韓国、マレーシア、インド、台湾に対してアメリカがブレーキをかけようとしています。この危機一髪の終末時代に、アメリカが大きな汚点を残す時点に立ち入っているという事実を知らなければなりません。(三五―二八)

二　島嶼《とうしょ》文明がもつ意味

1．最大の海洋島嶼国家であるイギリス

古代人類の文明は、大陸で発生しました。エジプトのナイル川の川辺で胎動した人類文明は半島文明に変遷して、ギリシャ、そしてイタリア半島で地中海文明圏を成し遂げました。その半島文明は、再び島嶼文明に移され、島国のイギリスを中心として大西洋文明圏を形成しました。そして、ついにイギリスの島嶼文明が大西洋を渡ってアメリカ大陸で現代文明の奇跡を起こし、太平洋文明圏を形成しました。歴史の流れはここで終わらないのです。

この文明圏は、太平洋を渡ってイギリスに相当する島国の日本で新しい島嶼文明の花を咲かせて、イタリア半島に該当するこの韓半島で、昔のローマ文明に相当する人類総和文明を成し遂げて、アジア大陸に連なる一つの世界を成し遂げ、新しい統一文明圏を形成しようとするのが神様のみ旨だということを私はよく知っています。(七八―二五四)

＊

神様が世界文明圏を、西欧大陸、ナイル川を中心として地中海を経て、ローマを経て、イギリス

を経て、アメリカ大陸文明圏を形成し、それを太平洋文明圏として移すようになるのです。そのようにしようとすれば、島嶼《とうしょ》文明を糾合して半島国、すなわち地中海文化圏を動かしたローマに該当する半島地域がなければならないというのです。それが正に韓国だということを皆さんは知らなければなりません。初めて、この三千里半島を中心として、西欧文明の最後の結実とアジア文明の最後の結実を成して、神様の前に捧げなければならないというのです。（七九―七五）

＊

大陸を中心とした神様のみ旨は、ユダヤ民族が失敗することによって、イタリア半島を中心として世界を制覇しようとして失敗し、イギリスを中心とした島嶼文明を中心として成そうとして失敗し、それをアメリカ大陸が受け継いだのですが、これが反対に帰ろうとすれば蕩減《とうげん》を経なければならないのです。島国を中心として蕩減しなければならず、半島の国を中心として蕩減しなければならないのです。そのようにしなければ、大陸に行くことができません。（八〇―二五五）

＊

摂理の版図は、ローマ、イタリア、スペイン半島を越えて、島嶼文明圏から大陸文明圏に移動するのです。イエス様を中心として、アジア大陸から出発したものが半島を越えて、島を越えて、再び大陸に来たのです。ローマの半島も失敗して、島国のイギリスも失敗して、アメリカも失敗したのです。すべて失敗しました。これをどのようにするのですか。（二二七―八七）

＊

西洋世界を見るとき、アメリカはイギリスを通して生まれたので息子と同じです。ところが、息子と同じこのアメリカがイギリスを支配するというのです。そのような時になれば、西洋世界の終わりの日が来る、このように思います。それで、最大の海洋都市圏であるイギリスと天使長国家であるフランス、この三つの国が一つになるのです。ここで海洋都市が州になり、アメリカが州になり、その次には天使長国を引いて陸地まで占領する運動が展開するのです。それが第二次世界大戦だということを知らなければなりません。エバ国家がするのではなく、アダム国家がエバ国家をコントロールして、天使長国家をコントロールしなければならないのです。そのようになってこそ、陸地に上がっていくというのです。

アメリカを中心としてイギリスとフランスが一つになり、一つになればその次には陸地に上がっていくのです。それで、陸地を占領するための第二次大戦が起きたのです。アメリカが、イギリスとフランスを中心とした勝利圏をもち、第二次大戦によって全世界をコントロールできる基盤をもったという事実を知らなければなりません。（二一九―四二）

*

復帰の完成は、分かれた三人と国が一つになることを意味します。それが原理的観点です。そのような理論がいかなる所でも適用されるというのです。ヨーロッパを中心として見るとき、アダム国家はどこですか。自由体制全体を中心として見るときはアメリカです。なぜですか。イギリスが生んだというのです。イギリスは女王時代に繁栄しました。十六世紀のビクトリア女王時代に、海洋都市を開拓して世界の海洋圏を掌握し、アメリカを植民地として占領したのです。

イギリスは、どのように世界の海洋圏を握ったのですか。海洋国家であるイギリスは、エバ国家です。それは女性国家であり、島国なので世界の海洋圏を開拓してコントロールしたのです。そして、アメリカを植民地としました。イギリスの息子に当たるのがアメリカです。理想的夫を誰が生まなければならないのかといえば、エバが生まなければならないのです。そうでなければ、理想的夫が出てこないと考えるのです。(二九一―二四二)

2. イギリス文明と日本文明の差

現代二十世紀の民主主義制度は、すべてイギリスから始まったのです。皆さんが知っているように、イギリスのエリザベス一世が海洋政策を強化し、アジアはもちろん、アフリカをはじめとして全世界の至る所を占領しました。それは神様がさせたのです。

イギリスは島国なので、バイキング等の侵略によって訓練をたくさん受けました。いつも攻撃を受ける立場だったので、訓練を多く積み、いかなる民族よりも海洋文化を強化した民族です。その時、スペインやポルトガルの海洋圏がとても強い立場にいたのですが、それ以上の基準を中心として、エリザベス一世が一五九三年から一六〇三年の期間に強化運動を行い、海洋力を強化させたのです。(八〇―一三九)

*

イギリスは、島嶼《とうしょ》国家としてノルウェーやスウェーデンのバイキングたちにいつも攻撃を受けたので、海に対する関心をもって海洋防備のために訓練してきました。海洋圏を握らなければイギリスは存続できない立場だったので、エリザベス女王を中心として海洋圏制覇の政策を強化したのです。それは、神様の摂理にすべて一致したものです。

スペインのような国が南米を支配して、北米をイギリスが支配する時、スペインに対して外的には友好的に振る舞いながら、内的には欺く政策をしてきました。そのことは、みな歴史を学んで知っているのではないかというのです。スペインが南米を制覇しました。それでイギリスは、スペインが北米まで制覇するのを防ぐために様々な海洋政策を強化したのです。（八〇―一二九二）

＊

イギリスは小さな国です。それが「五大洋六大州に日の沈まぬ国」と大見得を切っていたときは、海洋を中心として盗みを働くパイレーツ（pirate：海賊）精神をローマから受け継ぎ、すべてを占領したのです。神様の摂理と連結させてみるとき、世界を早く救う作戦が神様の摂理観なので、イギリス人を使うのです。ところが、そのような観に一致できるイギリス国民になることができずに、自分を中心とした方向に分かれました。それで、今イギリスが孤立しています。（九九―一五〇）

＊

イギリスが世界の版図を築くのは、ローマの文明を受け継いだからです。ローマがイギリスを占領する前までは、人々が一年に一度も入浴をきちんとしなかったのです。それは野蛮人でしょう。寒くてぞくぞくするので入浴できなかったのです。そのようなイギリス人たちは、海賊団の後裔《こうえい》たちなのですから、いつ入浴する暇がありますか。そのイギリスがローマの文明を受け継ぎ、海洋文明圏を中心として世界版図を拡大したのです。世界を支配しなさいというのです。「お前、島国が世

界を支配しなさい！」、それが神様のみ旨です。（二一〇—四二）

神様は海の主人でもあり、陸地の主人でもあります。それが象徴的にすべて合わなければできません。それで、そのような姉妹関係をもつようになりました。日本は、今後すべてのものをもって大陸に移動します。今、日本が願っているのは、移民政策を通して五千万人以上を外国に送り出すということですが、それをすることができなければ、五十年後、百年後には大変なことになると話しています。今は、イエス様がメシヤとしてイスラエル民族に降臨した時とは異なる状況に置かれています。ローマ帝国の時や大英帝国の時とは異なる状況だというのです。

＊

大英帝国は、ヘンリー八世の離婚に対するローマ教皇庁の処罰措置を無視して、ヘンリー八世の主管のもとで、イギリス旧教（聖公会）を創始するところから始まります。この時、神様の中心は、神様のみ旨から外れて腐敗したローマ教皇庁があったイタリア半島から、聖公会が復興する島国イギリスに移動します。エリザベス女王が統治した大英帝国の全盛期の時は、神様のみ旨によって海を通した領土拡張政策を繰り広げ、五大洋六大州を治めて神様の祝福をたくさん受けました。その当時、アメリカも大英帝国の手元にありました。大英帝国の繁盛は、聖公会の復興であり、これはヨーロッパ全域において、ローマ教皇庁に対抗する新教運動を拡散させる原動力になったのです。（二五一—九九）

＊

イギリスがどれほど悪い国ですか。イギリスは海賊の根拠地です。そうでしょう。一時世界を制覇したときも、帆船に乗って海に出ていき、銃刀で襲撃して乗っ取ったのではないですか。海賊団です。そのようなことも、神様を動機としながら宗教版図をつくっていったがゆえに滅びなかったのでしょう。そうでなければすべて滅びたのです。（二〇七―二四〇）

＊

エリザベス女王は、新教支持者です。ウェストミンスター信仰告白三十三カ条により、エリザベス女王がカルヴィン主義思想を吸収できる基盤を築き、海洋圏制覇という政策を立ててスペインが海洋圏に介入できないように基盤を築いたのは、すべて神様のみ旨です。（八一―一三八）

＊

イギリスのエリザベス一世は、一五五八年から一六〇三年までの約五十年間の在位中に何をしたのですか。海洋を開発しました。海洋圏を握る民族にならなければ世界を支配できないということを既に悟っていたというのです。神様は、どの国よりもイギリスを訓練させたのです。（八〇―一四二）

＊

当時、海洋を舞台として、全世界に広げることができる基盤をもった相対国であるイギリスに宣教本部を設置するようにして、キリスト教思想を伝播《でんぱ》させてきました。イギリス自体は神様のみ旨に対する価値は知りませんでしたが、植民地を拡大する立場にいたので、イギリスの主権が支配する所では、背後でキリスト教が思想的に支えるようにしてきました。（七八―三〇九）

＊

母の国がイギリスです。なぜ母の位置ですか。大陸が夫ならば、海の島、島国は女性を象徴します。島はいつも大陸を慕うのです。「いつ行くのか。いつ来るのか」と慕うのです。このように思う時、それが地の果てと果てである極東において、イギリスの反対であるアジアにそのような国が出てこなければなりません。西洋に出てくれば、反対のアジアに出てこなければなりません。それが日本です。（一八九―九三）

*

日本は、サタン側のエバ国家です。ですから、サタン側のエバ国家は、天の側のエバ国家のすべてのものを、すべての福を対等に分けてもつことができます。キリスト教がアジアで成功できず、逆にヨーロッパを回り、ローマを経て、イギリスを経て来るのです。このように反対に来るのです。ローマに相当する半島が韓半島であり、地中海に相当する海と島が日本であり、ヨーロッパ大陸に相当するのがアジア大陸です。相対的に一周して入ってくるのです。これが、お互いに出会う時になったので、学者や政治家たちは、「太平洋文明圏時代が来る」と言うのです。（二五一―一四四）

*

日本は、イギリスと同じです。イギリスの文明をそのまま受け継いだのが日本です。イギリスの文明をアメリカが受け継いだように、アジアでは日本がイギリスの文明をそのまま受け継ぎました。（八〇―一四）

*

イギリスの対になるのが日本です。日本の文明は、イギリスの文明を受け継いだのです。キリスト教文明のすべてのものを抜き出して、核心だけを選び出して日本の文明をつくったのです。これがサタン国家です。キリスト教が西洋に行くことによって、西洋文化圏を誰が支配したのですか。サタンが支配したがゆえに、西洋文明が入ってきた日本を中心として見る時、これは、イギリスに該当します。日本では車は左側通行でしょう。日本の全盛期は、百二十年間です。一八六八年に明治維新が出

発し、それから百二十年を中心として一九八八年の昨年までに決着させなければならなかったのです。（一八八―二〇九）

＊

私が日本を選んであげ、ドイツを選んであげました。日本をイギリスの代わりとして立てたのです。日本の文明は、イギリスの文明を取り入れたのです。イギリスのすべての行政分野を持ち込み、ドイツの軍隊のものを取り入れたのです。昔、そのようにしたのです。それゆえに、車はイギリスも左側通行であり、日本も左側通行です。百二十年前、明治維新の時、日本がイギリスの文化をすべて取り入れたのです。それゆえに、先生が日本を摂理の中に立ててあげたのです。イギリス、アメリカ、フランスが責任を果たせないからです。摂理史で失敗した者を再び立てて使う法はありません。（二二三―一〇〇）

＊

エバであるイギリスは島国です。島国は陸地を慕うのです。ちょうど女性の立場です。アメリカは、エバが生んだ男性です。そうでしょう。フランスは闘ったから怨讐《おんしゅう》です。この三つが神様の前に、キリスト教文化圏を中心として一つにならなければなりません。サタン側は何ですか。日本です。日本の文明は、サタンが神様のものをすべて奪ってきたのと同じように、天の側のイギリスの文化をそのまま奪ってきた立場です。盗んできたのです。それで、日本も自動車が左側通行です。（二〇〇―一九九）

＊

日本は、イギリスのまねをしました。西洋文明のまねをしたのです。法律はローマのものを、軍隊はドイツのものを、文化はイギリスのまねをしたのです。そして、日本は自動車が左側通行ですか。それはイギリスと全く同じです。サタンは、何でも神側のものを同じようにまねするのです。

ですから日本の文明は模倣文明です。神様が祝福したその国を中心として模倣して、それを奪ってきたのです。先進世界のものを奪ってきたのです。

それは神様のためではありません。本来は、先生が認めたエバ国家として帰ってきて、それを神側で使用するためであって、日本国のためではありません。そのように見れば、歴史は蕩減《とうげん》原則の原理圏ですべてなされるのです。（二四九―一三）

三 エバ国家としての日本の使命

1. 日本はエバ国家である

摂理の完成とは何ですか。アダムとエバが完成して、その周辺の三人の天使長が一つになるはずだったのです。今、どのようになっているのかといえば、アメリカ、中共、ソ連が三人の天使長です。

アダムは韓国、エバは日本、これが残っています。本然の世界は、アダムとエバ、そして三人の天使長が一つになる世界です。ところが、天使世界とエバが一つになってアダムを追放しました。三人の本来のエデンにおいて、三人の天使長とエバが一つになってアダムを追放したのです。

これを蕩減しようとするなら、第二次大戦で日本とアメリカとドイツを中心として一つになるべきでしたが、それができなかったのです。それで今、再蕩減しなければならないのです。必ずそのようにしなければなりません。アジアを中心として、日本と韓国は怨讐《おんしゅう》です。この怨讐を一つにしなければならないのです。(二〇一―一三三)

＊

アダム国家とエバ国家を中心として、先生がこれを再び奪還する立場にいます。復帰時代に来て、エバを中心として復帰されなければならないので、エバ国である日本がすべての経済圏をもつのです。したがって、アメリカも日本が必要であり、中共も日本が必要であり、韓国も日本が必要だというのです。競争世界で、誰が先に引き寄せるかという闘いをしているのです。先生はそのことを知っています。それゆえに、今回交叉結婚をさせて、完全に韓国と日本を結んでおいたのです。このように一つになったことに対してアメリカは反対せず、中共も反対せず、ソ連も反対しなかったのです。(二〇一―一三三)

＊

今、先生が日本をアメリカと一つにして、中共とも一つにして、ソ連とも一つにしました。それから、アメリカと日本と韓国を完全に一つにし、彼らを教育しなければならないのです。日本はエバとして、カイン、アベルを抱いてお乳を飲ませなければならないのですが、双子にお乳を飲ませるのと同じ役割をしなければならないのです。自分のお乳と血と肉をすべて供給しなければなりません。そして、生命を与えるのです。真《まこと》の生命、真の愛、真の血統を連結するのです。日本がそれをするのです。(二〇一―一三三)

＊

今、皆さん自身を中心とした成功や目的を考えてはいけません。日本の成功を要求するのは、全世界の成功を求めるためだからです。皆さんだけでも団結して、日本に対する天的復帰の使命を遂行するならば、今後二十年も必要ありません。その使命を果たすためには、休む暇もなく祭物を必要とするのです。祭物は、主観をもってはできません。全体に対するにおいては、神様を中心とした主観をもって存在の位置を決定しなければならないのです。これが、祭物の使命です。祭物になるためには、絶対に自らの主観を前面に立ててはいけないのです。(一五―八四)

＊

皆さんは、東京で最も難しい所に責任を負うことができる主人公にならなければなりません。また日本統一教会の最も難しい位置に立つことができ、難しいことに責任を負うことができる人にならなければなりません。そうでなければ、日本が最も難しい国家的な位置に置かれるようになります。十年、百年、私たちの目的を達成するためには、限りなく前進しなければならないのです。自分一代で成し遂げることができなければ、二代、三代の子孫を通してでも必ずその目的を達成しなければなりません。世界的な波が押し寄せるとき、その中に飛び込む人の数によって民族的な勝利が決定するのです。(一五―八四)

＊

統一教会の食口《シック》たちは、日本の統一教会と韓国の統一教会が、どのようにすれば両国間に残っている歴史的な国家的感情を超越して兄弟のような心情圏をつくることができるか、ということを考えなければなりません。これが最も重要なのです。ここで日本や韓国という国を介在させて考える立場に立った場合には、神様が志される新しい神様の国をつくりあげることができないのです。そのような立場で見たとき、韓国と日本の食口たちは、新しい国家復帰という目標を定めて、神様が尋ね求めてこられたその国を全体的に復帰する時まで、一体となって推し進めていかなければなりません。これが、統一食口の世界的使命です。(四〇―一二三)

＊

韓国と日本、韓国の統一教会と日本の統一教会が一つになって国を復帰した場合、二つの国民が結びついたその伝統は、今後の歴史過程において様々な国の模範となり、伝統的基盤になるはずです。したがって、この伝統をどのようにしてでも、清い真の伝統として神側に立てることが、今から成すべき日本と韓国の統一食口の使命です。(四〇―一二三)

＊

先生は、日本の誰よりも日本人を愛しています。「日本の将来はこのようになるはずだ」と心配し、中国に対しても心配してきました。アメリカはこのようになると心配し、ドイツはこのようになると心配してきました。したがって、韓国に生まれたからといって韓国人だけを愛する先生ではないのです。日本人も先生の力が必要です。それで、日本人までも先生を神様のように愛することができる基準にまで押し上げなければならない、というのが先生の考えです。

神様は、日本の父母が愛を受ける以上の立場に立たずしては、その国の家族になることができないのです。それ以上にならなければなりません。極は極と通じるのです。私たちは、そのような活動をしなければならないのです。メシヤは絶対に必要です。特に日本を中心として、世界万民がメシヤを迎えることができる基盤を、他のいかなる国より先に日本民族が団結してつくった場合には、天国で称賛を受ける日が来るはずです。したがって、どのようにしてでも悪の主権を脱皮して天の善なる血統を私たちは残さなければなりません。（五五—九七）

＊

先生を中心として、アメリカと世界各国で力を尽くすようにして、日本と共同作戦のようなものもさせています。それは、日本の助けになることです。三年間、真心を尽くして万物と実体と心情を一つにしなければなりません。アダム国家の先生が成した勝利の基台を復帰する基台をつくらなければ、日本が「エバ国家としてこのような使命を果たした」と言うことのできる条件が成立しません。イエス様の三年路程において、エバを迎えることができなかったことを再び国家的基準で蕩減《とうげん》することも、日本の統一教会がしなければならないのです。（五五—一七〇）

＊

日本のエバ国家という名称を中心として見るとき、エバはお乳を搾って息子に飲ませなければならないのです。アベルとカインを食べさせなければならないのです。食べさせて育てなければなりません。したがって、エバは父を愛する心をもち、その父は神様を愛する心をもって、限りなく愛さなければならないのです。限りなく愛するということは、息子、娘よりももっと愛することができる位置に立たなければならないということです。

そのような血統的因縁によって、ここで再び父の精子を受け継いで、赤ん坊の種を受けて再び生む運動をしなければなりません。しかし、大きくなってから再び生むことはできないので、接ぎ木しなければならないのです。(一二二―四四)

2．日本をエバ国家に選んだ理由

韓国の文《ムン》先生が、日本をエバ国家に定めたことがなぞです。日本には、文先生を尊敬する学者がたくさんいるのです。東京大のある有名な学者が「先生、なぜ日本がエバ国家なのですか。気分が悪いです」と言うので、「何年かのちに、そのようになっているかいないか見ていなさい」と言ったのです。(二五五―二四四)

＊

日本がエバ国家に選択されるという原理はありません。サタンが最も貴重なものを握ったがゆえに、やむを得ず神様は、サタンのしっぽをつかんででも闘い、奪ってきて本来の状態に返さなければならないのです。それが蕩減《とうげん》の道です。蕩減は反対に回るのです。ですから、神様、アベル、カイン、エバ、アダム、サタンです。人間が堕落しなかったならば、本来上から下りてきたのです。しかし、サタンがこれを占領してすべて失ってしまったので、神様はやむを得ず反対側からアベルを中心として上がっていったのです。(二四六―一九二)

＊

第二次大戦以後、キリスト教文化圏が責任を果たさず、このような状況になってしまったのですが、誰がその責任を負わなければならないのですか。私のために準備した神様の苦労は、私が責任を負わなければならないのです。それで、廃虚になった日本をエバ国家に選んだのです。日本が四十七年間で世界の経済大国になったのは、日本が優秀でそのようになったのではないのです。エバ国家に選んだがゆえにそのようになったのです。エバが失ってしまった万物を取り戻すことができる総合基地となったので、日本が世界的な経済圏をつかんだのです。ドイツがそうであり、アメリカがそうです。（二四一・九二）

＊

神様が最も愛するイギリスとアメリカとフランスをサタンが握り、サタン世界の国々は一番下の僕《しもべ》の僕《しもべ》の位置に立つようになるのです。それで、文《ムン》総裁は、捨てることができないので、仕方なくこの怨讐《おんしゅう》国家を訪ねていくのです。悪魔の魁首《かいしゅ》のように振る舞い、天の国や天の世界に反対したそのしっぽを訪ねていくのです。サタンが頭を握ったので、どん底を訪ねていかなければならないのです。それゆえに荒野に行って、サタンが最も好む日本をエバ国家に選んだのです。仕方がないというのです。（二四一・二〇二）

＊

先生は天国を代表し、神様を代表して立ったアダム国の代表者です。そのような位置に立てば、エバ国の代表者を探し出さなければならないのです。絶対的に従うことのできる国を復帰しなければなりません。それは何ですか。イギリスを身代わりした日本です。サタンが神様の愛するものを

奪っていったので、反対に私は、サタンが最も愛するものを奪ってくるのです。それが日本とドイツです。(一九五一・一〇五)

＊

イギリスは、サタンがすべてもっていったので、仕方なくサタンが最も愛するエバ国家を奪ってきたのです。蕩減《とうげん》復帰しなければなりません。サタンが最も喜ぶ偶像商の長男アブラハムを奪ってきたと同じように、日本をイギリスの身代わり、アメリカをアベルの身代わりとして奪ってきたのです。彼らを誰が立てるのですか。神様が立てるのではありません。私が立てます。私が立てたので、私が取り戻してこなければならないのです。

私が日本を立てたので、日本をイギリスができなかったエバ国家にしなければならないのです。そして、最も怨讐国であるドイツとフランス、この四大国が一つになるようにしなければなりません。母と父が一つになり、息子と母が一つになり、兄と弟が一つになるのです。(一九一・一二三)

＊

今後、世界の経済圏は、アメリカでもなく、ドイツでもなく、日本が握るというのです。なぜですか。日本がエバ国家だからです。それで、天使長国家であるアメリカも日本に従っていかなければなりません。サタン側の天使長、カインが誰かというとドイツなのですが、ドイツも日本の影響を受けなければならないのです。それで、今後、世界のすべての富が集まる所が日本です。(二〇四・一八九)

＊

先生がエバ国家に定めてあげなかったならば、日本は既にぺちゃんこになっていたのです。雑多な神様を信じる民族、いわしの頭も信じる日本ではないですか。唯一神をあがめるキリスト教の伝統から見るとき、多くの神様をあがめることはサタンにも劣ります。そのようなものをエバ国家に選択したのです。神様の復帰の愛の基準があるので、そのようになったのです。そうでなければ、かわいそうな民族になっていたのです。

ドイツと日本はそうです。それは不思議でしょう。人類に被害を与えた民族が、どうして再びこのような短い期間に祝福を受けて万民がうらやむほどになったのですか。それは、文《ムン》先生の内容を知らなければ解く道がありません。日本の人々も、そのようなことを知りません。(一九〇―一三八)

＊

第二次世界大戦を中心として見るとき、日本はアジアにおけるエバ国家です。サタン側のエバ国家です。「八百万《やおよろず》の神」というのは、唯一神とは関係がありません。それはいわしの頭まで崇拝する民族だからです。「八百万の神」と言うのですか。これは、サタン側の民族であり、サタン側のエバです。天照大神《あまてらすおおみかみ》とは何ですか。女性です。ですから、エバ国家です。サタン側のエバ国家を代表しています。このエバ国家は、西洋文物が摂理圏に帰ってきて、アジアで最初に経ていく所であることを（サタンは）知っています。イギリスからずーっと島に帰ってくるということを知っているのです。

日本は、イギリスからすべてのものを伝授されました。西洋文明から、アメリカから伝授されました。伝授した所は二箇所でしょう。今の経済問題は、完全にアメリカから継承しました。これは第二次世界大戦以後からです。それ以前、戦争の時は怨讐《おんしゅう》でした。それで、サタンは、サタン側は

よく知っています。(一八八―一六八)

＊

韓国という国を生かそうとするなら、アダム国家の前にエバ国家がなければならないのですが、どこがエバ国家になるのですか。キリスト教が反対したので、イギリスをエバ国家に立てることができないのです。ですから、サタンが最も愛した怨讐の国を立てるしかありません。サタンがアメリカをすべて抱いているので、一番あとが日本です。サタンがキリスト教文化圏をすべて自分の側にしたので、天の側がそれを取ろうとするとすべて反対するのです。それで仕方なく日本をエバ国家に選ぶのです。イギリスとちょうど同じだというのです。

先生は国をもっていませんが、先生個人がアダム国家韓国の代表であり、来られる主の国の代表としてエバ国家を率いていかなければなりません。日本はエバ国家であり、島国イギリスとぴったり同じです。アメリカをアベル国家とし、ドイツをカイン国家として、この四大国を再び編成して天の前に立て、失ってしまったものを取り戻したという条件を立てなくては、先生がアメリカから韓国に帰ってくることができないのです。(一八八―一五二)

＊

日本が世界的なお金を集めたのは、エバが失ってしまったものを取り戻すためなのです。そのお金は、日本だけのものではありません。アジアを通じて世界のために投入しなければ、日本はぺちゃんこになります。今年が境界線です。境界線にある日本を滅亡させたくないので、このようなことをするのです。先生にお金が必要だからではありません。日本のためです。

日本には今、二千四百兆のお金が残っていて使い道がないのです。お金の使い方を知りません。日本は、もうけ方しか知りません。使い方は知りません。女性なので、ポケットをつくってそこにお金を集めておいて、嫁いでいった夫の家ですべて取り出して分けてあげなければならないでしょう。文字どおりエバ国家なので、そのようになっています。(一八三—八三)

*

日本が特別にエバ国家として立てられる前に、日本の女性が世界で最も苦労してきたのではないですか。日本の女性は、男性に蹂躙《じゅうりん》されたり、殴られたり、姿勢も自由にできないほどの絶対服従の歴史過程を経てきました。特に武家の女性は悲惨なのです。言い表すことができないほど悲惨です。まず、エバ国家の象徴である日本の天照大神《あまてらすおおみかみ》も、エバのことをいうのです。天照大神は女性ですか、男性ですか。したがってその国は、霊肉共に女性なのです。日本人は一方しか見ません。女性は一方だけ見ます。夫をもらった時は、夫以外には考えません。目も鼻も耳も口も触覚も、すべて夫に向かいます。(一八三—二五)

*

エバ国家である日本についていかなければならないアメリカは、日本を手放すことができないのです。ぴたっとそのようになっています。貿易不均衡になって、すべてエバ国家の所有権を失ってしまったでしょう。アメリカがこの世界のすべての物質を所有してきました。これが、どこへ行くのかといえば、アベルを通して、カインを通して、エバを通して、母を通して、父を通して神様に帰るのです。(一八一—二八)

西欧は天使長です。天使長が天の側のエバを奪っていったので、アジア文化圏を代表した日本が西欧文物をすべて奪ってきたというのです。（二六八―六九）

＊

先生が日本をエバ国家に立てなければ、あのような国になることができなかったのです。悲惨な国になっていたのです。キリスト教文化が先生を受け入れる場合には、イギリスがエバ国家です。アダム国家は韓国です。イギリスがエバ国家であり、フランスが天使長国家であり、ドイツが（サタン側の）アダム国家として自動的に一つにならなければならなかったのですが、彼らが神様を拒んで反対しました。それゆえに、怨讐《おんしゅう》が最も愛するエバ国家を奪い、ドイツ男性国家を奪ってみ旨の中に立てたのが統一教会を中心としたアダム国家、エバ国家、天使長国家だということを忘れてはなりません。したがって、日本を祝福したのは、日本のためではありません。世界のためであり、統一教会と韓国のためです。韓国統一のためにその祝福を用いなければ日本は滅びます。（二八六―一二六）

＊

世界最高の知性人を、日本を中心として結ぶのです。日本において、左翼と右翼がみな滅びるようになっています。アメリカは、精神を中心とした宗教圏内の代表ですが、完全に精神が欠如し、ソ連は物質の理想的国家を追求したのですが、完全に物質が欠如しました。反対になりました。神様がそのようにさせました。エバ国家には、物質が滅び、精神が滅びたこれらを中心として、外的な体と内的な生命のためにお乳を飲ませなければならない責任があります。これを母が連結しなけれ

ばならないのです。アメリカも生かしてあげなければならず、ソ連も生かしてあげなければなりません。（一〇—二九）

今、韓国情勢を見れば、主人がいないのです。サタン世界には主人がいないのです。アメリカも主人がいなくて、ソ連も主人がいなくて、共産世界も主人がいなくて、中共も主人がいなくて、日本も主人がいないのです。主人は誰ですか。主人は何人もいるのではありません。一人です。ですから、アダムを中心としてエバが一つになったのちには、その二人が神様と縦的に一体になり、天使長はアダムを中心として横的に一体になるのです。

＊

このように見るとき、今先生はアダムであり、それから三人の天使長国、世界的代表国がアメリカと中共、そしてソ連です。また復帰過程において、お金を一番多くもっている国が日本です。これがエバ国家です。このエバ国家である日本がもっているお金は、日本のお金ではないのです。それなのに、日本が豊かに暮らすように使ってみなさい。うまくいきません。（二〇—二三八）

＊

終わりの日には、所有権復帰時代が訪れるようになります。それゆえに、統一教会を中心として、この世界は統一されざるを得ないのです。それで統一教会では、アダム国家、エバ国家、天使長国家ということを言うのです。ドイツは、民主世界圏内にあるのでサタン圏内のアベル型です。それから、天の圏内のアベル型が今のアメリカです。それから、日本がエバ国家なのでアダム国家のものです。今世界はどこへ行くのかといえば、ドイツ、アメリカ、日本、この三つの国に経済圏がす

べて入りました。それがどこへ行くのかといえば、アメリカを経て、日本を経て入ってくるのです。(一八二―一五〇)

＊

アダムとエバが堕落する時、一人のアダムを中心とした女性一人をおいて三人の天使長がいました。男性四人が取り囲んでいるのと同じです。日本がエバ国家なので、ぴたっとそのようになるのです。韓国はアダム国家であり、ソ連と中共とアメリカは三人の天使長です。日本は、エバ国家として真っ裸になり、今まで四十年間お金ばかりもうけてきました。芸者のようなことをしたのと同じです。闘いを繰り広げて、お金ばかりもうけたというのです。(二五九―二四九)

＊

日本は、エバ国家です。サタン側の女性神をあがめる国です。天照大神《あまてらすおおみかみ》は女性神ではないですか。この女性神が四千年歴史を代表し、主が来る時まで四十年間アジアを支配したのです。様々な困難を防ぐための防御線を引かなければならないので、アジア制覇百二十年というこのような歴史が来るのです。(一九七―二六七)

＊

アダムとエバが一つにならなければなりません。アダム国家は兄で、エバ国家は妹でしょう。縦的に見ればそうですが、横的に見れば夫婦関係です。横的には夫婦関係ですが、縦的な面で見れば兄妹関係です。そのような内容になるのです。(一八一―三〇)

＊

日本は、侵略国家として、韓国や中国の多くの人の血を流すようにしました。その血を流すようにした民族が解放されて、戦後四十年間でどうしてこのように立派な国家になったのでしょうか。それは、文《ムン》先生が日本をエバ国家に決定したからです。日本は、世界的なエバ国家の立場です。イギリスの身代わりです。(二五六―二七〇)

*

カインとアベルを懐に抱いてお乳を飲ませ、この二人の子女が闘わずに一つになることができるようにし、神様の息子、娘として父母様の前に、神様の前にお捧げしなければならないのです。そうでなくては、エバとして責任を果たしたことにならないので、このことに加担させるのです。エバによって失ってしまった経済的なすべてのものを、エバによって復帰しなければならないのです。

*

したがって、キリスト教文化圏を中心として、島国であるイギリスがエバ国家として世界を統治できた時代と同じように、今日アジアと世界文化圏が交流するこの時に、日本は、先生が選んだ恩恵によって、エバ国家としてイギリスの伝統文化をそっくり受け継いだのです。ですからキリスト教をしてアベルを歓迎し、父母の正常な伝統を相続する道を行くための教示をしているのです。これが今、日本食口《シック》と韓国食口が行くべき道だということを知らなければなりません。(一四六―三四)

*

なぜ日本がエバ国家ですか。第二次大戦以後に、イギリスがエバ国家としての使命を果たせないことによってサタンが占領したので、最も弱い反対側のエバを再び取り戻し、最も悪辣《あくらつ》なドイツを再び探し立てたのです。それは、荒廃して灰になった国です。何もないのです。来られる再臨主は、これを再び収拾して立て、第二次大戦に勝利したイギリス、アメリカ、フランスが天下統一した基準を蕩減《とうげん》復帰しなければ、新しい歴史は出発することができないのです。先生が四十年間でそれをするのです。（二五一―一四七）

3. 母の国としての日本の使命

日本をエバ国家に選んだので、エバは、カイン、アベルを再び生まなければならないのです。それゆえに、日本には二つの韓国僑胞がいます。韓国僑胞と北朝鮮僑胞、カイン、アベルがいます。この韓国僑胞と北朝鮮僑胞、カイン、アベルが闘っています。これを一つにしなければなりません。これは、先生がエバ国家に選んだので不回避なことなのです。これができなければエバ国家になれません。腹中でこれを一つにしなければならず、エバは右翼世界と左翼世界を一つにして抱かなければならないのです。（二四四―三二六）

＊

日本の立場で見れば、日本がエバ国家の使命をもったのでイギリスと同じです。イギリスでは、旧教と新教、アイルランドとスコットランドが今でも闘っています。それを消化しなければならないのです。日本がそれと全く同じ立場にならなければエバ国家にはなれません。

それで、日本の中には、異質な二人の息子、娘がいるのです。それが北朝鮮の朝総連と韓国の民団です。エバ国家日本の腹中に異質的な双子が入っているのです。日本政府や日本人すべてがこれを悪いものと考えてきました。エバ国家の使命を果たすためには、これを生んで一つにしなければならないのです。そのような時代になったので、日本では朝総連と民団を一つにすることを中心として活動しなさいと指示しているのです。

日本が女性として民団と朝総連を愛さなければなりません。日本の中でこの内容を知っているのは、統一教会のメンバーしかいないのです。どのような困難があっても、朝総連と民団を一つにするためのテープを切らなければならず、エバ国家としてその子供たちが復帰されて一つになったカインとアベル、すなわち兄弟になるようにしなければエバの使命を果たすことができないのです。エバは、これを一つにすることによってアダム国家に帰ることができるのです。

息子、娘と一つになった母が父と一つになる場合には、全世界的なカイン・アベル圏、民主主義世界と共産主義世界が消化されていくのです。それは、韓国と日本にかかっています。リベカやタマルと同じです。腹中で双子が闘ったでしょう。それを産んで一つにしなければ、エバ国家の使命を果たすことができないのです。いくら難しくても、日本女性はイスラエル民族と同じ六十万の韓国人を消化しなければ、国に帰ってくる道がないのです。

それで、日本人を伝道しようと努力するなというのです。まず妊娠した双子を生んで立派に一つにするように、在日韓国民団と朝総連を一つにして先生と一つになる場合には、日本がエバ国家として収拾されるのです。(二五九―一五九)

＊

朝総連と民団を一つにしなければ、エバ国家として立つことができないのです。彼ら全員が先生を大歓迎することによって先生と一つになるのです。そして、アダムとエバが一つにならなければなりません。民団と朝総連が一つになることによって、南北の実体である韓国と北朝鮮が自動的に一つになれば、北朝鮮の偽りの父母と韓国の真《まこと》の父母が条件的に転換されるので、エバがこれを抱いていってその伝統を韓半島に連結させれば、韓日統一圏が自動的に展開されるのです。(二二八―一三三)

＊

母が左翼と右翼の息子、娘を抱かなければなりません。日本がエバ国家です。日本が島国イギリスの代わりに、男性と女性を抱いて、どこへ行かなければならないのですか。本然の国に入って、万民の父と母を通じて再び産んだという条件を立てなければならないのです。母を通じて、母の愛の懐に抱いて生んであげなければなりません。(二二六―一三四)

＊

アダムとエバを中心として三人の天使長がいるのですが、そこでサタン側の天使長がソ連であり、アジア的天使長が中国であり、キリスト教圏の天の側の天使長がアメリカです。闘った三人の天使長たちが初めて一つになって統合されることにより、アダムとエバを中心として三人の天使長と神様、このように、六つが縦的に一つになるのです。

韓半島が南と北に分かれたのですが、これは世界が分かれたことを象徴します。今統一の運勢を追い込んで、それがそこに巡ってこなければなりません。これを誰が南北に分けたのですか。日本が分けてしまったというのです。それゆえに、南北統一の支援は日本がするのです。そのようにしようとすれば、日本の国民を教育して総動員しなければなりませんが、そのようなことができる人は文総裁《ムン》しかいないのです。ですから、それをするのです。南北統一の支援はどこがしなければなりませんか。日本がしなければならないのです。(二三六―一二四)

＊

女性が嫁いでいって愛を受けるのはいいのですが、その反面、息子、娘を生まなければなりません。一家のすべての経済問題、教育問題を解決して心情圏を立てなければならないのです。先祖代々譲り受けた内容が誤っている時は、本然の心情圏に転換して教育しなければならない使命が、日本のエバ国家を代表した女性にはあるということを忘れてはいけません。それで、日本女性を中心としてすさまじい活動をしてきたのです。

時には涙を流し、ある時は男性にけ飛ばされ、ある時は父母に殴られる、そのような悲惨で歴史的な状況がその道において展開しなければならないのです。ですから、内面世界の安楽地、安着地がありません。今でもそうです。日本には女性が多いでしょう。それで、今回も祝福が問題になります。それゆえに、自分より年が多い男性たちを一人以上、三人ずつ伝道して連れてこなければならないのです。(二八―一六七)

＊

韓半島を南北に分けてしまったのが日本です。それゆえに、根本に入っていって影響を与えることができるのです。それで、先生は、左翼と右翼を統一して新郎の位置に帰ってくるのです。帰ってきて金日成《キムイルソン》まで向きを変えさせなければなりません。左翼と右翼は息子です。長子権を復帰したあとは、父母権を復帰するために金日成までも先生が連結したのです。ですから、この韓半島において統一圏さえ展開すれば、民主主義の西洋文明とアジア文明、左右が一つになるのです。共産主義はすべてなくなるがゆえに一つになるのです。(三八一・三三)

*

皆さんが日本のすべてのことを思いながら、悔い改める心をもって自らのすべてのものを投入し、エバ国家の使命を早く完遂できる環境をつくらなければならないのです。北朝鮮と韓国を先頭に立てて帰らなければならないのが日本の立場です。そのようにしなければ、お父様がいる所に帰ることができないのです。先生と共同戦線を繰り広げなければなりません。そのような使命を日本政府は知りません。日本がお金を集めるようになったのは、そのお金をアジアのために使わなければならないからです。(三九一・一五四)

*

日本は、過去にアジアの様々な国家と怨讐《おんしゅう》でした。満州など、様々な国を侵略したので、日本としては、今アジアに着陸できる条件が何もないのです。日本は、四十年前に侵略国家として圧政をしました。その実状をすべて生きた目で見て、頭の中に記憶しているので、アジアの国々は、日本人の上陸を嫌うのです。しかし、先生と統一教会を先頭に立てていけば、アジアでも、どこでも通じるのです。それが今後、日本が生きることのできる道であって、それ以外にはどこにも道がありません。日本だけでは何もできません。(三九一・一五四)

*

エバ国家になるためには、エバの使命を果たさなければなりません。左翼と右翼を誰が包容するのですか。イエス様の夫人である新婦が包容しなければならないのです。本来、イスラエル国家とユダヤ教がイエス様に侍らなければならなかったのですが、それができませんでした。それゆえに、今では新婦教会、新婦の国がそれを包容しなければならないのです。

イスラエルとユダヤ教は、主が来れば世界をすべて踏み越えて、最高の位置に立って一番になると考えました。それは誤った思想です。神様の摂理から見るとき、女性宗教として夫を迎えれば、夫婦が共にローマ世界を包容し、養育して天的な使命を果たさなければなりません。ところが、そのように考えずに、救世主であるメシヤが来ればローマをあっという間に踏みつぶし、自らの国に隷属化させて支配すると考えたのです。それは誤った考えです。日本もそうです。今日本は、エバ国家なので左翼と右翼を包容しなければなりません。外的にもそうですが、内的にも、日本がそのようにしなければなりません。それがエバ国家の特徴です。(二三七-一〇〇)

＊

血統転換と所有権転換をしなければなりません。サタンの所有権を譲り受けた日本です。サタンが主人になる前にアダムが主人にならなければならず、アダムが主人になる前に神様が所有主にならなければなりません。ところが、神様が所有主になっていません。アダムが所有主になっていません。エバが失ってしまった所有権を返還するために、世界に出てすべて収拾しなければならないのです。そして、神側に返還しなければなりません。所有権を返還するにおいて、直接先生にもってくることはできません。先生の息子、娘を通して、母を通じてもっていくのです。反対です。復

帰していくことと同じです。(二二九―一五四)

＊

女性がお嫁に行くとき、裸では行きません。女性も所有するものをつくってから行かなければなりません。父母、一家すべてが、自分の家庭からお嫁に行く人の所有権を拡大してあげたいというのが、お嫁に送り出す一家の心です。その点は天国に嫁がせる統一家庭も同じです。永遠な氏族的主人としての所有権を管轄して、その圏内において恥ずかしくない堂々とした基盤をもてるようにしてあげることが一族の心です。それは、自分自身でも全く同じように願う目標です。それは間違いないのです。

日本がエバ国家としての使命を果たすためには、新しいエバ国家の伝統を韓国の女性世界に連結しなければならないのです。そうでなければ、日本のエバ圏と韓国のエバとを連結する道がありません。それができたのが、今回の四月十日、お母様の女性解放宣布大会でした。

お母様を中心として韓国の女性と日本の女性は、カインとアベルです。長子権を復帰した立場でいえば、韓国の女性がお姉さんの立場です。しかし、復帰過程ではアベル圏と同じです。それゆえに、日本の女性は苦労しながら韓国の女性に従わなければなりません。それがサタン世界の解放圏です。ですから、日本の女性は、統一教会の模範にならなければならず、帰ってくる女性の模範になることができるように伝統を立てなければ、終末においてエバ国家の使命を果たすことができないのです。(二三〇―一八二)

＊

日本の使命は、エバ国家の使命です。エバは母を象徴するので、日本は、外的には民主主義だとしても、共産主義を包容して消化しなければならないのです。それゆえに神様は、日本に世界的な経済圏を賦与しているのです。堕落によって、エバを中心として万物とともに子女の心情圏がサタン世界に落ちてしまいました。それゆえに、エバの使命は、神様の心情をもって息子、娘と万物を抱いて帰ってこなければならないのです。しかし、エバには、神様の心情圏がありません。それは、来られる主である完成したアダムにあるのです。それゆえに、一つにならなければなりません。それがアダム国家とエバ国家です。(三三七-一八八)

＊

エバの使命が何か分かりましたか。皆さんには、南北を統一しなければならないという使命があります。今まで、経済的に自分を犠牲にして南北を統一しなければならないという日本の使命を知っていた人が一人もいなかったのです。(三三七-一二四)

＊

これが先生の結論です。怨讐《おんしゅう》圏を消化して血統転換、所有権転換、心情圏転換を完全にし、エバ国家として恥ずかしくないように、その使命を果たさなければならないのです。そのためには、家族を中心として、神様の前に世界を担うことができる家庭堂の基準を凌駕《りょうが》しなければならないのです。このような厳粛、かつ宿命的な使命が皆さんにあるということを忘れずに、覚悟しなければなりません。(三三七-一五五)

＊

復帰されたアダム側に立って日本が堕落したアダムを整理しなければならないのですが、むしろ日本政界では、北朝鮮と交流して得ることができる経済的な面を考えています。それは根拠のない考えです。日本の経済を投入して南北を統一しなければ、日本は滅びるのです。エバ国家の使命を果たすことができなければ、跡形もなく消えるというのです。それゆえに、統一教会の勇士である皆さんは、どのような犠牲を払っても責任を全うしなければならないのです。一家を捨てても、一族が滅びても南北統一のために奮発しなければなりません。それが統一教会の勇士の使命です。それは、先生の使命ではありません。(二四〇―一五八)

＊

第二次世界大戦後に新婦であるキリスト教文化圏が先生と一つになっていたならば、このような蕩減《とうげん》路程はなかったので、南北が分かれることもなかったのです。先生が男性として完全に勝利したことを、お母様に伝授して勝利しました。それゆえに、キリスト教文化圏の失敗、エバ国家が使命を果たすことができずに新郎を迎えることができなかった四十七年前のことを再び蕩減しなければならないのです。それで、エバであるお母様に韓国の女性がすべて引き込まれ、日本の女性もすべて引き込まれるのです。(二四〇―一五八)

＊

日本にはエバ国としての使命があります。日本の富は日本人のためにあるのではありません。日本は、アダム国家を中心として、アジアでイエス様の実体圏を復帰するためのエバ国家の名前をもっています。エバ国家は、イエス様の体を復帰しなければならないのです。(二四九―一三七)

堕落の転換期には、女性が二人の男性を思慕します。天使長を慕ったものがアダムを思慕するようになるのです。天使長を夫とした、天使長を先祖とした歴史において、エバ国家の立場に立った日本の女性は、先生に誰よりも従い、思慕し、先生によって一つにならなければならないのです。妹になるのです。妹が堕落したので、妹を救って婚約者として、そして、将来の夫人として訓練させるのです。そして、母として、おばあさんとして、女王として教育していくことが先生の使命です。(二〇四―二七七)

＊

日本と韓国は、摂理的に見れば一つの国です。日本の人々は、韓国語を学ばなければなりません。摂理的にすべてそうです。韓国は、地政学的に見てもイタリアと同じです。イタリアで王権を中心として天下統一しようとしましたが、それができなかったので、韓半島をイタリアの身代わりとして立て、イエス様の死によって失ってしまった体をここで統一しなければなりません。そして、世界史的キリスト教文化圏の完成を中心として、統一教会とともに心身一体、統一をなさなければならないのです。そのように統一されたアジア大陸から世界文明圏に進出することによって、太平洋文明圏時代を迎えるのです。(二一七―二四〇)

＊

どうして日本がこのように大きな国になることができたのですか。サタンは、神様のみ旨をなす路程がどのようになっていくのかを知っていました。結局は神様の摂理が韓半島を中心として帰ってくることを知っていたので、四十年間この民族を苦しめたのです。それで、朝鮮の国の母である閔妃《ミンビ》までも残忍に殺害したのです。そのようにして、すべて占領してしまったのです。そして、「日韓一体」ということをいったのです。日本と韓国は一つの国であるというのです。今後、神様の摂理が韓半島を中心として展開するということを知っていたので、そのように接近して国をのみ込もうとしたのです。そのような作戦をして、四十年間韓半島を支配しました。（一二九―一二五）

＊

どうして経済的な面において日本が祝福を受けたのですか。世界各国の援助を受けたのです。エバによって世界的に失ってしまったものが何かというと、地と人と愛です。それゆえに、それを復帰するための国がエバ国家なので、経済的に世界の一流のものを占領することができる立場に立っていかなければならないのです。そのようになるのです。ですから、エバは、自分に任せられた使命を果たさなければならない立場なので、先生は日本の人々を先頭に立てるのです。それと同時に、彼らは、心情的に誰よりも高い位置にいなければなりません。心情を中心として見れば、日本の人々はそのようになっているというのです。（六二―三二四）

第五章　すべての文明の結実は半島で

一　半島文明と韓国

1．世界文明の潮流

人類の古代文明は大陸で発生しました。エジプトのナイル河畔で胎動した人類文明は、半島文明へと変遷し、ギリシャ、そしてイタリア半島で地中海文明圏として結実しました。その半島文明は、再び島嶼《とうしょ》文明に移行し、島国イギリスを中心として大西洋文明圏を形成しました。そして、そのイギリスの島嶼文明は大西洋を渡り、アメリカ大陸において現代文明の奇跡を起こして太平洋文明圏を形成したのです。(七八―二五四)

*

天使長文化圏は、エジプトを中心として形成されたナイル川文明がその起源となり、これが地中海を中心とした半島文明であるギリシャ文明を経てローマ文明において結実しました。それでは、どうして文明の変遷は、西欧圏を回っていかなければならなかったのでしょうか。堕落したので、そのようにならざるを得なかったのです。(七九―七二)

*

島国としての日本は、アジアで初めて西洋文明を定着させました。次は半島文明時代です。韓半島は、東洋と西洋の文明が一致する場所です。歴史学者シュペングラーが指摘したように、文明は、一年に春夏秋冬があるのと同じように興亡を繰り返しています。今は大西洋文明の時代が過ぎ去り、太平洋文明の時代が来る時です。(二五一―七二)

＊

韓国はいかなる民族でしょうか。イタリアの半島文明圏を再び起こしてそれを蕩減《とうげん》することができ、文化圏の世界史的伝授を受けなければならない民族です。韓国は、そのような地域となっているのです。南北の統一は、民主世界と共産世界の統一を意味しています。そして、韓国が独立することは、イスラエル民族が失敗したことを復帰することになるのです。ですから、イスラエルも韓国も、共に一九四八年に国を取り戻したのです。(二三九―一〇九)

＊

近代アジアで最も短い歴史をもって世界の東・西洋の文化を吸収し、宗教を吸収したのは韓国しかありません。儒教から仏教、そしてキリスト教を受け入れたのです。この四十年という短い期間で、西洋の文物を吸収して、その実を結ばせたのです。実は種と同じ立場なので、半島文明は世界を生かすことができる一つの起源となるのです。そして、そこから理想的に安着する愛の世界に越えていって、初めて幸福の基地となるのです。そうでなければ、世界に破綻《はたん》が起きるのです。(一七九―一二)

＊

いつだったか半島文明について話してあげたでしょう？「半島文明は二重文化をもって発展し

てきた。そして、日本で火山が爆発する時は、韓半島を考えなければならない」と言いました。それで「船を造っておきなさい」と前から話しておきました。船を造りましたか。それは、そのようになるかもしれません。ですから、日本人は傲慢《ごうまん》に振る舞ってはいけません。アメリカ人も傲慢に振る舞ってはいけません。太平洋の両側の沿岸で傲慢に振る舞えば、神様は、二つともそのままほってはおきません。アメリカも打たれ、日本も打たれます。先生は、そうなるように祈祷はしませんが、日本が誤ればそのようにならざるを得ないというのは妥当な結論です。歴史的な善悪の審判から見れば、妥当な話だというのです。(一九八一・一・二七)

＊

ローマ教皇庁のある半島文明を中心として統一天下を成し遂げなければならなかったのに、そのローマ教皇庁が責任を果たせなかったので、イギリスに移っていったのです。これが回ってくる時には、必ず島国である日本を通じて入ってくるのです。日本は、イギリスの文化圏を受け継いだのです。ですから、これ（日本の繁栄期）は、一八六八年から一九八八年までの百二十年間です。サウル王、ダビデ王、ソロモン王の百二十年期間と同じように、明治、大正、昭和までがちょうど百二十年です。

昭和天皇が一九八九年一月に亡くなりました。そうでしょう？　ちょうど百二十年です。この期間で、イギリスの文化圏をすべて受け継いだのです。西洋文学において「演劇ならばイギリスだ」と言います。そうではありませんか。現代の機械文明も、研究はイギリスがしましたが、その結実はドイツがもっていきました。それは、そのようにならざるを得ません。サタン側だからです。(一九九一・七・八)

＊

アダムとエバが堕落することによって、数億年という長い歴史過程を経ながら蕩減《とうげん》してきました。血を流しながら蕩滅してきたのです。今日、文総裁《ムン》が歴史の理論的背後をくまなく暴き、破れたものは縫い合わせ、穴が開いたものは埋めているのです。そのようにして、堕落していない本然的姿を備えて越えていかなければなりません。ゆえに、神様を中心として、アダムとエバと三人の天使長を復帰しなければなりません。それが韓国に来て実を結ぶのです。

韓国と日本がしなければなりません。半島と島がするのです。イタリア半島が誤れば、イギリスがその誤りを蕩滅しなければなりません。ローマ教皇庁を中心として、半島文明が世界を支配しました。これを蕩滅するために、新たにアメリカを中心として摂理してきたのです。イエス様をアジアで殺したので、殺したイエス様の体を取り戻して、万国解放と地上天国理念のラッパの音をこのアジア地域で鳴り響かせなければなりません。(二〇七・一・七〇)

＊

その次には半島です。韓半島を経なければなりません。それで、半島を蕩滅しなければなりません。ローマ教皇庁と同じように、世界的全権を代表した統一教会を中心とした半島文明圏時代に入っていくのです。ここに世界文化史および宗教全体を蕩滅すべきローマ教皇庁のようなものが生まれようとするので、共産主義理念に対峙《たいじ》して民主主義が生まれるのです。共産主義はサタン側であり、民主主義は神側です。このような対決が展開するのです。(二二五・三〇)

＊

韓半島が男性の生殖器ならば、日本は女性の生殖器です。これは一つにならざるを得ません。これが一つになってこそ統一天下の時代が来るのです。それで、「韓国をアダム国家、日本をエバ国家」と言うのです。(一五一—一四七)

2. 原理的に見た半島文明の役割

歴史というものは本当におもしろいのです。文化の発祥地を見ても、陸地と海が接する港や半島などの場所が文明の発祥地となりました。同じ道理です。ギリシャ文明やイタリア文明などの古代文明の発祥地を見れば、大きな海や半島や川に沿っているのです。文明がそのような所で発達したということは歴史的な事実です。なぜでしょうか。お互いに合流するからです。私たちは、合流の調和を通じてすべてのものが形成される、ということをおおよそ知ることができます。(九五—一三)

＊

文明の発祥地を地理学的に見るとき、気候を中心として発展したとすれば、理想的地域とはいかなる地域でしょうか。春夏秋冬があると同時に、海と陸地を連結することができる地域が理想的地域だという結論が出てきます。気候的に春夏秋冬が加味された地域です。春夏秋冬の四季がはっきりしている地域であると同時に、半島地域でなければなりません。その半島地域というものは何でしょうか。陸地は天を象徴し、水のある所は海を象徴しているので、それを連結するのが半島だということです。世の中はそのようになっています。すべての天地の道理がそのようになっているのです。

そのように見るとき、半島地域であり、この世界の文化に貢献した所とは、イタリア半島です。これが過去の文明の帰結地であり、今まで歴史時代の権威をもってきたのが、このローマを中心とした半島文明、総合文明地域だということを知らなければなりません。これはまた、エジプト文明とギリシャ文明を経て、総合地となったのです。（一〇七―二〇〇）

＊

私たちは、海に囲まれた半島国家が歴史的に貴重な文明を花開かせたということを知ることができます。偉大な宗教理念と思想の多くは半島国家で発生し、それが人類の精神世界を指導してきました。バルカン半島で発生したギリシャ哲学、イタリア半島で花開いたキリスト教文化、インドのヒンズー教文化と哲学、アラブ半島のイスラム文化、東南アジアの半島で結実した仏教文化、イベリア半島での航海術、スカンジナビア半島でのゲルマン文化などがそうです。このように、半島国家が世界文化史に最も大きな影響を及ぼしているのです。（二七九―二八八）

＊

地球は陸地と海洋で形成されています。海は、最も単純な生命の誕生をはじめとして、母の役割を果たしてきました。海は養育し、抱いてくれるので女性を象徴し、陸地は男性を象徴しているということができます。したがって、海洋に位置する島嶼《とうしょ》国家は女性を表し、大陸国家および大陸に連結している半島国家は男性を表しているということができます。特に半島国家の国民には、大陸と海の両面からの敵に備える生活から生まれた強靭《きょうじん》さと勇猛さがあります。また、彼らは開拓し、探険する進取の気性に富んでいると同時に、きらびやかな文化を花咲かせ、またそれを世界に伝播《でんぱ》しました。（二七九―二〇八）

＊

私たちが住んでいる地球は、陸地と海洋に分かれています。その中でも半島は、地理学的に見ても、大陸と海洋を連結する中間的位置にあります。古くから半島は、文明の形成において、常に注目するに値する場所となってきました。古代文明が繁栄したギリシャやローマも半島にあります。スペインとポルトガルの文明も、イベリア半島という半島で発達しました。しかし、今日このような文明は世界へ拡大され、そこに新しい東西文明が出現しなければなりません。この文明の出現地がアジアの韓半島です。（二五一―七二）

＊

イギリスがエバ国家でアメリカがアベル国家、そしてフランスが天使長国家ですが、母が息子を抱いて取り戻してくるのです。失ってしまったものをそのように取り戻せば、次には父を取り戻すのです。アダムの国を取り戻してくるのです。アダムの国は、来られる再臨主の国ですが、それが韓半島です。なぜ韓半島なのでしょうか。それはイタリア半島と同じです。旧約時代において教皇庁を中心として失ってしまったものを、蕩減《とうげん》復帰しなければなりません。イタリア半島を中心として西洋で失ってしまったものを東洋で取り戻さなければならないので、半島である韓半島が世界的な問題となるのです。

韓半島は、死亡と生命の境界線です。南北が共産主義と民主主義に分かれ、北側には金日成《キムイルソン》がいて、南側には文《ムン》総裁がいるのです。すべてこのようになっています。北朝鮮では金日成のことを「お父様」と言うでしょう？　韓国でも文総裁のことを「お父様」と言うでしょう？　「真《まこと》の父母」

と言うではありませんか。誰がこれを解放するのでしょうか。大統領にはできません。これは、私の手にかかっているのです。(二〇一一・五・二)

＊

地中海にあるローマ教皇庁が千年歴史に強大国という名前をもちながら、どうして今まで滅びることなく残されてきたのでしょうか。地中海とローマは、女性と男性が一つになっている状態と同じです。凹凸が一つになっているのです。そして、世界的な基準においては、太平洋文明圏を中心として韓半島がそのような立場から日本に囲まれているのです。これは、それと全く同じ状態です。そのような所は、インドネシアでもなくシンガポールでもありません。アジアにおいて韓国しかありません。それゆえに、東北アジアにおける三カ国が問題です。この三カ国を掌握すれば、アジアを掌握するのです。(一九五九・一・四九)

＊

韓半島は、どのような立場に立っているのでしょうか。ローマと同じ立場に立っています。ローマ教皇庁と同じ立場にあるのです。それでは、韓国とはいかなる国でしょうか。韓国は、歴史時代のあらゆる宗教と人類を神様のみ旨に適うように収拾し、統一的な世界と統一的な天国を建設する責任を果たす国とならなければなりません。なぜでしょうか。半島を中心として、すなわちローマ教皇庁を中心として世界を動かした教皇権を代表することができる文化終着点時代に入っていくからです。

文化的背景を中心として南北が統一され、そのような位置をつかめば、世界の宗教を動かし、世界の万民を動かすことができる位置に立つのです。そして、そのようになってこそイスラエルを選ばれた神様のみ旨に一致することができる宗教圏が顕現するのであり、神様のみ旨に一致することができる民族圏、国家圏が形成されるのです。（一六八―三一二）

＊

ローマ教皇庁が一つの独立国家として伝統を引き継いできたように、アジアにおけるローマのような立場にあるのが韓半島です。これが強大国に挟まれてきたのですが、今まで滅びずに残っています。歴史的に、この国が南北に分けられたことはありませんでした。もちろん三国時代はありましたが、本格的に世界的な思潮と世界の国を引き込んで南北に分かれたのは初めてのことです。南北が闘うということは何を意味するのでしょうか。イエス様を中心として見るとき、心と体が半島で分かれたので、その心と体が分かれたことを蕩減《とうげん》復帰するためには半島で一つにしなければなりません。ゆえに、地政学的見地から見ても、韓国に主が来なければならないのです。（一九五―一九七）

＊

今、日本はどこに帰っていかなければならないのでしょうか。イタリア半島のような所へ帰っていかなければなりません。そして、大陸に連結しなければなりません。そのようなことができる焦点が韓半島です。それはインドシナ半島でもなく、マレー半島でもなく、シンガポールでもありません。ただ一つ極東でなければなりません。そのような地域は韓半島しかありません。（二〇四―一六二）

＊

太平洋文明圏時代は、韓半島を中心として展開するのです。日本は女性の子宮とちょうど同じです。これが一つにならなければなりません。ゆえに、日本は、キリスト教が誤ったこととイギリスが誤ったことをすべて蕩滅復帰しなければなりません。また、韓半島を中心として、ローマ教皇庁が誤ったことを収拾しなければなりません。ローマ教皇庁やキリスト教以上の再臨理想王宮圏をつくり、イエス様の体をアジアで失ってしまったので、アジアにおいて、再びキリスト教文化圏を霊的、肉的に合同させて統一文化圏をつくっていかなければなりません。(二二六―一三四)

＊

韓半島がアダム国家ならば、日本はエバ国家です。それでは、どうして韓国がアダム国家なのでしょうか。地理的に見るとき、韓半島は男性の生殖器と同じです。ローマがちょうどそのようになっています。地中海は女性の陰部と同じであり、イタリアは男性の生殖器と同じです。ですから、この二つが一つにならなければなりません。このような所は、常に文化が離れることができない地域です。一つの文化が帰着すれば、そこを離れることができないのです。なぜなら、愛の基盤の上に立ったのと同じ立場だからです。地政学的に見ても、ローマと地中海は二人の男女が合わさったのと全く同じだというのです。(二三五―八〇)

＊

世界の文明の方向は、世界を一周しながら発展していきます。すなわちエジプトの大陸文明、ローマとギリシャの半島文明、イギリスの島嶼《とうしょ》文明、そしてアメリカの大陸文明に至り、その大陸文明は再び西に進んで太平洋を渡って日本の島嶼文明を経由し、最終的には韓半島文明に集結してアジアに連結されるのです。ここで結実する文化は高次元的文化であり、それは新世界を創造するこ

とでしょう。(二一五―一七一)

歴史の流れは、そこ（アメリカ大陸）で終わりません。この文明圏は、太平洋を渡ってイギリスに相当する島国日本で新しい島嶼《とうしょ》文明の花を咲かせ、イタリア半島に相当するここ韓半島において、その昔のローマ文明に匹敵する人類総和文明を築き上げ、アジア大陸を連結して一つの世界を成すことでしょう。そのようにして新しい統一文明圏を形成しようとされる神様のみ旨を、私はよく知っているのです。(七八―一二五四)

＊

太平洋を見ても、韓半島が侵略されると大変なことになるので、日本列島によってこのように防いでいるのです。それは何かというと、女性は肉と同じであり、男性は骨と同じだということです。骨と肉は一体です。それが二つになっていれば、それは別個のものです。愛を中心として二人が必要なのです。ですから、いくら多くのアダムがいても、そこにはエバがいなければなりません。そのような方法で世界的に協助して、天宙的な愛の実を結ばなければなりません。(一八三―一六四)

＊

日本がなぜ福を受けるのかというと、日本はエバ国家なので、エバが堕落することによって失ってしまったすべてのものを物質から復帰するためです。世界の物質の祝福を受けた日本を中心として、どこへ行かなければならないのでしょうか。韓半島を経て中国大陸へ行かなければなりません。中原天地（注：中国のこと）へ行かなければなりません。本来、イエス様が来られた当時は、中国とインドが文化国であり、宗教国でした。ゆえに、イエス様が来られた時に、ヒンズー教と仏教を中心とした文化圏と三位一体となってローマ帝国を吸収する責任を果たさなければならなかったのです。

その時にユダヤの国と中東のアラブ圏が一つになっていれば、自然にインドと連結されていたはずです。インド人は、その人種自体がヨーロッパ系です。そのインドがアジアと連結され、すなわちインドがミャンマーを通じて中国と連結され、その中国の宗教文明圏と連合した世界的版図を中心としてローマを消化していれば、その時に一つの天国を形成していたはずです。(一三五─一二・七)

*

日本は海にぽっかり浮かんだ島ですが、ここ（韓国）は大陸と連結しています。より大きな大陸こそ、神様の願われる第一故郷となるのです。「島は、第二故郷だ」と言うことができます。島は常に陸地を慕うのです。そのようなことを理解し、ここ韓国においてだけでなく、中国やソ連など、この大陸全体を中心として、より大きい故郷の因縁を広げることができなければなりません。そのようにして、神様がこの地上の私たちの故郷において「世界のすべての人々と共に暮らすことができる所こそ理想的な場所だ」とおっしゃることができるようにしなければなりません。そのような生活を送ろうとする人々は、霊界に行っても解放圏をもって暮らすことができるのです。国境がなくなるのです。(二〇九─一一九)

*

これまでの文明は、ローマを中心として千二百年の歴史を代表し、ローマがその権威を立ててきました。それと同じように、今からはアジアの韓半島を中心として新しい千年世界を経て永遠の文化圏が形成されるだろうと思っているのです。それを実際に蕩滅《とうげん》しなければなりません。それが韓半島です。（一六八―八七）

二　韓半島と摂理的使命

1・韓半島は世界の縮小体

大韓民国は、韓半島において共産主義と闘って勝利しなければならない宿命的な立場におかれています。大韓民国が共産主義と闘って勝利すれば、世界に雄飛するでしょうし、反対に共産主義に敗れた場合は、形跡もなく消え失せてしまうことでしょう。敗亡の悲惨な運命は、その例をベトナムがよく見せてくれています。北朝鮮は悪を代表し、大韓民国は善を代表しています。北朝鮮は悪魔が支配し、大韓民国は神様が共にいらっしゃるのです。

このように、韓半島は世界において善と悪が最も激しく対抗している世界史的地域となっており、この地域で善が悪を打ち破って勝利すれば、世界のすべての悪は滅びていくのです。神様は、全摂理史において、韓国国民と全世界の自由人が一つになってこのような全体的勝利を収めることを待

ち焦がれていらっしゃるのです。（二九二―三二）

＊

韓民族は、五千年の悠久な歴史をもった文化民族であり、早くから敬天思想に染まり、豊かな精神的生活をなしてきました。私たちの先祖は、仏教と儒教を受け入れ、その文化をまばゆいばかりに花咲かせ、またそのキリスト教伝来の歴史は、短いながらも今日名実共に世界を代表する熱心なキリスト教国家となっています。それだけでなく、様々な高等宗教が民族の精神文化の中に溶け合って調和的に善の影響を及ぼしており、現実においても、この地には様々な宗教が共存しているという特異な様相を見せてくれています。

本来、敬天思想が強い韓民族の本性を考えれば、無神論の共産主義が韓半島に根を下ろすようにはなっていなかったと思っています。神様が生きていらっしゃるならば、韓民族を立てて共産主義を打破する試験を世界に見せてくださるはずだ、ということを私は確信しています。（二三〇―一三）

＊

この民族（韓民族）の試練は、この民族自体だけのものではなく、摂理的なものであり、神様はこの民族がそれを克服することを待ち焦がれていらっしゃいます。東と西、南と北の出会い、そして精神と物質、唯心と唯物の対決と混沌《こんとん》は世界史の総合的遺産だということができますが、それらが集約されてこの韓半島において渦巻いているということも、ちょうど新時代をはらんだ妊婦の苦しみと同じです。

韓民族の民族的、国家的困難は、神様のみ旨と摂理を離れては解決できないものであり、韓国単独ではなく世界との関係の中においてのみ、その解決は可能であると思っています。今こそ韓民族は神様のみ旨を悟り、神様が世界の精神界を指導する目的で送られた方に従って、その苦難を乗り越えていかなければなりません。（一三五―一三八）

＊

歴史時代において統一教会がその基準を中心として韓半島を中心として……。それで、韓半島を中心として周辺の強大国が関心をもって集まるようになったのです。ソ連もそうで、アメリカもそうで、中共もそうで、日本もそうです。このように集まったのは、ある一時に活用しようとしたからです。ここから世界的に神様のみ旨を連結させることができるキリスト教文明圏の旗手が現れて、キリスト教の統一連合運動をしなければならなかったのです。七年以内で世界のキリスト教を平定するのが先生のみ旨でした。（一三五―一三七）

2. 韓半島を中心とした統一文化圏

ローマを中心としてすべてのヨーロッパ文明圏が一つになったように、そのローマがある半島と同じ役割を再現する場所が韓半島です。ゆえに、韓国と日本とアメリカを連結させなくては、世界問題を収拾することはできません。これが現在の立場です。（一六六―一九四）

＊

皆さんは、韓国を愛さなければなりません。韓国を立てられた神様のみ旨が成され、韓国は祖国にならなければなりません。将来、韓半島全体は聖地にならなければなりません。韓国の地である満州の遼東《りょうとう》半島を取り戻さなければならないのでしょう？　イスラエル民族はイエス様を売ってイスラエルの国を取り戻しましたが、再臨主という名前をもちながら、昔先祖が住んでいた地を私が取り戻すことができないでしょうか。ソ連が妨害しても、すべてを押しのけるのです。昔、宋《そう》の時代にロシアに奪われたものを取り戻し、私たちの先祖の住んでいた地を回復するために交渉しなければならないと思っています。（一六八―四九）

＊

ちょうどここから三十マイル北に行けば、そこには北朝鮮があります。民主主義と自由理念は、この世界で最も閉鎖された北朝鮮の金日成《キムイルソン》共産集団と対峙《たいじ》しています。分離された世界のうち、一方は神様を認める世界であり、もう一方は、それとは正反対に神様を否定する世界です。極と極を成している二つの世界の差異点を、この韓半島以上に顕著で明確に表している場所はありません。韓半島は、自由と独裁、善と悪、民主主義と共産主義が闘争する全世界の縮小版です。（一六八―一三四）

＊

現在の世界情勢から韓国を中心とした周辺国家を見るとき、韓半島で紛争が起きれば、強大国は互いに都合が良くありません。特に中共は、今後科学技術の発展を促進して先進国の仲間入りを果たそうとしています。そのためには復興しなければなりません。しかし、ここで北朝鮮が南侵をすれば、相当な支障が生じるのです。

中共は、今後韓国と交流したいと考えているのです。私は、そのことをよく知っています。日本ではどうしていけないのでしょうか。日本は侵略した国です。ですから、経済的にも侵略をしてくると考えているのです。中共が韓国と結びつこうとしている立場から見れば、中共自体は北朝鮮の南侵を願っていません。では、日本はどうでしょうか。日本自体もそれを願いません。韓国と交流しようとしているのです。(一七〇―一二)

*

中国の人口は十二億です。アメリカは二億四千万であり、ソ連は二億七千万です。世界を指導する先進国、「我こそは」と言う国はたくさんありますが、韓国は、今までどれほどしがない存在だったでしょうか。これはしがない存在にもなれず、愚かで哀れな国だったのです。五千年の長い歴史の中で、中原天地（注：中国のこと）はすべて私たちの領土でした。我が民族は戦争を好みません。平和を愛好する民族です。それゆえに、勃海《ぼっかい》族に対しては歴史にも残っているでしょう？　それが今まで学界で問題になってきているでしょう？　東夷《とうい》族といって、彼らが韓半島に流れてきたといっています。中原天地にいた彼らは、数多くの民族が対決する荒れた原野で暮らすのが嫌で、豆満《トゥマン》江《ガン》、鴨緑江《アムノッカン》を渡ってこの韓半島に逃げてきた者たちです。(一七二―一七九)

*

皆さんは、過去の善人を身代わりし、皆さんが願った理想的家庭の基盤を中心として、氏族、民族、国家を編成するために南北統一の解放を主張する過程にあるので、その解放の花が咲く日には、万国にエベレスト山頂よりももっと高く統一の旗が翻り、歴史的に誇り得る時代が韓半島に訪れてくるのです。そのような驚くべき事実を知らなければなりません。それを知らなければ、先生が成し遂げた実績が皆さんを呪《のろ》って審判することでしょう。血と涙の交差する死の峠を押しのけてきた恨《ハン》と、ここに結晶した歴史的実績が皆さんを審判することでしょう。(一七三―一二五)

＊

日本という国は島国です。結局は、島国が孤立して生きることはできません。それゆえに、ある大陸と関係を結ばなければなりませんが、今は太平洋を渡ってアメリカ大陸と関係を結んでいます。彼らは、四十年前に第二次大戦を中心として怨讐《おんしゅう》でした。怨讐となって争った歴史をもっているのです。それでは、日本はどこに行くべきでしょうか。太平洋を渡ってアメリカに背負ってもらうのでしょうか。大陸に接するべきでしょうか。これが問題です。

最も近い道は、韓半島を通じて行くことです。シベリアを通じて接しても行くことはできません。中共とそのまま接しても駄目です。中共に入っていっても、混乱した中共を消化することはできません。十二億の中国の国民を消化することはできないのです。また、膨大な共産世界の主導国家であるソ連を日本が消化することはできません。このように見れば、日本自体は、アメリカを中心として韓国と連結する以外にはないという実情にあるのです。(一七七―一四)

＊

皆さんも知っているように、日露戦争は韓半島ゆえに起きました。日清戦争も同じです。大東亜戦争の起源を見れば、蘆溝橋で日本兵たちが独立運動をしていた韓国の宣教師と事件を起こして大東亜戦争が起きたのです。結局、近代アジアの動乱の起源は、すべて韓国からです。韓国が基地です。中国も韓国が必要です。

韓国は、実に不思議な所です。ソ連が必要とし、日本も必要としています。日本は、大陸と連結しなくては政治的版図を世界へ伸ばしていくことができません。

このように見るとき、もし北朝鮮がソ連を背景として「南北総選挙をしよう」と言い、韓国でも「三十八度線を撤廃しよう」と言えば、ソ連がどれほど喜ぶでしょうか。ソ連は何が必要なのでしょうか。ソ連は、韓半島要塞《ようさい》基地が必要なのです。この韓半島を占領すれば、日本の襟首をつかむことになるのです。そして、中国の胸元に銃を突きつけることにもなるのです。（一七八―一二）

*

今は、文《ムン》総裁が国を取り戻すことができる段階に入っていく時です。ゆえに、与党が主人でもなく、野党が主人でもありません。四つの強大国に包囲されている韓半島は、その四大主人の前に小さくなっているのです。それでは、その国家的中心は何かというと、それが統一教会です。「南北を統一しよう」という話も、私が最初に言ったのではありませんか。南北を統一しようというのです。南北統一政権をつくろうというのです。そのように見るとき、南北を統一しようとすれば、東西南北の四つの大国を消化することができる能力をもたなければなりません。今まで、アメリカから日本、中共、そしてソ連においてまでもこの活動をしてきました。そして、今やレバレンド・ムーンが打ち込んでおいたおもりを上げ、これが一つになる時代に入っていくのです。（一七八―三二）

*

韓半島を中心とした脈というとき、その脈とは何かというと、それは韓国の運命や運勢と通じるのです。天運とも通じます。国運とも通じるはずです。国運とは何でしょうか。国の運、国が転がっていく方向です。このように思います。韓国が転がっていくとき、すなわち韓国が生きていくにおいて、韓国の脈拍がよく打ち、よく連結すれば、大韓民国は発展することができるのです。そのような大韓民国が世界の天運と脈拍を共にし、天運を協助して一つの世界をつくっていかなければなりません。(一七八―一六五)

＊

共産主義は崩壊しなければなりません。民主世界も崩壊しなければなりません。民主世界は人本主義であり、共産世界は唯物主義です。彼らは神様を追放してしまいました。ローマ教皇庁は、神本主義を中心として世界統一を成し遂げ、理想的王権を立てようとしましたが、それが失敗したので、再び戻って蕩滅《とうげん》して越えていくのです。大陸を中心としてイギリスを蕩滅し、イタリア半島でローマ教皇庁が過ったことをアジアにおいて復帰しなければなりません。そのために、アジアにおいてローマと同じ半島を復帰しなければなりません。それが韓半島です。(一八八―三二五)

＊

イタリア半島の教皇庁で統一することができなかったので、再び半島を通じて統一しなければなりません。その場所が韓半島であるということをサタンは知っているので、四千年を蕩滅するために日本が四十年間支配する時代に入っていくのです。その四十年間の支配を受ける国こそ、再臨主、アダムが来られる理想の国だということを皆さんは知らなければなりません。歴史発展の帰趨《きすう》から見るとき、また蕩滅復帰の原則から見るとき、韓半島に再臨主が来なければならないという理論的な根拠がここから出てくるのです。

ここでイギリスとアメリカとフランスが一つになって、どのような国を訪ね求めていくのでしょうか。アダムの国を訪ね求めていくのです。父の国を訪ね求めていくのです。父を取り戻さなければなりません。父の国を訪ね求め、アダムの国を訪ね求めていかなければなりません。これはレバレンド・ムーンの考えではありません。原理観です。韓半島の統一は自動的に訪れます。韓国がエバを抱いて一つになれば、天使長たちが完全にアダムとエバに献身するようになるのです。それが原理観です。(一八九—一〇四)

＊

太平洋文明圏とは何かというと、訪れる父主義の版図を形成するための準備文化です。ここで統一的文化圏を展開し結束した一つの文化を終結しなければならないので、父母文化を中心として言語統一、文化統一、国家統一が起きてくるのです。そのような時になっていくのです。そして、それは韓半島を中心として連結してくるのです。(一九二—一二五)

＊

韓国は、地政学的に非常に微妙な位置にあり、昔から強大国の勢力拡大のための要地となり、歴史的な犠牲を払ってきました。東西両極時代に代表的な苦難を経た我が祖国は、多元化と和解の時代を迎えたとしても、その国益が保障され、民族的な問題が解決されているわけではありません。韓国を中心とした四つの強大国、すなわちアメリカ、日本、ソ連、中国は韓半島に各々重要な関心と利害関係をもって互いに絡み合っています。私は、神様の摂理的観点からこのような韓国の状況を世界と歴史の縮小体として見つめています。それゆえに、すべての歴史的因縁と世界的問題が直接、間接に韓半島に連結しており、韓国は世界問題の縮小体となっているのです。したがって、世界問題の解決は、韓国問題の解決と不可分の関係にあります（一九二―二一七）。

＊

母が西側の果てならば、父は西側から現れるようにはなっていません。女性が西側の果てならば、男性は東側の果てでなければなりません。「極東」という言葉も、このような面で意味があるのです。また韓半島という所は、男性と女性が連結する場所です。陸地が男性を象徴すれば、海は女性を象徴しています。ゆえに、常に島の人々は陸地を慕うのです。彼らが陸地を訪ね求めてきて上陸する時は、常に半島に上陸します。それゆえに、西欧文明においては、今までイタリア半島が伝統的因縁を中心として、世界のキリスト教文化圏の中心としての権限を行使してきましたが、その反対に位置する極東においても半島が問題となるのです（一九六―一六二）。

＊

今、日本はどこに帰っていかなければならないのでしょうか。イタリア半島のような所へ帰っていかなければなりません。そして、大陸と連結しなければなりません。そのようにすることができる焦点が韓半島です。インドシナ半島でもなく、マレー半島でもなく、シンガポールでもありません。唯一極東でなければなりません。そのような地域は韓半島しかありません。その韓半島の歴史は、イスラエル民族の歴史と似通っていなければなりません。なぜなら、ユダヤ教の延長がキリスト教だからです。そして、単一民族として長い歴史をもつ中で受難を受けなければなりません。

多くの血を流さなければなりません。正義の人々でなければなりません。歴史時代において、奸《かん》臣《しん》たちによってどれほど多くの血を流したでしょうか。さらに、朝鮮王朝の五百年期間、六百年に相当する期間をそのように生きてきたのです。この六数を蕩滅《とうげん》しなければなりません。そのような時代だったので、多くの善なる血を流したのです。(二〇四―一六二)

＊

私は、統一教会の悲惨な運命の道を四十年間歩んできましたが、滅びませんでした。なぜでしょうか。このことを知っていたからです。私が願う家庭的基準がこうであり、私が願う国がこうであり、私が願う世界がこうであり、私が願う神様はこうだというのです。そのような私の願いが神様の願いであったということを知ったのです。それゆえに、投入して、投入してまた投入すれば、それは循環してある軸を中心として定着する、世界史的な一つの定着地が必ず生じてくるのです。できれば、それが韓半島の三十八度線を中心として成し遂げられることを希望しているのです。さらには、先生の故郷を中心としてこれを着地させようという思いをもっています。それで、今故郷の地に向かって前進しているのです。(二〇八―二二六)

＊

南北が交差する中で展開した闘争の場において、韓国の自主独立の一日を願いながら身もだえしたのです。この韓半島が新しい寵児《ちょうじ》として生まれるためには、産みの苦しみを経なければなりません。そのような立場から南北が交差するようになっているのです。民主世界と共産世界を代表した一つの先進基地となり、両分される悲惨な国家的運命を迎えるようになっているのです。

誰がこれに責任を負わなければならないのですか。韓国民族がその責任を負わなければなりません。韓国民族が責任を負うのですが、将来の韓国の行くべき道を知らない人がその責任を負うことはできません。もし、それを知っていれば、韓国の伝統的歴史を通じて、韓国のこのような悲惨な姿を彼ら自身が収拾していたはずです。「収拾しなければならない」と考えた人、あるいはそのような愛国者もたくさんいたはずです。しかし、それができなかったということは、人間だけで解決することができる韓半島ではなかったということです。それを知っていたので、天意による摂理史的な韓半島とはどのようなものなのかということを知っている先生としては、開拓の一路を準備せざるを得なかったのです。(二一―二三五)

*

韓国と日本が合同で北朝鮮を動かし、南北統一を主導しなければなりません。そうでなくては韓半島と日本は一体化できません。(二二―一四〇)

3. 韓半島統一は世界統一の模型

韓国を中心として統一を果たさなければなりません。そのようにすれば、次には韓半島を中心としてエバ国家である日本を一つにし、中共を一つにし、ソ連とアメリカを一つにしなければなりません。既にそのようにすることができる基盤を、すべて築きました。先生がすべて築きました。この国に入ってきて、外的なカイン世界に基盤を築くための活動をしました。今まで、政治世界、経済世界の基盤を築くために、彼らのために活動したのです。統一教会の文《ムン》総裁に反対する人は、次第にいなくなるのです。既成教会に何人かの反対する人たちはいますが、今では南北統一する人は私しかいないということをすべての人が知っているのです。(二一四—二〇六)

＊

韓半島が南と北に分かれましたが、これは世界が分かれたことを意味しています。今や統一の運勢を集めて回ってこなければなりません。誰がこれを南北に分けたのですか。日本が分けたのです。ゆえに、南北統一の基金は日本が出さなければなりません。そのようにしようとすれば、日本の国民を教育して総動員しなければなりません。それができる人は文《ムン》総裁しかいません。それをするのです。南北統一の基金はどこで出さなければなりませんか。日本が出さなければなりません。(二二六—一二四)

＊

蕩滅《とうげん》復帰において、日本は、失敗したイギリスに代わって、経済王権を中心としてアジアと全世界に影響を及ぼすことができる立場に立つようになったのです。ここで失敗すれば終わりです。ここで真《まこと》の父を迎えなかったので、大陸を失い、半島を失い、島を失ったのです。ゆえに、それを蕩滅するために大陸に戻り、これを反対から蕩滅しなければなりません。ここでその大陸がアメリカであり、島が日本であり、半島が韓半島です。それで、大陸に戻ってくるのです。(二二七—六七)

＊

アダムの怨讐《おんしゅう》がエバであり、エバの怨讐がアダムであり、アベルの怨讐が父母であり、カインの怨讐が父母です。そして、アベルとカインの兄弟は、お互いが怨讐です。このように、すべて怨讐です。怨讐たちが闘って掌握しようとしている所がどこかというと、韓半島です。韓半島は、最後の歴史を終結させる場所です。これを文化史で見れば、共産主義と民主主義の決着点です。南韓と北韓がそのようになっているのです。

共産世界を代表して再臨復活した父親の格位に当たるのが北韓の金日成《キムイルソン》です。それから、民主世界を代表し、キリスト教を中心として再臨復活した父親の各位に当たるのが文総裁、真の父母です。父母が二人出てきたのです。今までこの韓半島は、アジアにおいてアメリカや中国やソ連が手放すことができない立場にあります。日本は結婚していないエバであり、きらびやかに着飾った完璧《かんぺき》な美人になっているのです。ですから、ソ連も中国も、そしてアメリカも、これを取って食べたいと思っているのです。天使が堕落する時と全く同じです。（二三八―二三二）

＊

神様は韓半島を愛していらっしゃいます。韓国だけを愛しているのではありません。今まで北朝鮮は愛することができる立場になれなかったのですが、今からは北朝鮮を助けてあげなければなりません。ヤコブがエサウを助けてあげたのと同じように、すなわちヤコブがエサウの長子権を受け継ぐために、受難を経ながら二十一年間準備した財物をすべて捧げたのと同じように、文総裁にも、北朝鮮の人々を先頭に立てて食べさせて生かす道を開拓しなければならない責任があります。そのためには、カインの立場の政府とアベルの立場の文総裁が一つにならなければなりません。（二三八―二三五）

＊

死ぬべき金日成を救ってあげたのが文総裁です。双子の兄弟と同じです。韓半島の双子でしょう？　ゆえに、互いに殺そうとするのではなく、助けてあげなければなりません。エサウとヤコブは兄弟でしょう？　ヤコブが二十一年ぶりに帰ってくることによって兄の前にすべてのものを捧げたのです。エサウにとって祝福を受けた長子権を譲り渡すことは惜しいことでしたが、同じ兄弟の位置に立って福を譲り渡すことによってイスラエルの王権が成立したのです。第三イスラエル圏にあるレバレンド・ムーンは、韓半島の南北を統一し、アジアの諸国圏を一つにしなければなりません。北と南はカインとアベルです。そのようにすることによって、イエス様がアジアで失ってしまった体を接ぎ木してあげなければなりません。（二一八―二三九）

＊

民主と共産に分断された韓半島は、世界の中心地であり、南北統一こそ世界の平和統一の鍵《かぎ》になるということを知り、今日まで私は、世界の各地でこの任務のために全身全霊を捧げてきました。昨年、一九九一年十一月に、私が北朝鮮を訪問して金日成《キムイルソン》に談判したのもこのためでした。今や世界のすべての宗教が統一される日も遠くはありません。韓半島の南北が統一される日も遠くはありません。（二二九―八〇）

＊

韓半島は、四十年間南北に分かれてきました。今、世界において第三次世界大戦勃発の最も大きな危険性をもっている場所は、中東のイスラエル地域と韓半島です。この二つの地域です。これらは、すべて宗教的背後をもってぶつかっています。金日成の主体思想は、サタンを中心とした宗教と同じです。北朝鮮は、完全にサタン的宗教圏です。その独裁については、到底言葉では表現できません。この世界を統一できる宗教は、レバレンド・ムーンの統一教会しかありません。（二二九―一二五）

＊

今、世界には、宗教を中心とした中近東のイスラエル地域の問題と、民主主義思想と共産主義思想を中心とした韓半島の南・北韓の問題があります。この宗教と思想を背景とした両陣営の衝突によって第三次世界大戦が発生すれば、地上の人類は全滅します。そのような危険のまっただ中に立っているのです。誰がこれを平和の世界へと収拾するのでしょうか。(二一九―一二五)

＊

アダムとエバが一体化すれば、カインとアベルが統一の出発をするのです。そのようになれば、韓国と日本を中心として、アジアにおいて新しい理想的出発がなされるのです。アジアと西洋、すなわち東洋と西洋の一体化、そして、南北の一体化が成されるのです。それは韓半島の南北のことではありません。南北における貧富の差のことをいっているのです。そして、東洋と西洋の文化の違いのことをいっているのです。ゆえに、世界的一体化は問題ではありません。(二三〇―一九二)

＊

この国が四十年前に先生を立てていれば、世界を主導することができる長子権の王宮になっていたはずです。長子権の国になっていたはずです。第三イスラエル圏の定着国になっていたはずです。しかし、それができなかったので二つに分かれたのです。イスラエルが北朝イスラエルと南朝ユダに分かれて闘ったように韓半島が分かれたのです。これが再び回ってきて文《ムン》総裁を中心として統一的運勢を備えなければならなかったのですが、そのようにすることができなかったので統一が成されませんでした。(二三〇―二四六)

＊

韓半島が南北に分断されたのは、我が民族がそれを願ったのではなく、アメリカとソ連の二大国家、そして中国や日本など、周辺の強大国の影響によるものです。したがって南北統一も、私たちが韓半島の中に座ってただ統一を願ったとしても、それがそのまま訪れるのではありません。アメリカ、ソ連、中国、日本などが我が国を分断させたままで、国際秩序を主導している既存の状況を変えなければ、統一を成すことはできません。すなわち、韓半島を統一させる事業に、周辺の強大国が妨害するのではなく協力するように、我が民族と韓国の主体的な影響力を養わなければなりません。(二三一―八)

4. アダム国復帰のための摂理的展開

①日本、アメリカ、ドイツを中心とした摂理

死亡の種を受けたエバが生命の種を受けるためには、アダムを中心としてカインとアベルの二人の息子を抱いてこなければなりません。蒔《ま》いたとおりに刈り取らなければならないのです。第二次大戦時、島国であるイギリスは、エバ国家としてアメリカというアベル的な息子を生み、天使長であるフランスを抱かなければなりませんでした。

カインとアベルを抱かなければなりません。そこに相対しているのが島国である日本ですが、日本は、エバ国家としてドイツとイタリアを抱いたのです。全く同じです。ドイツのヒトラーはキリ

スト教破壊主義者です。ゲルマン民族第一主義思想をもって、精神的に、思想的にすべてのものを破壊しようとしたのがヒトラーの思想です。そして、行ったり来たりするイタリアは天使長です。サタン側の母の前に二人の息子と同じ立場に立ったのです。これを世界的に清算する闘いが第二次世界大戦です。そのように蒔《ま》いたので、秋になれば「毒麦」は切って捨てなければなりません。それを切って捨て、一人の主人圏内のキリスト教文化圏に統一したのが第二次世界大戦です。(二〇〇七・一・二九)

＊

アダムとエバが堕落する前は、アダムとエバを中心として神様と三人の天使長がいました。アダムを中心として見るとき、エバはアダムに従い、三人の天使長もアダムに従っていかなければなりませんでした。アダムを中心として、エバと三人の天使長が神様と一つになって天国に入っていくのが理想です。ゆえに、今アダム格の代表である先生が、エバ国家である日本を動かし、アメリカを動かし、中国を動かし、ソ連も動かしているのです。それで、三人の天使長とエバ圏を迎える位置に戻ってきたのです。(一九九一・八・四)

＊

韓国はアダム国家であり、日本はエバ国家です。なぜ日本がエバ国家なのでしょうか。日本は島国です。島は、常に陸地を慕うのです。海は女性を象徴しているではありませんか。ですから、島国は女性を象徴するのです。これが韓半島と日本を中心として成立したのです。ここに三人の天使長と同じ国があるのです。そのアジア的天使長が中共であり、西欧キリスト教的な天側の天使長がアメリカであり、悪魔的な天使長がソ連です。これが、三人の天使長です。(二〇〇七・一・二〇)

*

イギリスはエバ国家です。失われたアダム家庭においてエバが誤ったのです。その次はカインとアベルです。カインとアベルが一つになれずに堕落しました。それを世界的国家形態で復帰し、結実したのがイギリスです。イギリスは島国です。島国はいつも陸地を慕います。これはエバを象徴するのです。母の象徴です。そしてアメリカは、アングロサクソン民族を中心としてエバ国が生んだ国です。ゆえに、アベルです。それからフランスは天使長です。イギリスとも闘い、アメリカとも闘って怨讐《おんしゅう》ですが、これが終末になって連合軍を中心として、イギリスとアメリカとフランスの統一が起きたのです(二七七―三四)。

*

今まで、先生がアメリカでしたこととは、アダム国家とエバ国家、それからカイン国家とアベル国家の復帰です。アダムが堕落して種を蒔《ま》いたので、これを世界的国家基準において蕩減《とうげん》復帰しなければなりません。韓国がアダム国家、日本がエバ国家、それからアメリカがアベルの立場です。長子権復帰を成し、主権復帰を成すために出てきたのがアベル国家です。それからドイツは、サタン側のカイン国家でしたが、日本がエバの位置に立ったので、ドイツが天の側のカイン国家になるのです。

この四つの国が世界的な舞台の上で一つの国の伝統を立てなければなりません。その舞台がアメリカです。自由世界のキリスト教文化圏であり、世界を指導するアメリカにおいて、先生を中心として日本人、ドイツ人、韓国人、アメリカ人が一つにならなければなりません。アメリカが滅びるようになっているのです。アベル国家型が崩壊してきているのです。このようなことを収拾しておかなくては、アダム国家とエバ国家の立つ位置がありません。いくらアダム国家の位置にいたとしても、これが完全に崩壊してしまってはいけません。ゆえに、先生はこれを収拾するためにアメリカに行くのです。また、それをするのは、韓国人と日本人を連れていってアメリカ人を教育し、ドイツ人と一つにさせるためです。これらは怨讐の国です。すべて怨讐関係にある国です。（一四一―二二四）

＊

先生は、韓国をアダム国家、日本をエバ国家に立てましたが、アメリカに行ってすべてが出会うのです。カインとアベル、旧教と新教が結束した基盤の上で、今までアダムとエバを中心とした結束運動を十二年間してきたのです。（一四二―一三三）

＊

エバ国家がすべてなし、アダム国家がすべてなせば、その次には天使長国家です。三大天使長です。中国はアジアの天使長、アメリカはキリスト教文化圏である西洋の天使長、ソ連はサタン側の天使長です。この三人の天使長がアダム国家とエバ国家と神様と一つとなり、本然の相続権が引き継がれれば、それによって初めて、堕落しなかった個人的エデンの園の神様とアダムとエバと三人の天使長の位置を世界的に蕩滅復帰するのです。そこに真《まこと》の父母が設定されることにより、真の父母の名前がある所には悪魔の勢力がいなくなっていくのです。

今はその時が来たので、真の父母を世界的に宣布するのです。歴史はそのように流れていくのです。この話は、私の話ではありません。（二〇九―一九七）

＊

アメリカは摂理的に見れば倉庫番です。知識倉庫、軍隊倉庫、物質倉庫、科学技術など、あらゆるものをもっています。しかし、主人ではありません。主人ではなく、その管理人です。ゆえに、これらをすべて世界に分け与えてあげなければなりません。ところが、アメリカは、何が何でもそれを独占しようとしています。倉庫は、天がコントロールするのです。その倉庫をアジアに移してくるのです。今は、それを日本がすべて引き継ぐのです。そうでしょう?

日本はエバ国家なので、天使長と一つになって失ってしまったものを再び取り戻すのです。エバがこのようにするのは、アダムのためです。ですから、どこに行くのでしょうか。アダムの所に帰っていくのです。今、アメリカは、韓国を捨てれば滅びます。カーターは、そのようにしたので首が飛びました。それは、意味もなくなされたことではありません。このようなことは、すべて摂理的見地からなされているのです。

皆さんは「なぜアメリカは天使長国家なのだろうか」と言って寂しく思うかもしれません。しかし、キリスト教がそのようになっているのです。相対的です。再臨する時は、エバ国家を中心としてすべて民となるのではないですか。キリスト教文化圏は、新婦圏をつくるためにあるのです。すべての国は天使長国家となるのです。(二〇一八二)

②二次大戦前後の蕩減《とうげん》復帰摂理

イギリスはエバ国家です。そのエバが息子として産んだのがアメリカです。フランスは怨讐《おんしゅう》です。

この三カ国が連合国です。それから、枢軸国はどこかというと、島国であるエバ国家日本です。サタン側も神側と全く同じです。島国日本を中心として、ドイツもサタン側の息子のように極悪です。

第一次大戦以降、日本は大東亜戦争を中心として、フランスの領土であるベトナムをあっという間に占領し、またシンガポールもあっという間に占領してしまいました。ドイツは、日本が自らの怨讐国をこのようにあっという間にやっつけるのを見て「日本を中心として一つになれば世界をのみ込むことができる」と考えたのです。それで、日本とイタリアと三国同盟を結んだのです。イタリアは天使長圏なので、行ったり来たりするのです。(二一八―二二)

＊

キリスト教を抹殺しようとしている国を中心として、本来のエバ国家であるイギリス、また本来のアベル国家であるアメリカ、そして本来のカイン国家であるフランスの代わりとして立てなければなりません。キリスト教文化圏を身代わりしたものをすべてサタンがもっていったので、アダムの位置にアメリカを置いてエバを選択するのです。

神様の好きなイギリスという頭をサタンが占領したので、神様は仕方なくそのしりとなる日本をつかんでくるのです。その次にはアメリカのしりをつかむのです。その次にはドイツのしりをつかんだのです。そのようにして、エバ国家、アベル国家、カイン国家の形態を再びつくりあげ、四千年の歴史を四十年間で蕩減しながら峠を越えていくのです。そのようにしなければ世界が滅びるのです。(二二八―二五)

＊

キリスト教を中心としてエバ国家を代表したのがイギリスです。カインはフランスです。それから、アベルはアメリカです。アメリカは、イギリスが生んだ息子と同じです。世界的にそのような種を蒔《ま》いたので、そのような国が世界的に実を結ぶのです。そのように実を結んでこそ、お互いに闘ってきた国同士が反対に天の側に復帰される立場となるので、イギリスを中心としてアメリカがアベル国家であり、フランスがカイン国家となるのです。

この三カ国が一つになって連合国となるのです。サタン側はその反対です。日本はサタン側のエバ国家です。天照大神《あまてらすおおみかみ》は女性神でしょう？　これを中心として、サタン側のアベル国家がドイツです。ドイツは、歴史時代に六百万人ものユダヤ人を虐殺しました。キリスト教全体を虐殺し、この世界を一掃しようとしたのです。(二一八―一八二)

＊

日本はサタン側のエバ国家です。ドイツのヒトラーは、日本をはじめとしてイタリアと三国同盟を結びました。なぜでしょうか。ドイツにとっては、フランスとイギリスを打ち破ることが最高の目的となっているのですが、日本がフランス領であるベトナムとイギリス領であるシンガポールを侵攻し、それをあっという間に席巻するのを見て「日本と同盟を結べば、アジア的勝利圏を連結することができる」と考えたのです。そして「このように一つになって勝利したとすれば、その時はドイツが主体となる」と考えたのです。「日本は大陸ではなく海洋国なので、日本が勝利しても大陸の主体である自分たちのあとに従ってくるしかないはずだ」と考えたのです。(二五七―一〇〇)

＊

神側の連合国と同じように、サタン側でも編成するのです。日本、ドイツ、イタリア、この三カ国が枢軸国です。同盟国を中心として見るとき、日本がエバ国家です。誰が闘いを始めたのかというと、東洋では女性が先に始めました。東洋全体をまとめようとしたのです。また、西洋ではどうだったのでしょうか。ドイツは体を象徴しています。そのようなドイツが西洋全体を占領してまとめようとしたのです。全体的に見るとき、先に闘いを始めたのは日本であり、ドイツです。イタリアという国は、それについて回るこぶです。(二三五―四九)

＊

第二次大戦の時、連合国であるイギリス、アメリカ、フランスと、枢軸国である日本、ドイツ、イタリアが闘いました。これは何でしょうか。エデンの園で蒔《ま》いた種を、その蒔いたとおりに刈り取るのです。母親とカイン、アベルです。これが神様のみ旨の中で、内的なものと外的なものという二またに分かれたのです。それゆえに、内的なエバ国家と外的なエバ国家、内的なカイン国家と外的なカイン国家、内的なアベル国家と外的なアベル国家として大きくなってくるのです。それが右翼と左翼です。(二三九―二六二)

＊

神様のみ旨においては、二度選んで使うことはありません。しかし、アメリカを除いてしまえば、統一教会とキリスト教、そして統一教会とユダヤ教の文化圏が分裂していくのです。それで、仕方なく泣き泣き芥子《からし》を食べて（注：嫌なこともやむを得ずするという諺《ことわざ》）アメリカを選んだのです。なぜ私がアメリカに行って闘わなければならないのでしょうか。それは、私がアメリカを選んだからです。ゆえに、エバ国家の日本人を連れていってアメリカが失敗したものをすべて整えてあげるのです。

アダムが蒔《ま》いた罪が世界的に実を結んだので、それをすべてめちゃくちゃに打たなければなりません。根本を見れば、神様、アダムとエバ、そして三人の天使長です。これを見れば、韓国がアダム国家であり、日本がエバ国家です。ですから、交差結婚をするのです。アダムとエバは、個人的に結婚することによって死亡世界をつくりました。しかし第二世は、韓国民族の二世と日本民族の二世が交叉結婚をするのです（一九七—二六九）。

*

もしアメリカまで放棄していれば、自由世界とキリスト教文化圏は完全になくなるのです。誰がアメリカをアベルの位置に再び立たせたのかというと、私です。それは、神様が選んだのではありません。一度失敗すれば、それで終わるのです。しかし、父母によって誤ったものをアベルを通して救った歴史があるので、私がアメリカをアベルの位置に選び、イギリスの代わりのエバ国家として日本を選び、フランスの代わりにサタン側にいた、極悪なサタンの最も愛する怨讐《おんしゅう》国家ドイツを奪ってきたのです（二〇四—一八八）。

*

サタン側と天側の二種類の人を立てました。サタン側のエバ国家、サタン側のアダム国家、サタン側の天使長国家を立ててぶつかったのが第二次大戦です。ここでサタン側が屈服することにより、キリスト教文化圏がアメリカに入っていきました。新教文化圏がアメリカに入っていったのです。アメリカが韓国の統一教会と一つになり、文《ムン》総裁と一つになっていれば、今日のようにはなっていません。共産主義は出てこなかったのです。

ゆえに、アメリカが韓国を手放せば滅びます。それで先生は、日本をエバ国家として育て、統一教会に反対したアメリカを天使長国家として育てたのです。それは、アメリカや日本が自らそのようになったのではありません。文総裁がそのようにしたのです。(二〇〇四・一・六四)

＊

私は、解放後の七年間で世界のキリスト教を統合する責任を果たそうとしました。歴史を代表して誇ることができる偉大な人物が四十年蕩減《とうげん》路程を経て、今日七十歳となって戻ってきました。ですから、アダム国家とエバ国家が統一されることによって、反対していた天側の天使長アメリカ、アジアの天使長中共、共産党の天使長ソ連、この三人の天使長が自然屈服して、韓国を中心として従ってくるようになる時は、世界におけるサタン世界の血統を根絶し、天国の血統と交替することができる平和の王国時代が到来するのです。(一九七一・一・七二)

＊

先生を中心として中共とアメリカとソ連が一つになるということは、エデンの園でアダムとエバを中心として三人の天使長が一つになったことと同じなので、このようになればすべてが終わるのです。そのような環境で蒔かれたものが世界的次元に発展し、そこでそれを蕩減復帰して清算しなければなりません。ゆえに、韓国がアダム国家であり、日本がエバ国家であり、その周辺の国々が三大天使長国家です。ちょうどそのようになっています。神様とアダムとエバを中心として三大天使長圏ですが、その三大天使長圏がどこの国かというと、中国とアメリカとソ連です。これが今では神側に反対しません。先生を中心としてすべて連結されたのです。(二〇七・一・三七)

神様とアダムとエバの周辺に三人の天使長がいたように、神様を中心としてアダム国家を形成しなければなりません。個人的に蒔《ま》いたすべてのものが国家的、世界的に実を結んでこそ終わるのです。ですから、神様、アダム国家、エバ国家、そしてその横に三人の天使長です。これは何かというと、韓国と日本がアダム国家とエバ国家です。そして、三人の天使長とは、アジアの天使長、天側のキリスト教天使長、それから世界的な悪魔側の天使長のことをいうのです。この三人の天使長が集まってエバを奪い取ろうとするのです。もしアダムとエバを再びもてあそぶようなことがあれば、世界的にすべて終わるのです。そのようになれば終わりです。(一〇八—二三一)

＊

来られる主が世界の全権をもって天地を統治する基盤をすべて連結させ、統一王権を中心として世界を一つにしなければなりませんでした。それが神様のみ旨だったのですが、キリスト教文化圏であるアメリカを中心として統一教会の文《ムン》先生に反対することにより、サタン圏内に完全に倒れていったのです。そのような状態で、文総裁が何ももたずに決起したのです。サタン側のエバ国家である敗亡した日本を支え、アメリカを支えたのです。(二四一—一二四)

③アダム・エバ・天使長国家の摂理

摂理観から見るアダム国家とエバ国家と天使長国家を、いかにして一つの国のようにするかということが問題です。この話は何かというと、今後は韓国人、日本人、アメリカ人、ドイツ人が一つの家で暮らさなければならないということです。天国に行こうとすれば、それをここで準備しなければなりません。天国に、ドイツ人やアメリカ人や韓国人や日本人というものがありますか。天国では、すべて一つの国の人です。しかし、霊界はすべて分断されています。これを一つにしようとすれば、地上で一つにしなければなりません。地上で一つにして上がっていかなければなりません。それが問題です。(一七三―七一)

＊

もしイエス様が死ななければ、中国とインドを二人の息子のように抱かなければなりませんでした。それらの国がそれをしなければなりませんでした。母の格位であるイスラエルの国が、その新郎として来られるイエス様をアダムとして侍る立場で、インドと中国というカイン、アベルを中心として一つにならなければならなかったのです。そのようにしてメシヤがアダム国家の主権を立てなければなりませんでした。しかし、イスラエル民族がメシヤに侍ることができなかったので逆の方向に行くのです。ローマという半島から、島国へ回っていくのです。(一八八―二〇九)

＊

宗教が果たすべき責任とは何かというと、母親に侍る歴史的基盤を築くことです。それは世界的でなければなりません。そのような意味から、宗教圏を中心として世界が一つになることができる摂理的帰結点を神様が考えざるを得ないと思うのです。その時がいつなのかというと、第二次大戦の時でした。それで、エバ国家、カイン・アベル国家、アダム国家を立てなければなりません。彼らがアダムとして来られるお父様に侍り、世界の頂上で接ぎ木をする工作をして統一国をつくろうとされたのが神様のみ旨でした。歴史をこのように見なければなりません。(一九二一一八九)

＊

統一教会は異色な四大文明圏、すなわちアダム国家とエバ国家と天使長国家、そしてカイン・アベル国家、このように怨讐《おんしゅう》と同じ四大文化に基盤をおいたのです。すべて背景が異なり、相いれない立場にあるものを伝統基盤とし、出発基地としようというのは恐ろしいことだということを知らなければなりません。これがどれほど偉大な事実かということを知らなければなりません。それを出発点とするのは難しいことだと考えるかもしれませんが、それが統一教会において何よりも誇り得る伝統基地であるということを知らなければなりません。(二九一一三四)

＊

本来蒔《ま》かれたもの、すなわちアダムとエバと天使長が失敗したものを、国家的次元で収穫期の結実として、アダム国家、エバ国家、天使長国家を中心として蕩減《とうげん》してくるのです。もし先生を中心としてイギリスとアメリカとフランスさえ一つになっていれば、韓国はアダム国家となるのです。天の国、縦的な国の主権を中心としたアダム国家となり、イギリスをエバ国家として率い、アメリカを長子として率いていたのです。

アメリカはアベル圏として世界の主導権を握り、世界の版図を率いるのです。世界の国家的な主導権をアベル的立場に立ったアメリカが初めてもったのです。それ以外の国々はカイン的立場です。そして、カイン的立場の国々はアメリカに従っていくのです。ゆえに、長子権復帰の世界化時代に合わせて統一されたキリスト教文化圏時代の上に主が来られ、母子協助基盤と連結させれば、すべての問題が解決するのです。(一八四―二五二)

*

文《ムン》総裁がアメリカに行って成したこととは、世界的な西欧文明のすべての潮流をアジアの潮流へ引き込むことでした。今まではアジアから盗んでいったのですが、今からは引き込むのです。引き込むにおいて、その最初が日本です。日本はエバ国家として祝福を受けたので、アダム国家を訪ねていかなければなりません。

エバが堕落することによって、万物とあらゆる権威をサタン世界が奪っていったので、回復時代においては、世界の潮流が逆に流れる時代に入ってくるのです。イギリスを「日の沈まぬ国」と言ったように、今日、日本を中心として経済圏とあらゆる権限がアジアに集中するのです。そのようにして日本に従って、韓国を経て大陸に行き、そこで定着するのです。(一八四―二七四)

5. 私たちが取り戻さなければならない祖国

①祖国光復は人類すべての願い

本来、人間始祖のアダムとエバが堕落していなければ、どのようになっていたのでしょうか。アダム家庭でのアダムは、族長となるのです。族長となると同時に民族長となるのです。また、国家の代表者となってアダム王となるのです。したがって、この世界はアダム主義一つに統一されていくのです。つまらない主義が出てきて世界を攪乱《かくらん》しているので、私たちはこのような主義を根元から抜き取ってしまわなければなりません。

主義もアダム主義、言語もアダム言語、文化もアダム文化、伝統もアダム伝統、生活様式もアダム生活様式、制度もアダム制度、すべてのものがアダム国家の理念制度にならなければなりません。このような主義が「神主義」です。神様の心によって神様と一体とならなければならないので、「神主義」というのです。(二〇—一二三)

*

アダムとエバが堕落していなければ、神様は何をしてあげようとされたでしょうか。神様の祝福による結婚式をしてあげ、神様が喜ばれる息子、娘を生ませ、神様が喜ばれる家庭を編成し、これを繁殖させて氏族と民族を編成しようとされたのです。これがさらに広がれば、その世界は「神主義」の世界であると同時に、アダム主義世界となるのです。

その世界に理念があるとすれば、それはアダム主義理念であり、宇宙観があるとすればアダム主義宇宙観であり、天宙観があるとすればアダム主義天宙観であり、生活観があるとすればアダム主義生活観です。そして、そこに五色人種がいることは問題ありません。それは環境によって変化したものなので、皮膚の色が異なったりしているのは問題ないのです。それでは、どうして数多くの民族の言語が変わったのでしょうか。それは人類始祖が堕落することによって、天が分立させたのです。(二五六—一九八)

＊

神様が創造された世界に国境はあり得ません。そこでは、白黒の人種は問題となりません。善悪の闘争もそこでは必要ないはずです。このような観点から見るとき、私たちの住んでいる世界には、各国ごとに国境があります。そして、白黒の人種問題だけでなく、家庭における夫と妻、また父母と子女の間に分裂が起きています。善人と悪人が闘っています。このような状態を見るとき、来られる主は、国境のない国をつくり、人種問題を超越して世界を一つにしなければなりません。分裂した家庭をすべて統一し、善と悪が争っているこの世界に平和の王国をつくらなければなりません。（五三―七二）

＊

理想天国とはどのようなものでしょうか。統一教会の食口《シック》のような人々が全世界で暮らすことです。それが地上天国です。この地上のすべての人々が統一教会の食口のように生きれば、それが地上天国です。それはどのような世界かというと、神様と共に暮らす世界です。その世界では誰も「神様はいない」と言わず、また神様に対して疑うことがありません。神様を「私たちの父」と言いながら、すべてが一つになる世界です。それから、サタンの誘惑がありません。サタンがいないのです。神様が主管する世界、それが地上天国です。神様が私たちと共に暮らすのです。（七九―三〇四）

＊

その国は、神様を中心として直系の子女たちが天命に従って神様を身代わりした命令をもち、その王権によって統治する国であることに間違いはありません。そこには民主主義や共産主義というものはあり得ません。一度形成されれば、その国家体制は永遠に続くのです。そのようなことを考えれば、私自身がそのような国の民となることができなかったという事実が悔しいことではないかというのです。私自身がそのような国で暮らすことができないことを嘆かなければなりません。そのような国をもっていないことを嘆かなければなりません。そのような不変の主権をもっていないことを私たちは嘆かなければならないのです。(七二―一二九二)

＊

神様の理想国家の実現、すなわち祖国光復はどこから実現されるのでしょうか。怨讐《おんしゅう》を愛する思想をもった個人から出発するのです。それゆえに、神様が存在される限り、「愛によって国境を壊し、すべての環境と文化的な垣根を越えて怨讐までも抱こう」という運動を提示したキリスト教は、世界的な宗教にならざるを得ないのです。大豆を植えれば大豆が出るし、小豆を植えれば小豆が出るし、真っ赤な花の種からは真っ赤な花が咲くのです。同じように、恨みを晴らすサタンの種を蒔《ま》けば、恨みを晴らす悪の木が育つのですが、怨讐を愛する善の種を蒔けば、怨讐を愛する善の木が育つのです。これは自然の道理です。(一〇七―一八)

＊

本然の地とはどのような所でしょうか。そこは悪が宿る所ではなく、悪と絶縁し、あふれ出る本然の愛を中心として、幸福を永遠に謳歌《おうか》しながら暮らす永遠の統一世界です。今までそのような所で生活をした人はいたでしょうか。一人もいなかったのです。歴史上、数多くの人々がそのような世界を追求してきましたが、この地上にそのような世界が立てられたことはありませんでした。その世界がいかなる世界かを言葉で表現した人はたくさんいましたが、自ら実践してそのような世界

をつくりあげた人はいませんでした。(一八一―一〇二)

＊

今まで、世界の数多くの民族、あるいは五色人種がつくってきた文化圏の世界をすべて打破し、一つの文化圏をつくらなければなりません。言い換えれば、神主義的な家庭制度、神主義的な社会制度、神主義的な国家制度、神主義的な内容を備えた理想世界ができてこなければなりません。そのような主義が、堕落することのない完成したアダム主義です。共産主義でも民主主義でもないアダム主義です。それは「神主義」を尋ね求めていく過程です。主義というものは、ある目的を尋ね求めていく杖《つえ》のようなものです。主義というものは、それ自体が要求されているのではなく、あくまでも目的を果たすために必要な過程です。したがって、この主義というものは変遷するのです。

今日、アメリカは民主主義の宗主国として先進国家だといっていますが、今後金銭問題で腐敗することによって民主主義を嫌う時代が来るはずです。今、大韓民国にもそのような現象が起きています。民主主義は、良いことは良いのですが、我が国では金銭問題ゆえに、ありとあらゆる謀略中傷が起きて「政権を奪取しよう」という争いが展開しています。それが民主主義ですか。それは特権主義的な状態で展開する現象です。(二一―一二八)

＊

南北が分離し、その貧富の格差が広がっていることを一つにしなければなりません。また、東西の文化を一つにしなければなりません。それから、人種差別、文化の差別をなくして一つにしなければなりません。何によって一つになるのでしょうか。これが絶対的な一つの愛から出発することができなかったので、この絶対的な愛によって宇宙版図の上に立てば、統一教会に反対する叫び声はなくなるはずです。世界は、老若男女を問わずこの愛のふろしきで一つに包まれるのです。それだけでなく、霊界にいるすべての霊人もこのふろしきに包まれることを願っているのです。ゆえに、天宙統一というのは可能な話なのです。(一九五—五四)

*

神様がいらっしゃるということをはっきり知るようになれば、神様のみ旨に従っていかざるを得ません。神様のみ旨とは何でしょうか。この世界人類を御自分の愛される民族とし、この地球星を御自分の愛される国土とし、この国土と民族を合わせて一つの主権国家をつくろうとされるのが神様のみ旨です。(五六—一九二)

*

人は誰でも自分の国で生きなければなりません。それは、人間に賦与された絶対的な条件です。一人も漏れることなく、その国とその義のために、希望にあふれた義の生活をしなければなりません。理想郷を思い描き、生活で義の法度を立てながら、その国とその義のために生きなさいというのです。

皆さんにそのような国がありますか。なければ、その国を探し出し、それをつくりあげなければならないのではありませんか。その国はどのような国でしょうか。理想の国、統一の国です。万民が行くことのできる国です。国をつくるにおいて例外はありません。ここには家庭も協助し、民族も、世界もすべて協助するはずです。そして、個人を統一し、家庭、氏族、民族、国家、世界を統一することができるのです。(一八—二一三)

＊

普通、世界主義というと、民族と国家を無視して全世界を一つの国家、すべての人類を同胞として見るという意味にとどまりますが、統一教会において唱える世界主義は、家庭からその壁を超越するのです。父母であられる一人の神様と、血のつながった実の兄弟と変わらないすべての人類が一つの世界を成し遂げるという世界主義です。これは、いかに素晴らしい世界主義でしょうか。

②新しい祖国の定礎石をおこう

人間の力、人間の知恵、人間の文化、そのいずれをもってしても真《まこと》の意味での平和世界や一つの統一された世界を願うことはできません。このような立場において、世界文化を解決するために、最も中心的な問題は何でしょうか。何よりも重要な問題は、神様がいるのか、いないのかという問題をはっきり解明することだと思います。神様がいらっしゃるということをすべての人類が知り、神様のみ旨がいかなる世界を目指しているかということを知るようになれば、その世界は正に一つの世界、平和の世界、理想の世界になるに違いありません。（五六―一三二）

＊

私たち統一教会が違う点はこれです。統一教会は父母を愛するように兄弟を愛し、民族を愛し、国家を愛そうというのです。父母を捨ててでも国を愛そうというのです。世界を愛するためには自分の国も捨てなければなりません。また、天を愛するためには世界まで捨てようというのです。より遠く大きいもののために、自分に近く小さいものを犠牲にする愛の道を尋ね求めていくのが統一教会の主流思想です。(一〇〇―八〇)

＊

皆さんは民族主義者になりますか、それとも世界主義者になりますか。宗教は、世界主義という主義だけではありません。人間だけ喜ぼうという主義ではなく、神様まで喜ぶようにしようという主義です。しかし、共産主義や民主主義は人間だけが喜ぼうという主義です。そのような人間だけが喜ぼうという主義と神様まで喜ぶようにしようという主義とでは、どちらが良いですか。神様も喜び、人間も喜ぶ主義が良いですか、それとも主人を除き、僕《しもべ》たちだけが喜ぶ主義が良いですか。宗教は、神様までも喜ぶようにしようという主義なので良いのです。(四一―四四)

＊

最後に残る思想とは何でしょうか。世界のために自分の国や民族よりも世界を愛し、神様を愛する運動だけが最後まで残る主義となり、思想となるはずです。したがって、その国を越えることができる超民族的な運動を世界的に提示し、超民族的に神様が愛する場所、あるいは世界人が愛する場所に自由に行くことができる道をいかに模索するかという主義だけが問題になるのです。(五三―一二四)

＊

今後、この世界を引き継ぐ主義思想は、自分の国を犠牲にしてでも世界を救おうという主義思想です。そのような思想をもった国、そのような新しい運動を中心とした国家や国民が登場すれば、この世には新しい希望の世界が顕現するはずです。国を越えることができない国家観や歴史観は、

神様の理想世界を引き継ぐことはできません。（五一―四四）

＊

黄色人種は長男であり、黒人は二番目の息子であり、白人は三番目の息子です。韓国は、争っているこれらの人種を、「統一思想」を通じて統一することができるのです。このようになれば、神様を中心とした理想的祖国が創建されるのです。そこから初めて平和の世界、統一の世界、勝利の世界に収拾されていくのです。

そして、地上に天国を形成すると同時に、神様と一致しなければなりません。天上天国の主体であられる神様に地上で侍り、統一された一つの天国を形成しなければなりません。これが、統一信徒たちの果たすべき使命だということを、はっきりと知らなければなりません。そのような基盤のもとで父母と一つになることによって、初めて平和な天国生活が始まることでしょう。（七九―八三）

＊

統一教会とはいったい何でしょうか。右翼を抱き、左翼を抱いて、これを互いにつかんでどこに行くのでしょうか。ここから闘争の世界を越えて神様が導かれる幸福の世界、ユートピアの世界へ行くのです。これを抱いて平面的に行ってはなりません。それは何の話かというと、体制によって没落し失敗したことを、統一教会が思想的にすべて収拾できる論理体制を備えると同時に、これを抱いて横的に動かすことができる霊的体験の基盤を中心とした超越的実体を追求しなければならないということです。

人間的な面での人本主義や物本主義、そして過去のあらゆる神本主義も体系的に理論化させ、それを統合できる内容をもつと同時に、縦的な面において宗派を超越して連結していくことができる超自然的な体験の宗教思想にならなければならないという事実を知らなければなりません。(一六—一〇二)

*

皆さんの願う国とは、どのような国ですか。その国は、今日皆さんが暮らしている、このような国ではありません。このような国は、いずれ決別を告げなければならない国です。皆さんがこのような国と因縁があるとすれば、それは罪悪の因縁があるのです。皆さんは、その国の願いと神様の願いが結びつく善の因縁を最初から結ぶことができない、堕落した人間の子孫として生まれたということを自らよく知っているのです。(三八—一二八)

*

国がなければ国籍がないということです。国がなければ入籍できる基盤がないということです。私たちは、民族を編成して新たに入籍しなければなりません。この地上に天国を編成し、その国籍をもって愛国し、愛族する真《まこと》の善の父母の血統を受け継いだ勝利的息子、娘となり、自らの一族、あるいは家族を率いて生きていってこそ、天上世界の天国に入っていくことができるのです。それが原理です。(五八—一四五)

*

国があって初めて、私たちの子孫に、千秋万代にわたってそのまま残してあげることができる伝統も残るのであり、血と汗を流した私たちのすべての努力も残るのです。また、神様の勝利を祝うことができる記念塔がこの地上に造られ、すべての栄光の足跡がこの地上に残されるのです。しかし、国がなければすべては無駄になるのです。今日、世界のキリスト教に残された十字架やすべての文物も、神様が探し求めようとされる国がなくなるような場合は、すべて川に流し、火で燃やしてしまわなければなりません。サタンの籠絡《ろうらく》によって、すべて滅びていくということを知らなければなりません。ですから、国が問題です。そのことを皆さんは知らなければなりません。(五五―三三九)

＊

真《まこと》の父母の愛を受け、神様の愛を受けなければなりません。しかし、神様の愛は、国なくしては受けることができません。本来アダムは、一人でも彼が国の始まりでした。サタン世界のサタンの国よりも良い国があってこそ、神様の愛を受けるのです。私たちは、神様の愛を受けはしますが、直接受ける立場にはありません。真の御父母様の愛は受けることができますが、神様の愛を受けようとすれば国まで備えなければなりません。なぜそうなのかというと、サタンがいて、サタンの国が残っているからです。それよりも上がっていかなければなりません。そのような道を皆さんが行かなければならないということを、はっきりと知らなければなりません。(九〇―一一六)

＊

私たちが取り戻さなければならない祖国は、今日この地上にあるような、ある歴史と伝統をもった国ではありません。そのような国とは本質的に次元が異なります。次元の異なるその国を私たちが受け継ごうとすれば、そのようにすることができる思想的な主体性をもった国民とならなければなりません。その主体的な思想は、絶対的な創造主の思想と一致する思想でなければなりません。絶対者の願う国ができるためには、その国の主権を中心として、その国の国民が一致することを願

わなければなりません。そのような国民性と国家形態を備えなければなりません。(四九—九三)

＊

一つの国が形成されるためには、主権と民族と国土がなければなりません。天国もやはり同じです。主権を代表したものが父母であり、民族を代表したものが息子、娘であり、国土を代表したものが国です。このうちのどれ一つとして除くことができるものはありません。これは鉄則です。(三五—二七九)

＊

国が形成されるためには、国土があり、民族と主権がなければなりません。主権とは何でしょうか。根源的な神様と因縁を結ぶことです。国を治める人たちは、その民が深く寝静まったのちに神様と因縁を結び、政治をしなければなりません。そして、主権者はその民と一つにならなければなりません。民と一つとなり、自らにあるすべてのものは自分のためにあるのではなく、国のためにあるものだと考えなければなりません。そのようになれば、その国は繁栄するのです。(三〇—八八)

＊

いくら大きい社会、いくら大きい国家であっても、それは人間に似ていなければなりません。それは、神様が御自身の形状に似たものを喜ばれるからです。それでは、人間が最も喜ぶものは何でしょうか。自らの形状に似たものです。したがって、理想的な国家とは人間に似ていなければなりません。それは、天地人に似ているということです。(二七—一八五)

＊

私が行ったり来たりするのも、その国を取り戻すためです。祖国光復のための建国の功臣となるためにそのような使命を担い、あるいは天の密使として指令を受け、今日の悪の世の中に来て、このことをしているという事実を思いながら生きていかなければなりません。そうでなくては、皆さんは、今後訪れてくる国の国民として、その威信と体面を立てることができないということを知らなければなりません。(五〇―一二五)

環太平洋摂理

定価（本体1500円十税）

2001（平成13）年 5月25日 初版発行
2011（平成23）年 2月25日 第5刷発行

編 著 世界基督教統一神霊協会宣教本部
発 行 株式会社 光 言 社
〒150-0042 東京都渋谷区宇田川町37-18
印刷所 株式会社 現文

ISBN978-4-87656-967-0 C0014 ¥1500E